Nomad Sculpt
노야의 어디서든 3D 모델링

아이패드 하나로 브러시 제작부터 캐릭터 모델링, 아트토이 출력까지

with 노마드 스컬프

김민석(노야) 지음

저자 소개

저자 **김민석(노야)**

아이패드 하나로 스컬핑하는 노마드 스컬프터.
아트토이·3D 작가 및 3D 프로그램 강사로서 활동하고 있습니다.

콜로소 「가벼운 아이패드 3D 모델링의 시작, 노마드 스컬프」
노트폴리오 「노마드 스컬프 워크숍」

- 이메일   ms9912079@gmail.com
- 인스타그램   @imkimnoya
- 비핸스   behance.net/ms99120795205

안녕하세요. 노마드 스컬프(Nomad Sculpt) 강사 및 아트토이 작가로 활동하고 있는 노야 김민석입니다. 노마드 스컬프에 입문한 시절, 관련된 내용들을 찾던 중 정보량이 굉장히 부족하다는 것을 알게 되었고, 특히나 국내에 있는 정보만으로는 이 툴을 활용하기에 어려움이 있으리라 생각했습니다. 그렇기에 알고 있는 모든 내용을 담아 도서를 출간하면 많은 분께 도움이 되지 않을까 결심하게 되었습니다.

이 책은 노마드 스컬프의 인터페이스와 기본적인 사용 방법에 대한 내용으로 시작하여 이론을 직접 활용해 볼 수 있는 실습 예제로 이어집니다. 실습은 난이도 순서로 가득 담겨 있으며 마지막 장에는 프로그리에이트 앱을 활용하여 이미지를 편집하고 3D 프린터로 아트토이를 완성하는 방법까지 담았습니다. 여기서 중요한 것은 노마드 스컬프의 활용성입니다. 단순히 3D 파일만을 제작하는 것이 아니라 그 파일을 활용한 다른 무언가를 창조하는 것이 이 책의 목표입니다.

이 책을 출판할 수 있게 도와주신 비제이퍼블릭 관계자분들과 이 원고를 미리 읽어 보고 의견을 주신 작가님들, 마지막으로 이 책을 믿고 구매해 주신 독자분들께 진심으로 감사드리며 제가 쓴 책이 많은 이들에게 도움이 되길 바랍니다. 감사합니다.

추천사

노마드 스컬프는 다른 3D 모델링 툴과는 달리 그래픽 기술에 익숙하지 않은 드로잉 작가, 순수미술 작가, 또는 취미로 시작하는 초보자도 쉽게 접근할 수 있다는 큰 장점이 있습니다. '만들고 싶은 것을 만들 수 있어야 한다'라는 작가의 마지막 말처럼, 『노야의 어디서든 3D 모델링 with 노마드 스컬프』는 독자가 원하는 바를 바로 제작할 수 있게 툴의 메뉴 및 기능들을 친절하게 안내합니다. 필요에 따라 노마드 스컬프의 매뉴얼처럼 활용할 수 있도록 구성되어 매우 유용할 것입니다.

『3ds MAX 무작정 따라하기』 저자 이문영

노마드 스컬프는 아이패드에서도 3D 작업이 가능하다는 것을 보여 주는 혁신적인 도구입니다. 하지만 처음 접한다면 이해하고 사용하는 데 어려움을 느낄 수 있습니다. 이 책은 이러한 어려움을 해결할 수 있도록 도움을 줍니다. 저자는 다년간의 작업 경험을 바탕으로 노마드 스컬프를 활용하는 방법을 일목요연하게 정리했습니다. 주제에 따라 고려해야 할 점과 실습 과정을 독창적으로 설명하고 실용적인 팁을 아낌없이 제공합니다. 한 단계 한 단계 따라가다 보면 어느새 독특한 개성이 녹아든 3D 작품과 발전한 자신을 발견할 것입니다. 노마드 스컬프를 적절하게 활용하고 싶은 분, 아이패드에서도 3D 작업을 하고 싶은 분에게 작가님의 노하우가 담긴 이 책을 강력하게 추천합니다!

3D 모션 그래픽 디자이너 문승현

쉽고 간편한 노마드 스컬피의 인터페이스와 휴대성으로 어디서든 자유롭게 스컬핑할 수 있을 거라는 기대감이 있었지만 독학은 생각보다 쉽지 않았습니다. 그리고 우연히 접한 저자의 작품이 노마드 스컬프로 제작되었다는 것을 알고, 노마드 스컬프를 현업에 직접 활용할 수 있다는 사실에 흥미를 느꼈고 배워보고 싶다는 생각이 들었습니다. 오랜 작품 활동과 강의 이력의 힘이 느껴지는 이 책과 자유로운 3D 모델러의 여정을 함께 떠나보면 어떨까요?

시네마 4D 모델러 바이진

3D 모델링은 아트토이를 만드는 과정에서 가장 중요한 단계입니다. 하지만 다양한 기술이 필요하기 때문에 쉽게 접근하기 어려운 것이 사실입니다. 『노야의 어디서든 3D 모델링 with 노마드 스컬프』에서는 아트토이 작가인 저자가 상상 속의 이미지를 현실로 구현할 때마다 쌓아 놓은 노하우를 아주 쉽게 풀어내고 있기에 모든 이에게 3D로의 첫걸음 역할을 해줄 것입니다. 그의 상상력이 현실이 되는 과정을 만나봅시다.

Coolrain 이찬우 작가

과거에는 데스크톱으로만 3D 작업이 가능했지만, 이제는 태블릿 하나로 언제 어디서든 창작할 수 있는 시대가 되었습니다. 그 중심에는 노마드 스컬프가 있으며 이 책에는 현업에서 활발히 활동 중인 저자의 경험이 생생하게 살아 있습니다. 이 책을 통해 많은 분이 새로운 창작의 세계에서의 즐거움을 발견하고, 언제 어디서든 자유롭게 아이디어를 구현하며, 결과물을 손으로 만질 수 있는 형태로 실현하는 특별한 경험을 할 수 있으리라 기대합니다.

1000DAY 장석우 작가

이제 아이패드 작품은 예술의 한 장르가 되었습니다. 노마드 스컬프는 3D 모델링의 새로운 가능성을 열었고, 저자는 이 도구의 모든 기능을 철저히 분석하여 아이패드의 직관적인 터치 인터페이스가 지닌 강점을 극대화하는 방법을 찾아냈습니다. 이 책을 통해 3D 작업이 처음인 이들부터 전문가까지 누구나 자신만의 3D 작품을 쉽고 자유롭게 만들어 낼 수 있는 시도가 시작될 것입니다.

twelveDot 임현승 작가

이 책을 읽는 방법

본격적인 학습에 들어가기에 앞서 이 책을 읽는 방법을 소개한다. 책의 앞부분에서는 가장 기본적인 인터페이스에 대해 살펴본다. 모델링과 렌더링 시 무조건 필요한 부분들을 위주로 설명하였으며 이 책의 핵심이다. 그렇기 때문에 나중에 작업을 이어 가다가 헷갈리거나 이해가 필요한 부분이 생기면 기본적인 정보가 담긴 앞부분으로 이동하면 된다.

화면을 통한 기본적인 조작 방법에 이어 도형들을 추가하고 배치하는 방법, 대칭에 대한 이해와 메시 정리 등과 같이 모델링을 위한 기초가 되는 뼈대로 구성하였다. 이어서 페인팅 및 포스트 프로세싱 등 렌더링에 필요한 정보를 설명한다. 여기까지가 수학으로 따지면 공식을 나열한 부분이다. 이후에는 그간 배운 여러 방법들로 가벼운 모델링을 한다.

기초적인 사물부터 중급 단계인 인체까지 이어지는 예제는 모두 앞부분에서 배운 방법을 재조합한 것이다. 그러니 이해가 안 되는 부분이 생겼을 때에는 복습을 한 후 작업을 이어가면 된다. 추가적으로 처음에는 모든 정보를 담고자 했으나 불필요한 정보가 넣어질 것을 염려하여 여러 차례 정보를 여과하였다.

독자분들 중에 원래 3D 작업을 해왔던 분도 있을 것이고, 처음 3D의 세상에 발 디뎌 보는 분도 있을 것이다. 3D 작업을 해왔던 분들이라면 지브러시(ZBrush) 툴을 이해하시면 수월하게 작업할 수 있다. 입문하는 분이라면 3D를 두려워하지 않는 것이 중요하다. 물론 매우 어려워 보이지만 노마드 스컬프는 다른 3D 툴에 비해 매우 간단한 형식으로 이루어져 있기에 자주 다룬다면 금방 익숙해질 수 있다. 무엇보다 '자주' 다루는 것이 중요하다. 이 책을 펼친 모든 분께 진심으로 감사드리며 실력 및 능률 향상에 큰 기여가 되길 바란다.

목차

저자소개	III
추천사	IV
이 책을 읽는 방법	VI

Part 01 노마드 스컬프란?

Chapter 01 앱 소개 및 활용도 안내 … 02
- Section 1 노마드 스컬프는 어떤 앱일까? … 02
- Section 2 노마드 스컬프를 어디에 사용할 수 있을까? … 04

Chapter 02 준비물 및 세팅 … 06
- Section 1 노마드 스컬프를 위한 태블릿 성능 … 06
- Section 2 노마드 스컬프를 즐기기 위한 준비물 … 07
- Section 3 노마드 스컬프 앱 기본 세팅 … 09

Chapter 03 인터페이스 기초 및 파일 관리 … 12
- Section 1 기본적인 화면 조작 방법 … 12
- Section 2 인터페이스 위치별 사용처와 이름 … 12
- Section 3 파일의 종류 … 13
- Section 4 파일 정리 방법 … 14
- Section 5 파일을 내보내는 방법 … 14

목차

Part 02 복셀과 용량 관리 및 기본적인 도형들

Chapter 01 씬(서블 툴)이란? 18
- Section 1 씬에 대해 알아보기 18
- Section 2 도형의 추가 및 삭제 19
- Section 3 도형의 반복 기능(리피터스) 20
- Section 4 도형의 개별 기능 25
- Section 5 도형 그룹 툴로 정리하기 29
- Section 6 복셀 리메시와 불린을 통한 빼기 모델링 30

Chapter 02 기즈모, 기본 도형의 이해 32
- Section 1 자주 사용하는 도형(구체, 상자, 원통) 32
- Section 2 큰 필요가 없는 도형(원환체, 원뿔, 이십면체, UV 구체, 평면, 트라이 플레이너, 헤드) 34
- Section 3 튜브 툴에 대해 알아보기 37
- Section 4 기즈모에 대해 알아보기 44

Chapter 03 대칭 기능 48
- Section 1 대칭의 기본 X축, Y축, Z축 48
- Section 2 방사성이란? 50
- Section 3 미러링 기능 52
- Section 4 초기화 설정 알아보기 53

Chapter 04 용량 관리 및 표면 정리 54
- Section 1 메시에 대해 알아보기 54
- Section 2 다중해상도란? 55
- Section 3 복셀 리메싱이란? 58
- Section 4 다중해상도와 복셀 리메싱의 차이 60

Section 5	표면 정리 및 적절한 용량 찾기	63
Section 6	데시메이션 알아보기	65

Part 03 브러시 세세하게 알아보기

Chapter 01　노마드 브러시 종류 … 68
Section 1　형태감을 위한 브러시 … 68
Section 2　디테일을 위한 브러시 … 74
Section 3　부가적인 브러시 … 78

Chapter 02　나만의 브러시 … 82
Section 1　브러시 제작 방법 … 82
Section 2　작가 김노야가 사용하는 나만의 브러시 … 85

Part 04 페인팅과 질감 알아보기

Chapter 01　페인팅 및 머티리얼 설정 … 88
Section 1　페인팅 브러시 사용 방법 … 88
Section 2　다양한 페인팅 방법 악혀보기 … 90
Section 3　거칠기와 메탈릭을 통한 질감 표현 … 95
Section 4　머티리얼 설정을 통한 질감 표현 … 98

Chapter 02　셰이딩에 대한 이해 … 102
Section 1　기본적인 셰이딩 변경 방법 … 102
Section 2　주변환경 이미지 변경과 환경 회전시키기 … 105

목차

Part 05 라이팅 및 렌더링 알아보기

Chapter 01　라이팅 설정 ... 108
Section 1　라이팅의 종류 ... 108
Section 2　라이팅을 효과적으로 사용하는 방법 ... 111

Chapter 02　포스트 프로세싱 관련 설정 ... 112
Section 1　포스트 프로세싱의 기본 설정 이해하기 ... 112
Section 2　나만의 포스트 프로세싱 설정 저장하기 ... 122
Section 3　머티리얼과 라이팅, 포스트 프로세싱의 인과관계 ... 123
Section 4　렌더링해서 이미지 추출하기 ... 125

Part 06 다양한 소품 만들어 보기

Chapter 01　빼기 모델링을 활용한 컵 만들기 ... 130
Chapter 02　선반 툴과 튜브 툴을 활용한 도자기 만들기 ... 136
Chapter 03　부가 기능으로 각종 소품 만들기 ... 140
Section 1　식물 만들기 ... 140
Section 2　추억의 핸드폰 만들기 ... 147
Section 3　복고풍 전화기 만들기 ... 149
Section 4　선반 만들기 ... 160

Part 07 귀여운 동물 캐릭터 만들기

Chapter 01　기본 모델링 ... 164
Section 1　기본적인 얼굴 모델링 ... 164
Section 2　몸통과 팔다리를 만들며 비율 조정하기 ... 169

Chapter 02 세부 영역 조정 — 171
Section 1 마스킹 심화 기능을 활용한 귀여운 발바닥 만들기 — 171
Section 2 튜브 툴을 활용한 꼬리 만들기 — 174

Chapter 03 질감과 빛 효과 — 178
Section 1 컬러 및 머티리얼 설정 — 178
Section 2 라이팅과 셰이딩 및 포스트 프로세싱 설정 — 181

Chapter 04 마무리 및 렌더링 — 186
Section 1 데시메이션 적용 후 배치하기 — 186
Section 2 프로크리에이트에서의 후편집 및 응용법 — 188

Part 08 인체의 이해, 중급 인물 캐릭터 만들기

Chapter 01 얼굴과 헤어 모델링 — 193
Section 1 레이어 기능을 활용한 표정 연출하기 — 193
Section 2 튜브 툴과 마스킹 추출을 활용한 헤어 만들기 — 198

Chapter 02 몸체 모델링 및 포징 조정 — 201
Section 1 5등신 이상의 캐릭터 근육에 대한 이해 — 201
Section 2 변형 가능한 손과 발 모델링(나만의 에셋 만들기) — 203
Section 3 기즈모의 이동과 튜브를 통한 포징 잡기 — 209

목차

Chapter 03 각종 소품 모델링 — 214
Section 1 옷 모델링 및 옷 주름 넣기 — 214
Section 2 마스킹 기능을 활용한 신발 모델링 — 216
Section 3 액세서리 만들기 — 222

Chapter 04 마무리 및 렌더링 — 228
Section 1 라이팅 및 포스트 프로세싱 설정 — 228
Section 2 데시메이션 적용 후 배치하기 — 230
Section 3 프로크리에이트에서의 후편집 및 응용법 — 232

Part 09 아트토이 만들기

Chapter 01 아트토이 파팅하기 — 237
Section 1 빼기 모델링을 사용하여 조인트 만들기 — 237
Section 2 완성된 도형별로 파일 정리하기 — 241

Chapter 02 아트토이 완성하기 — 243
Section 1 3D 프린트 출력하기 — 243
Section 2 토이를 만들기 위한 준비물 — 244
Section 3 다양한 재료를 활용해 컬러링하기 — 248

맺음말 — 249

노마드 스컬프란?

01 앱 소개 및 활용도 안내
02 준비물 및 세팅
03 인터페이스 기초 및 파일 관리

Chapter 01 앱 소개 및 활용도 안내

Section 1 노마드 스컬프는 어떤 앱일까?

'노마드 스컬프'는 '유목민'과 '조각하다'라는 단어가 결합된 말이다. 유목민처럼 어디서든 인터넷이 없어도 태블릿 하나만 있으면 조각을 할 수 있는 앱이라는 뜻이다. 또한, 한 번 결제하면 이후 추가되는 비용이 없다. 이는 모델러에게 굉장한 이점들이다. 대부분의 툴들이 월 결제 혹은 연 결제로 이루어지며 무엇보다 모델링을 하기 위해 필요한 장비가 무수히 많다. 심지어 쾌적한 환경을 위해 큰 금액을 들여 장비를 마련하기도 한다. 사실 이러한 이점을 제치고도 가장 큰 장점은 바로 어디서든 할 수 있다는 점이다. 태블릿 하나만 있으면 침대 위에서든 카페에서든 심지어 데이터가 터지지 않는 하수구 안에서도 모델링이나 렌더링이 가능하다.

이전에 3D 작업을 해본 적 없는 입문자들을 위한 장점도 있다. 첫째로 가격이 저렴하고 장비에 대한 깊은 고민이 필요하지 않기에 쉽게 작업에 뛰어들 수 있다. 둘째로 다른 3D 툴들에 비해 인터페이스가 매우 간단하다. 보통 다른 프로그램들은 대부분의 기능들이 숨겨져 있어 그 기능을 찾기 위해 이것저것 눌러보는 시간이 필요하지만 노마드 스컬프는 이를 방지하기 위해 기능들을 매우 쾌적하게 배치해 두었다.

노마드 스컬프는 앱 스토어 혹은 구글 플레이에서 다운로드할 수 있다. 다음과 같이 검색하여 다운로드를 진행하면 된다.

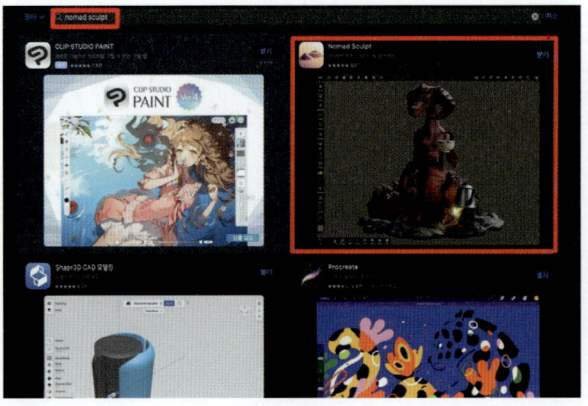

노마드 스컬프 다운로드

다음은 노마드 스컬프를 켜면 나타나는 첫 화면이다.

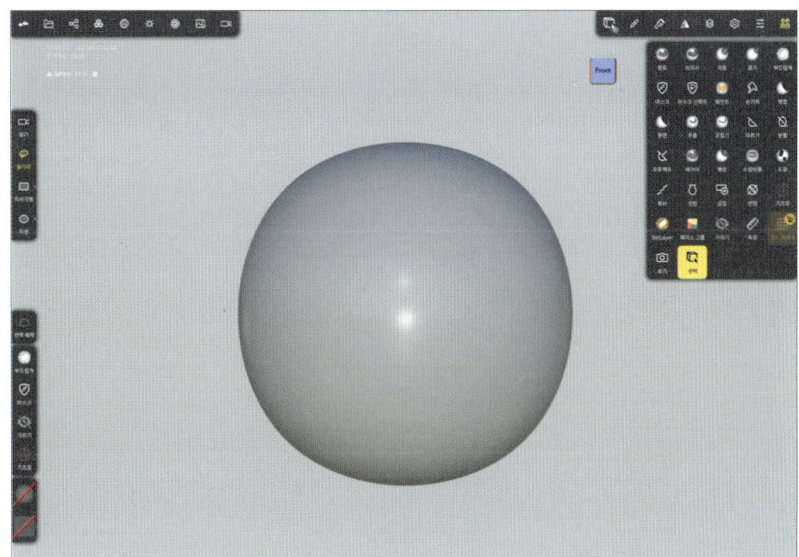

노마드 스컬프 초기 화면

보다시피 작업에 필요한 기능들이 화면에 알맞게 배치되어 있다. 작업을 방해하는 인터페이스가 있지는 않은지, 화면을 보았을 때 직관적으로 구성이 조잡하지 않은지를 판단해 보면 쉽게 알 수 있다. 그렇기에 시간만 들인다면 독학으로도 충분히 활용이 가능한 툴이다.

물론 단점 또한 존재한다. 3D 작업에선 모든 도형(오브젝트)이 '폴리곤'이라는 수많은 네모 혹은 세모로 이루어져 있다.

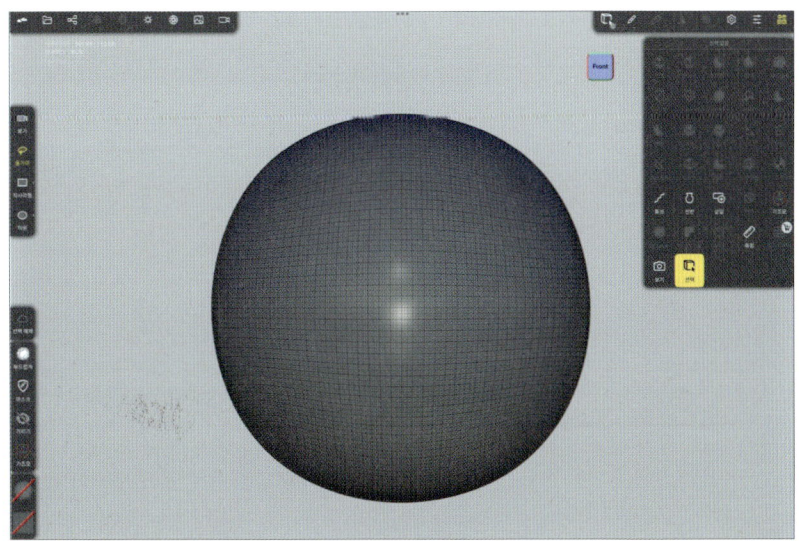

도형(오브젝트)와 폴리곤

01 노마드 스컬프란? 3

모델링을 하다 보면 저 수많은 폴리곤들을 끌고 당기고 부풀리고 줄이는 등 여러 과정을 거치며 형태가 망가지기 마련이다. 그렇기에 일반적으로 '리토폴로지'라는 기능으로 폴리곤을 재배열할 수 있게 하여 작업의 원활성을 부여하는데 노마드 스컬프에는 그 기능이 따로 없다. 오로지 자동으로 폴리곤을 재배치해 주는 '복셀 리메싱' 작업밖에 없다.

두 번째 단점으로는 튕김 현상이 잦다는 것이다. 램 용량의 영향이 큰데 3D 작업 특성상 작업 하나하나 심지어는 브러시질 한 번 또한 히스토리로 저장되어 램 용량을 차지한다. 그렇기 때문에 특히 작업 중후반부터 튕김 현상이 자주 발생하게 된다. 이를 방지하기 위해 자동 저장 등 다양한 방법이 있지만 용량 조절에 실패한다면 이 또한 해결 방안이 되지는 않는다.

세 번째 단점은 당연한 소리지만 시네마 4D(C4D), 블렌더(Blender) 등 컴퓨터를 이용하는 3D 툴에 비해 렌더링 퀄리티가 아쉽다는 것이다. 특히 그림자 부분이나 픽셀이 보이는 부분들이 아쉽게 느껴진다. 하지만 노마드 스컬프는 업데이트로 단점을 보완할 수 있는 기능을 꾸준히 추가하고 있다. 또한, 태블릿으로 모델링 작업을 할 수 있다는 것 자체가 몇 가지 단점은 상쇄할 수 있을 만한 큰 장점이다.

Section 2 노마드 스컬프를 어디에 사용할 수 있을까?

노마드 스컬프의 사용처는 무궁무진하다. 렌더링을 통한 이미지를 활용하여 수익을 창출하거나 작가 활동을 할 수 있다. 이모티콘을 제작하거나 앨범 커버, 캐릭터 등에 활용할 이미지를 제작하는 등 정말 다양한 작업을 할 수 있다.

김노야의 작업 렌더링 이미지

노마드 스컬프는 렌더링 이미지가 좋지 않다는 편견이 있는 것은 사실이다. 하지만 조금 더 깊이를 더하고 시간과 노력을 들인다면 좋은 이미지를 만들 수 있다. 노마드 스컬프라는 말 그대로 장소와 시간에 구애받지 않고 어디서든 작업을 하는 '디지털 노마드'를 실현하기에 가장 적합한 툴인 것이다. 이 점은 저자가 작가 생활을 하면서도 가장 큰 도움을 받았던 부분이다.

또한 모델링 작업 후에 모델링 파일을 판매하거나 외주를 받을 수도 있다. 왜냐하면 노마드 스컬프에서 모델링한 파일을 외부에 내보내고 다른 툴에서도 사용할 수 있기 때문이다. 예로 들어, 3D에서 통용되는 FBX, OBJ, STL 파일들로 내보낼 수 있다.

셋째로 좋은 취미가 될 수 있다. 실제로 3D 작업은 '무언가에 몰입을 한다'라는 말을 몸소 느끼기에 가장 좋은 방법이라고 생각한다. 노마드 스컬프는 어떠한 3D 툴보다 가볍고 간단하며 접근성이 좋다. 무엇보다 3D에 입문하기에 좋고 편한 마음으로 접근할 수 있다. 그렇기에 이 툴에 익숙해지고 더욱더 작업을 이어가다 보면 빠른 시일 내에 좋은 작업물들이 쌓이며 만족감 있는 취미로 이어질 수 있다.

노마드 스컬프부터 아트토이까지

마지막으로 태블릿을 통해 만든 작품을 실제로 출력해서 아트토이(조형물) 작업으로 진행할 수 있다. 화면 속에서만 보던 것을 3D 프린팅을 통해 손에 쥐게 됐을 때의 쾌감은 이루 말로 표현할 수 없다. 출력물을 종류별로 분류하고 이를 다듬어 색칠하고 마감하는 과정은 책의 후반부에 설명해 두었으니 참고하여 제작해 보면 좋을 것 같다.

Chapter 02 준비물 및 세팅

Section 1 노마드 스컬프를 위한 태블릿 성능

노마드 스컬프를 설치하고 활용하기에는 애플의 아이패드, 삼성의 갤럭시탭, 샤오미의 미패드 등 수많은 종류의 태블릿이 모두 적합하다. 심지어는 핸드폰(삼성 갤럭시 폴드)으로 작업하는 사람도 봤다. 그만큼 어떠한 종류의 기기에서도 실행하는 데 문제가 없다. 하지만 딱 두 가지 신경 써야 할 부분이 있다.

첫째로는 램(RAM) 용량이다. 당연하겠지만 램 용량은 크면 클수록 좋다. 평균적으로 4GB램에서 8GB램 정도로 이루어져 있는데 그 이하가 되면 잦은 튕김 현상 등 문제가 발생할 수 있다. 그렇다고 아예 불가능한 것은 아니니 크게 염려치 말고 저장을 수시로 해줘 가며 작업을 이어가도록 하자.

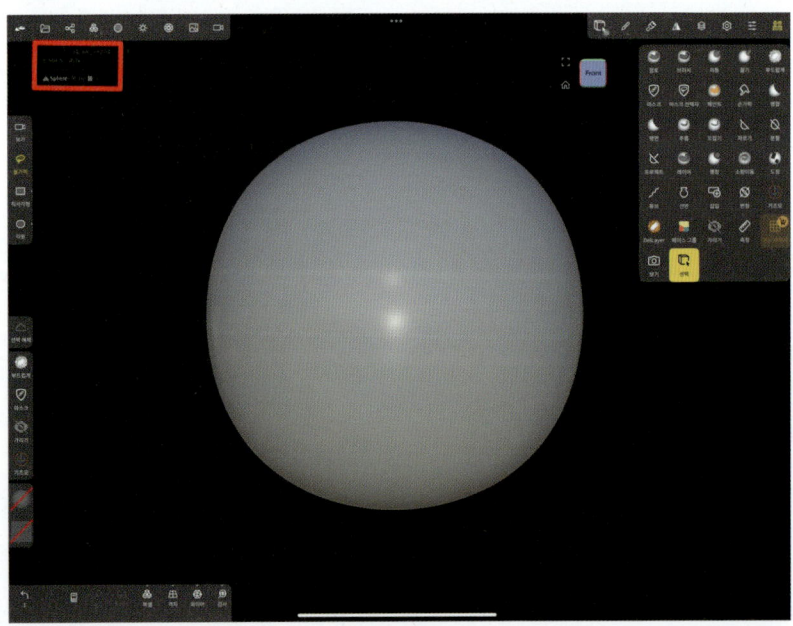

램 용량 확인

램 용량을 확인할 수 있는 가장 쉬운 방법은 노마드 스컬프 내 좌측 상단에 위치한 RAM 칸을 이용하는 것이다. 새로운 씬(scene)을 형성했을 때 사용 가능한 RAM이 어느 정도인지 미리 파악하고 작업할 때 문제가 생기지 않도록 확인해야 한다. 추후 용량 관리 방법 또한 표시된 위치를 통해 설명이 이어질 예정이니 참고하면 좋다.

둘째는 화면 크기이다. 수많은 비율과 크기의 태블릿이 존재한다. 그 수많은 것들 중에서 사실 입맛에 맞는 걸로 고르면 된다. 체크해야 할 부분은 비율과 휴대성 이 두 가지라고 생각하면 된다. 비율은 취향의 문제기도 하지만 화면의 크기에 따라 작업 환경의 쾌적함 정도에도 차이가 생긴다.

화면이 크면 클수록 작업할 때 눈에 거슬리는 것들이 적다. 하지만 크다고 무조건 좋은 것은 아니다. 화면이 크면 기본 인터페이스 간의 거리가 멀어지게 되고 큰 불편함은 아니지만 작업할 때의 속도가 약간 줄어들 수 있다. 반면 화면이 작을수록 휴대성이 편리하고 인터페이스가 한눈에 잘 들어온다는 장점은 있지만 확실히 가시성이 좁고 모델링을 할 때 화면에 보이는 것들도 작아지다 보니 불편함이 있다. 정리하자면 휴대성과 작업의 속도를 중요시한다면 사이즈가 작은 쪽을 선택하는 것이 좋고 작업 중 가시성과 쾌적함을 중요시한다면 사이즈가 큰 쪽을 선택하는 것이 좋다.

추천할 만한 태블릿은 휴대성을 생각한다면 아이패드 프로3세대 이상, 화면 11인치 혹은 12.9인치, 저장공간 128GB 이상이 적당하며, 쾌적함과 가시성을 중요시한다면 갤럭시 탭 2021년 이후의 모델을 추천한다. 화면이 아이패드에 비해 개방감이 있어 실제로 사용했을 때 쾌적한 작업을 진행할 수 있었다.

Section 2 노마드 스컬프를 즐기기 위한 준비물

노마드 스컬프를 위한 준비물은 그렇게 많지 않다. 하지만 있으면 분명히 도움이 되는 추가적인 준비물들을 몇 가지 얘기해 보겠다.

고속 충전기: 출력 45W 이상의 충전기를 추천한다. 이유는 다음과 같다. 노마드 스컬프는 실제로 배터리 소모가 매우 빠른 애플리케이션이다. 그렇기에 충전기를 분명히 연결했음에도 배터리가 줄어드는 진귀한 광경을 목격할 수도 있다. 안정적인 충전을 통해 원활한 작업 환경을 조성하기 위해 충전기는 꼭 고속 충전기로 구비해 놓도록 하자. 다양한 충전기를 사용해 본 결과 45W 출력의 충전기 정도면 충분하다. 추가적으로 충전기 본체가 45W 이상의 출력이더라도 연결되어 있는 선의 출력이 낮으면 고속 충전기로서의 역할을 못 하기에 선도 고속 충전기 선

으로 구매해 주는 것이 좋다.

태블릿 터치 방지용 장갑: 당구 전용 장갑처럼 생긴 장갑이다. 소지와 약지를 가려주어 의도치 않은 터치가 생기는 것을 방지해 준다. 이 장갑은 보통 부담 없는 가격으로 판매되는데 싼 걸 구매해도 큰 상관이 없다. 하지만 이 장갑이 있고 없고의 작업 환경 차이는 하늘과 땅 차이다. 예를 들어 펜을 사용해 터치를 한 번 했음에도 불구하고 태블릿에 닿는 손가락으로 인해 이중 터치가 된다거나 자신도 모르는 새에 엉뚱한 곳에 라인이 그려져 있는 경우가 생긴다. 이를 방지하기 위해 장갑 하나 정도는 구비해 두는 것이 좋다.

태블릿 전용 스탠드: 스탠드의 용도는 단 한 가지다. 바로 바른 자세. 대부분 태블릿 케이스에 장착되어 있는 스탠드를 사용한다. 하지만 3D 모델링은 특성상 작업 시간이 매우 길어지는데 기본 스탠드를 사용하여 장시간 작업을 이어가게 되면 목 전반에 큰 무리를 줄 수 있다. 그렇기에 태블릿 전용 스탠드를 구매해서 시각의 위치를 높여주는 것이 좋다.

무반사 필름: 필름의 종류는 다양하다. 일반적으로 많이 사용하는 우레탄 필름, 종이 필름 등등이 있는데 무반사 필름을 추천하는 데는 이유가 있다. 첫째로 우레탄 필름 등의 유광 필름은 형광등, 햇빛 등 광원의 반사로 인해 작업에 영향을 끼치는 경우가 허다하다. 둘째로 종이 필름은 사각거리는 질감은 좋지만 화면의 해상도를 떨어뜨린다는 단점이 있다. 종이 필름 외에 다른 필름을 써보지 않았고 3D를 본격적으로 해보고 싶다면 무반사 필름을 사용하는 것도 좋다.

많은 준비물들을 추천했지만 사실 구비가 가능하면 좋다는 것이지 필수적인 요소는 아니다. 어떠한 작업 환경보다 중요한 점은 본인에게 편하고 방해되는 요인이 없어야 한다는 것이다. 본인만의 환경을 조성하여 작업 환경을 꾸리는 것 또한 각자의 선택이기에 자유로운 환경을 조성해 보자.

Section 3 노마드 스컬프 앱 기본 세팅

노마드 스컬프는 기본적으로 세팅을 해야 하는 것들이 몇 가지 있다. 첫 번째로 한국어 설정이다. 한국어 패치는 좌측 상단의 노마드 스컬프 로고를 클릭한 후에 언어를 클릭하고 선호하는 언어를 한국어로 변경해 주면 된다.

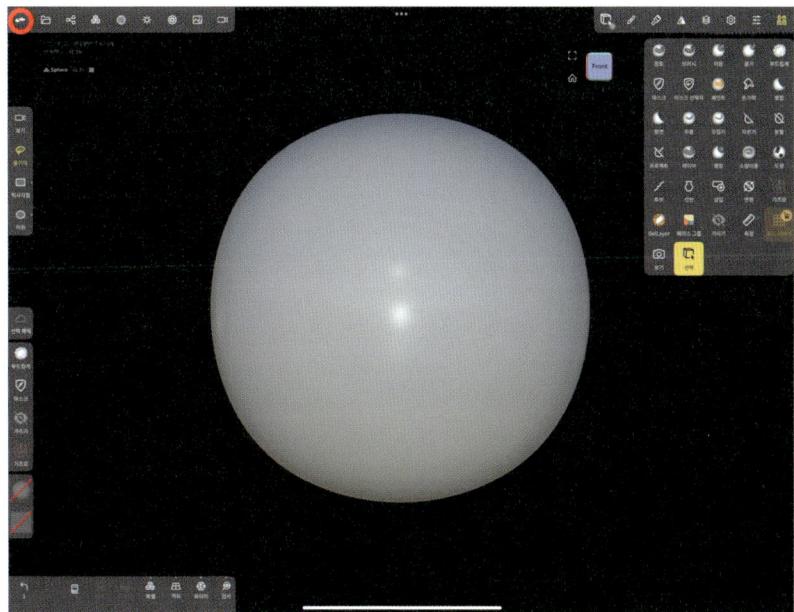

언어 변경하기 1

언어 변경하기 2

두 번째로, 언어 변경이 완료되었으면 배경 화면 색상을 변경한다. 배경 화면 색상을 변경하는 이유는 모델링을 더욱 잘 보기 위해서이다. 저자는 검은색 배경을 추구하지만 가시적인 부분은 사람마다 차이가 있기 때문에 원하는 색상을 지정해 주면 된다.

배경색 변경 방법은 다음과 같다. 좌측 상단 갤러리 모양의 로고를 클릭한 후 [색상] 하단에 있는 컬러 아이콘을 선택하고 원하는 색을 클릭하여 변경해 주면 된다.

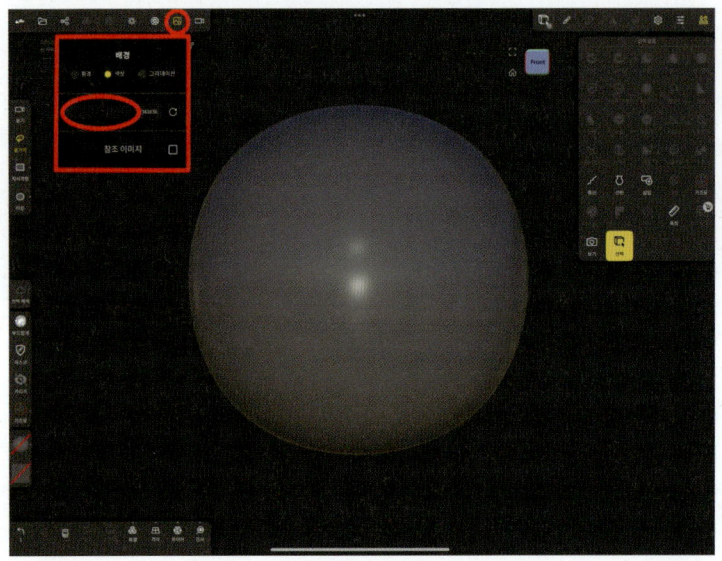

배경 색상 변경하기

배경까지 변경이 완료되었으면 세 번째 절차가 남아 있다. 바로 '선택하지 않은 오브젝트를 어둡게'이다. 의미는 간단하다. 여러분들이 작업을 하다 보면 수많은 도형들이 겹겹이 쌓이게 될 것이다. 그런 상태라면 내가 어떤 도형을 선택한 상태인지 알기란 쉽지가 않다. 특히나 입문자에게는 도형을 구분하고 안 하고의 차이가 매우 클 것이다. 이때 선택한 도형을 제외한 나머지를 어둡게 만들 수 있다. 참고로, 색상 변경 하단에 있는 참조 이미지를 클릭하면 레퍼런스 이미지를 불러올 수 있다.

설정하는 방법은 간단하다. 우측 상단의 환경 설정 아이콘을 클릭한 뒤 '선택하지 않은 오브젝트를 어둡게'를 켜주기만 하면 된다.

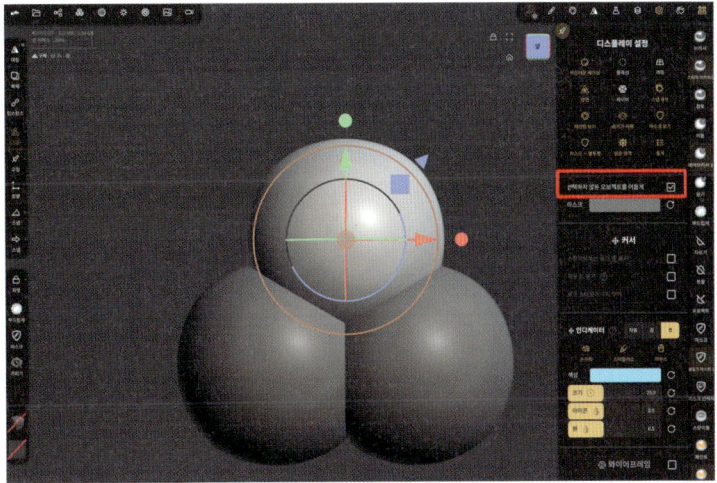

'선택하지 않은 오브젝트를 어둡게' 예시

마지막으로 인터페이스의 스케일을 조정해 줄 것이다. 인터페이스 크기를 키우면 클릭하기가 훨씬 쉬워지지만 모델링하는 화면을 좀 더 가리게 된다. 그렇기에 본인에게 맞는 스케일을 찾아가며 조정해야 한다.

인터페이스 크기 조절을 위해 우측 상단의 레버 아이콘을 클릭한 뒤 아래로 스크롤하면 몇 가지 항목이 나타난다. 입맛에 맞게 조절하면 노마드 스컬프를 시작하기 위한 가장 기본적인 세팅은 끝나게 된다.

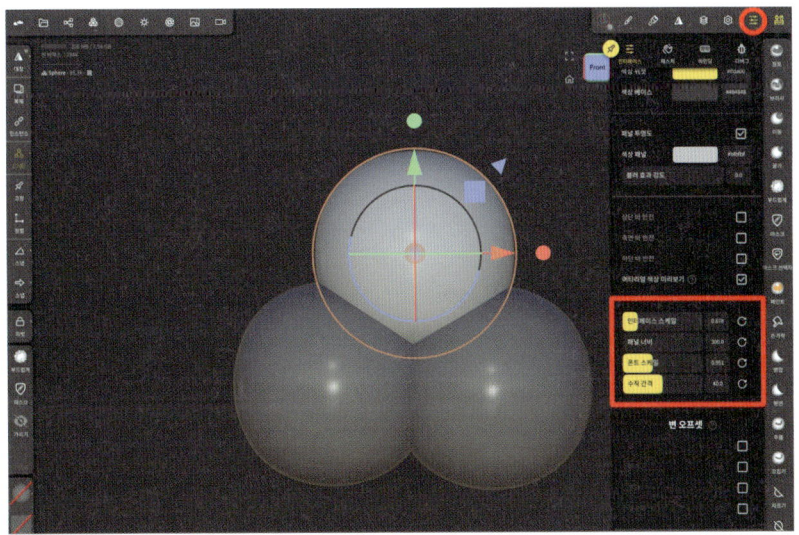

인터페이스 조절

Chapter 03 인터페이스 기초 및 파일 관리

Section 1 기본적인 화면 조작 방법

두세 손가락으로 컨트롤할 경우 한 손가락을 펜으로 대체해도 똑같이 작동한다.

- 빈 공간 클릭 후 돌리기: 보는 시점 돌리기
- 두 손가락으로 빈 공간 클릭 후 이동: 시점 이동
- 두 손가락으로 키우고 줄이기: 줌인, 줌아웃
- 두 손가락으로 가볍게 터치: 뒤로 가기
- 세 손가락으로 가볍게 터치: 앞으로 가기
- 세 손가락으로 같은 방향 쓸기: 라이팅 방향 전환

Section 2 인터페이스 위치별 사용처와 이름

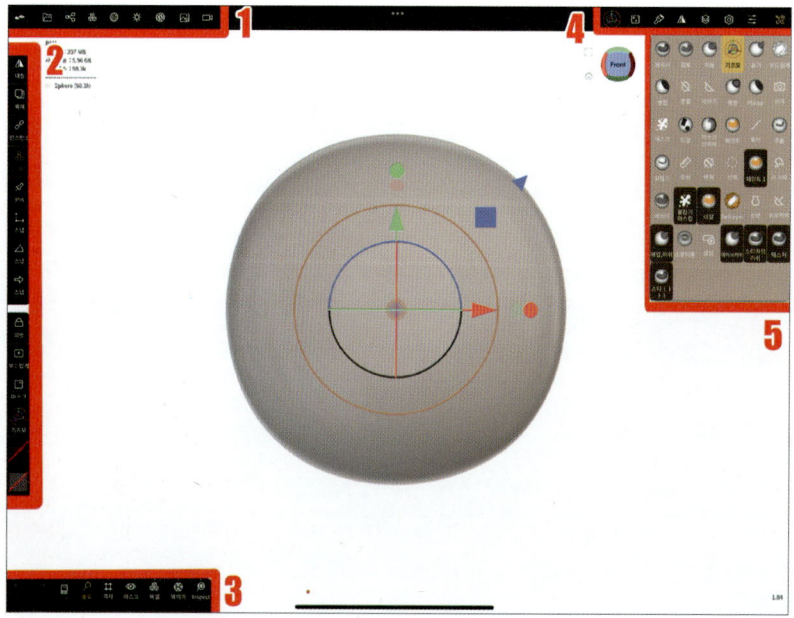

인터페이스별 설명

❶ 도형 배치, 용량 조절, 재질 설정, 최종 렌더링 등을 관장하는 부분으로 가장 많이 사용하는 공간이다.

❷ 브러시들의 부가적인 기능들을 담당하는 공간이다. 브러시의 강도 및 크기 조절, 대칭 on/off, 자주 사용하는 브러시 설정 단축키 등이 존재한다.

❸ 뒤로 가기, 앞으로 가기, 히스토리 관리(작업 기록 관리) 등 간단한 기능들을 위한 공간이다.

❹ 노마드 스컬프에 관한 기본적인 설정과 각 브러시의 부가 기능 및 설정을 변경하는 창이다.

❺ 브러시들이 놓인 공간이다. 가장 우측 상단의 아이콘을 누르게 되면 브러시 칸의 형태를 박스로 할지 오른쪽 줄 나열로 할지 지정할 수 있다. 오른쪽 나열은 브러시를 찾기 번거롭기 때문에 박스 형태를 추천한다.

추가로 4번 공간 아래에 큐브 모양이 있는데 이 큐브를 돌리고 클릭하면 도형을 바라보는 방향을 조절할 수도 있다. 모델링으로 인하여 화면 전환이 어렵거나 정확한 정·측·후면을 바라봐야 할 경우에 사용하면 매우 편리하다.

Section 3 파일의 종류

다음 형식의 파일 이외에는 대체로 사용하지 않습니다. 대부분의 3D 작업 결과물은 다음 파일 형식으로 대체할 수 있습니다.

1. **OBJ**: 3D 세상에서 매우 많이 사용되는 파일 종류 중 하나이다. 모델링을 이루고 있는 수많은 폴리곤들에 대한 계산뿐 아니라 텍스처와 머티리얼에 대한 정보 또한 포함하고 있어 유용하게 사용된다. 하지만 그만큼 파일의 용량이 크다는 점이 단점으로 작용할 수 있다.

2. **STL**: OBJ 파일과는 다르게 머티리얼 및 텍스처에 관한 정보는 담고 있지 않다. 오로지 모델링을 이루는 폴리곤에 대한 정보만을 담고 있기 때문에 3D 프린팅과 같은 분야에서 널리 활용되고 있다.

3. **Nomad**: 노마드 스컬프 내부에서만 사용 가능한 3D 파일이다. 노마드 스컬프 내부에서만 사용해야 한다는 단점이 존재하지만 태블릿에서 사용하는 프로그램인 만큼 파일의 용량이 매우 작다. 그래서 노마드 스컬프 내부에서만 모델링을 진행할 것이라면 Nomad 파일 형식으로 저장해 주는 것이 좋다.

Section 4 파일 정리 방법

3D 모델링에서는 파일 관리가 정말 중요하다. 개별 파일의 용량 크기도 중요하지만, 저장된 파일들을 재사용함으로써 모델링의 속도를 확연하게 올릴 수 있기 때문이다.

첫째로 사용하지 않는 모델링과 겹치는 모델링은 삭제한다. 아직 입문자라면 괜찮을 수 있지만, 작업을 이어가다 보면 많은 양의 모델링들이 노마드 스컬프 앱과 태블릿 내에 저장된다. 모델링 파일은 보통 용량이 크기에 관리하지 않으면 성능 저하를 일으킬 수 있다. 따라서 저장 공간은 늘 확보해서 사전에 이런 문제를 방지하자.

둘째로 나중에 재사용 가능한 모델링 파일들을 한곳에 모아둔다. 우리는 이걸 '에셋'이라고 부른다. 자산이라는 뜻이다. 본인만의 자산을 축적하고 그 자산을 이용해 모델링을 진행함으로써 훨씬 더 원활하고 빠른 모델링을 할 수 있다.

마지막으로 Nomad 파일을 저장해 둔다. 사실 모델링을 하면서 파일을 주기적으로 저장해 주기란 매우 귀찮은 일이다. 그러나 태블릿의 용량은 컴퓨터에 비하면 확연하게 작다. 용량이 매우 넉넉한 편이라면 괜찮겠지만 모델링이 태블릿에 쌓이다 보면 이후 작업에 큰 영향을 끼치게 된다. 용량이 부족한 경우 저장공간이 부족하다는 경고 문구와 함께 작업하던 파일이 날아간 상태로 노마드 스컬프가 강제종료된다. 그런 상황을 막기 위해 한 달에 한 번 정도 Nomad 파일로 저장을 하고 압축을 진행해 외부 저장공간에 저장해 두는 것이 좋다.

Section 5 파일을 내보내는 방법

모델링이 쌓여 파일을 외부에 저장해야 하거나 다른 프로그램에서 사용하기 위해 내보내야 할 때 다음과 같은 방법을 사용할 수 있다.

파일 아이콘을 클릭하면 익스포트 항목이 있는데 여기에서 파일의 형식을 선택하여 내보낼 수 있다.

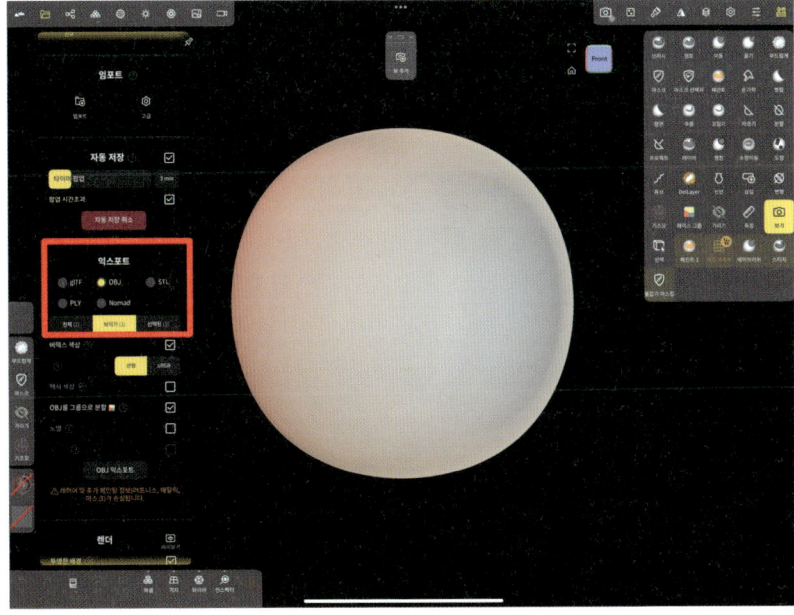

파일 내보내기

파일을 내보낼 때 가장 기본적으로 설정해 줘야 하는 것들이 몇 가지 있다. OBJ 파일 형식으로 내보낼 때의 설정을 살펴보자.

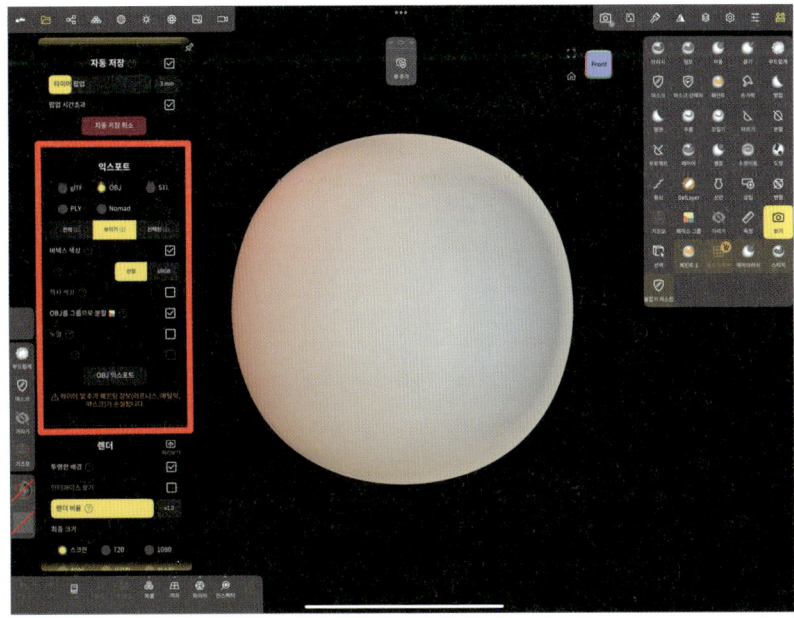

OBJ 형태로 내보내기

1. 내보낼 도형 고르기

- **전체**: 만들어진 모든 파일을 내보낸다.
- **보이기**: 화면상에 보이는 파일만 내보낸다. 씬에서 눈을 끈 상태라면 내보내지지 않는다.
- **선택된**: 선택되어 있는 도형들만 내보낸다. 선택 툴과 활용하여 에셋을 저장하거나 부분적으로 저장할 때 활용한다.

2. 버텍스 색상

노마드 스컬프에선 컬러링 및 렌더링을 위한 설정까지 마무리하다 보니 모델링에 컬러링이 되어 있는 경우가 대부분이다. 여기서 모델링만 내보낼 것인지, 칠한 색상도 같이 내보낼 것인지 결정해 주는 것이다. 물론 색상과 같이 내보내면 파일의 크기 또한 약간 커지는 것을 인지하도록 하자.

- **선형과 sRGB**: 내보내는 색상값이다. 사용될 프로그램에 따라 자유롭게 설정할 수 있다. 웬만한 프로그램들은 선형 파일로 내보내면 된다.

3. 헥사 색상

입혀진 색상값을 같이 내보내는 것이다. 크게 활용할 일은 없다.

4. OBJ를 그룹으로 분할

전체 모델링을 하나의 그룹(같은 색상)으로 묶는다. 이를 선택한 후 내보내면 씬 칸에서 분리되어 있던 모든 도형들이 다른 그룹으로 묶여 옮겨지게 된다. 다른 프로그램에서 파일을 분할해야 할 때 용이하다.

5. 노멀

각 프로그램마다 사용되는 표면(메시)의 종류는 다르다. 그렇기에 노마드 스컬프에서 다른 프로그램으로 옮겨갈 때 메시에 문제가 생길 수 있다. 노멀은 안정성을 올려 다른 프로그램에서도 최적화가 될 수 있도록 한다. 웬만하면 체크하는 것이 좋다.

복셀과 용량 관리 및 기본적인 도형들

01 씬(서브 툴)이란?
02 기즈모, 기본 도형의 이해
03 대칭 기능
04 용량 관리 및 표면 정리

씬(서브 툴)이란?

Section 1 씬에 대해 알아보기

씬에서는 도형을 추가하고 빼는 작업, 서로 연결해 주는 작업, 도형들의 반복을 적용하는 작업 등 말 그대로 도형과 관련된 모든 작업을 진행할 수 있다. 이것저것 작업을 진행하다 보면 여러 도형이 쌓이게 될 것이고 어떤 도형을 선택해야 하는지 헷갈리는 순간도 분명 찾아온다. 그렇기에 중간중간 잘 정리하는 것이 가장 기본적이고 가장 중요하다.

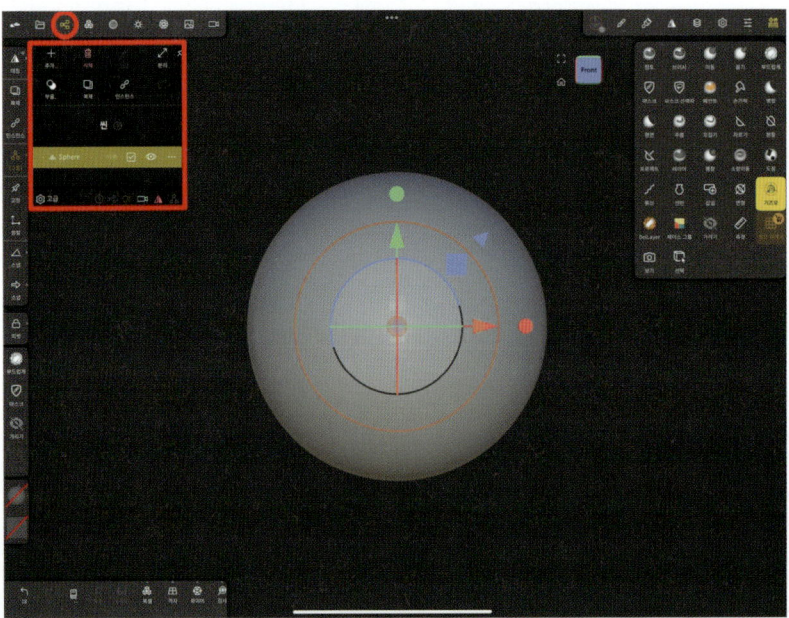

씬 이미지

Section 2 도형의 추가 및 삭제

모델링을 하기에 앞서 당연히 도형을 추가하고 삭제해 주는 작업이 우선이다. 말 그대로 만들고 싶은 형태를 생각하며 그에 걸맞은 도형을 불러오는 작업이다.

다음 두 가지 아이콘만으로 도형을 추가하고 삭제하는 작업을 할 수 있다.

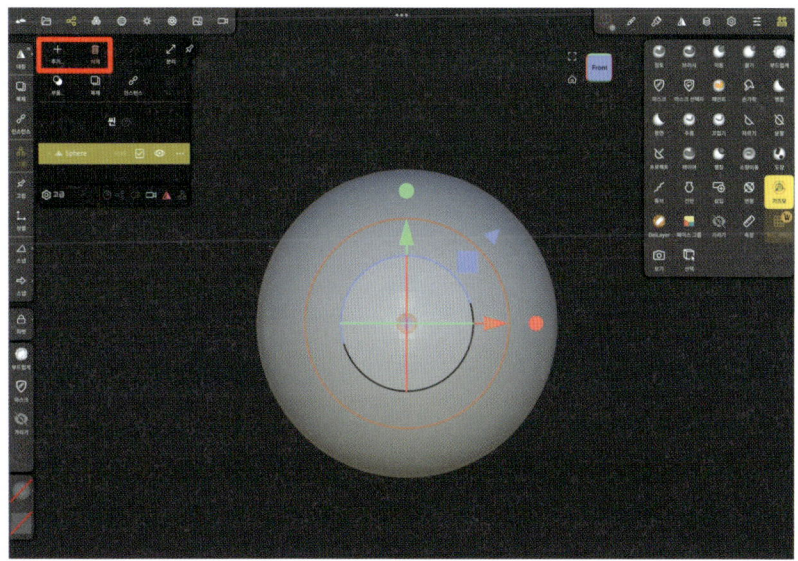

도형의 추가 및 삭제

첫째로 도형을 추가하는 방법은 다음과 같다. 추가 아이콘을 누르면 수많은 도형들이 가장 윗단에 나열되어 있을 것이다. 그 많은 도형들 중 본인이 원하는 형태의 도형을 클릭해 주기만 하면 된다. 그렇게 도형을 불러오게 되면 화면 중간에 도형이 팝업되며 그 도형의 기본적인 형태를 설정하게 된다.

둘째로 도형을 삭제하는 방법은 다음과 같다. 도형을 추가하게 되면 '씬' 칸에 추가되었던 도형이 나오게 된다. 예를 들어 원형을 지칭하는 'sphere'가 있다고 가정하면 글자 우측에 체크박스가 있을 것이다. 그 체크박스를 선택한 후 삭제 아이콘을 클릭하면 선택한 도형이 삭제된다. 참고로 체크박스는 다중 클릭이 가능하니 그 점 참고하도록 하자. 그리고 혹여라도 도형 삭제를 잘못 진행하였을 경우엔 뒤로 가기를 사용하면 복구된다.

처음 비어 있는 화면에 어떤 도형을 추가해야 할지 망설여질 수 있다. 그렇기에 훈련이 필요하다. 기본적으로 어떠한 물체를 봤을 때 '저 물체는 어떤 도형으로부터 시작되어 만들어졌을까?'라는 의문을 갖는 훈련을 자주 하다 보면 자연스레 적합한 도형을 선택할 수 있게 될 것이다.

Section 3 도형의 반복 기능(리피터스)

그다음으로는 도형의 반복 기능(리피터스)이다. 말 그대로 한 도형이 주어졌을 때 그 도형을 반복함으로써 얻을 수 있는 물체를 만들기 위해 존재하는 기능이다. 예를 들어 진주 목걸이는 둥근 형태를 나열하여 완성할 수 있는데, 같은 도형을 일일이 배치하기엔 너무나 많은 시간이 들어가게 된다. 이때 반복 기능을 사용하면 시간을 절약할 수 있다.

주의할 점이 한 가지 있다. 도형을 복사하여 나열하는 것을 과하게 적용하면 용량에 문제가 생길 수 있다. 그렇기에 배열을 사용할 시에는 용량이 너무 과하진 않은지 꼭 확인하고 진행하도록 하자.

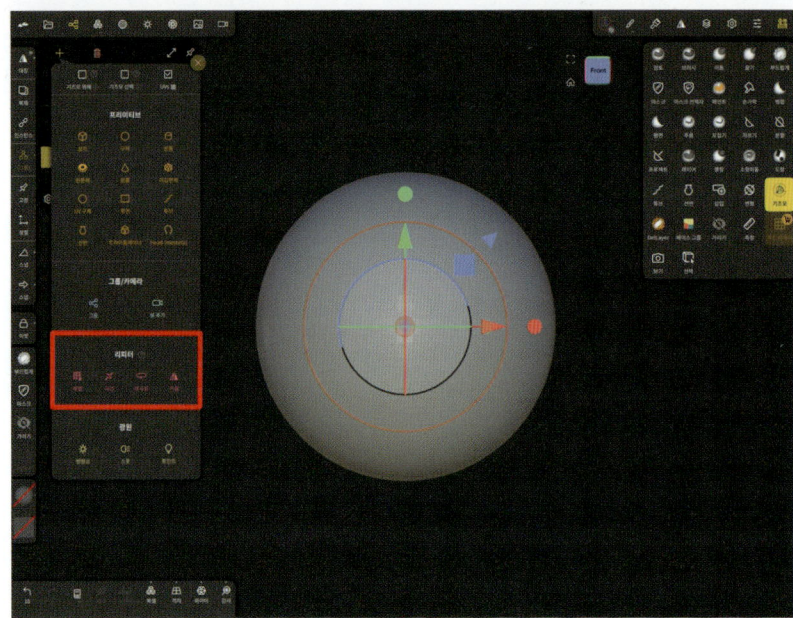

리피터스

1. 배열

배열 기능은 X(가로), Y(높이), Z(깊이)축을 기준으로 틀어짐 없이 나열한다. 처음 클릭을 할 경우 X축으로 두 개의 도형이 나열된 것을 볼 수 있다. 여기서 도형 간의 거리와 도형의 개수를 축별로 따로 조절할 수 있다. 다음과 같이 중앙 상단에 새로운 인터페이스가 나타나는 것을 볼 수 있는데 여기서 카운트는 도형의 개수를 뜻하고 크기는 도형 간의 거리를 의미한다. 도형을 일정하게 배열하는 작업에 유용하게 사용할 수 있다.

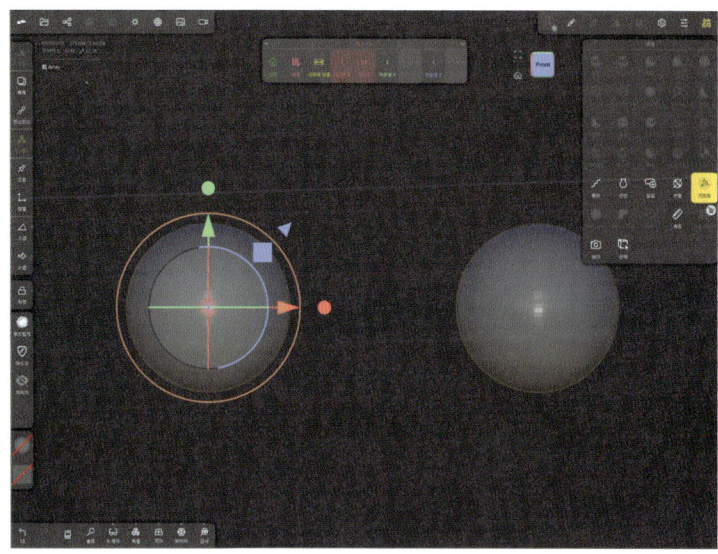

배열

2. 곡선

곡선 기능은 도형을 마치 뱀처럼 자유롭게 나열한다. 개인적인 생각으론 배열 툴 중에 가장 난도가 있지만 가장 유용한 툴이라고 생각한다. 곡선 툴을 처음 선택하면 도형 두 개가 생성되면서 도형마다 흰색 점이 한 개씩 찍히게 된다. 이 점들은 시작과 끝을 의미한다. 그리고 그 흰색 점들은 흰색 선으로 연결되어 있다.

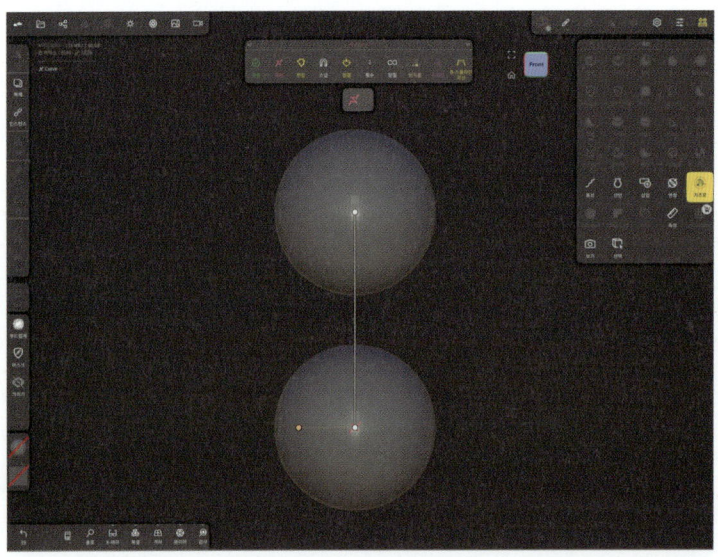

곡선

중앙 상단 인터페이스의 횟수를 늘려 도형을 여러 개 배치해 보자. 도형들이 여러 개로 늘어나게 되었다면 점이 없는 흰색 선 부분을 아무 곳이나 터치하여 드래그해 보자. 그러면 새로운 점이 추가되면서 새로운 축을 이루게 된다. 이러한 방식으로 점을 추가할 수 있고 혹시라도 점을 지우고 싶을 땐 삭제하고 싶은 점을 가장 인접해 있는 또 다른 점에다가 끌어서 가져가면 빨간색 점으로 변하며 삭제된다. 마지막으로 흰색 점을 한 번 더 클릭하면 검은색 점으로 변하게 되는데 여기서 검은색 점은 직선으로 꺾인 라인을 만들 때 사용된다.

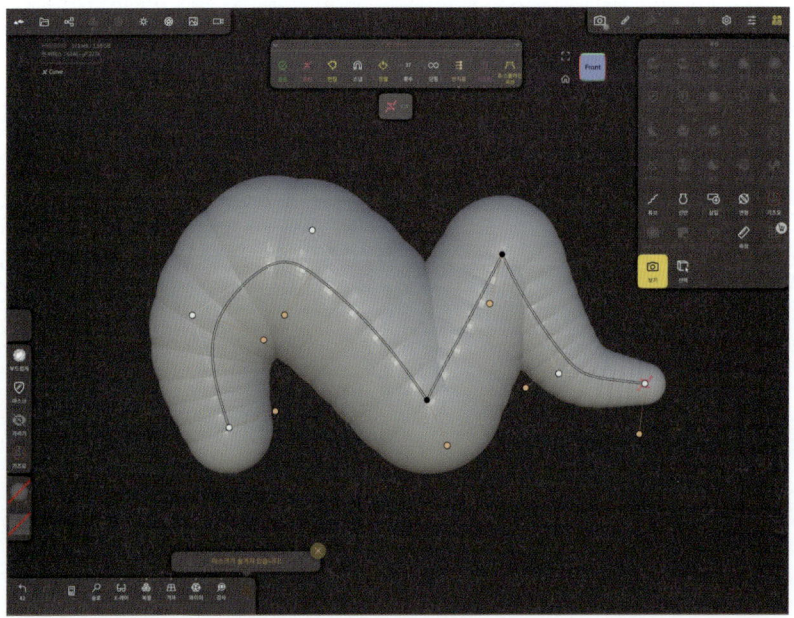

곡선의 사용법

- **닫힘**: 시작과 끝의 점을 연결할 때 사용한다.
- **반지름**: 흰색 점 옆에 있는 살구색 점이 의미하며, 사이즈를 조절해 주는 역할을 한다. 인터페이스의 반지름을 한 번 더 클릭해 보면 축이 두 개(시작과 끝)로 변한다. 세 개까지 변환이 되며 세 개의 축이 활성화되었을 때는 모든 꺾이는 지점(점)의 사이즈를 전부 다르게 적용할 수 있다.
- **뒤틀림**: 반지름과 같이 축을 1, 2, 3단계로 변형할 수 있다. 말 그대로 트위스트를 시켜주는 기능이며 우리가 흔히 아는 트위스트 모양을 만들기 위해선 2단계 축을 설정한 후에 한쪽의 축에서 돌려주면 된다. 뒤틀림의 축은 보라색 점으로 나오게 된다.
- **B-스플라인**: 직접 옮겨가며 설정한 라인들을 조금 더 부드럽게 만들 때 사용한다. 부드러운 형태감을 원할 시에는 켜두는 것이 좋지만 본인이 움직인 모양을 충실하게 따라오길 원한다면 꺼두는 것이 좋다.

곡선 툴은 마음대로 움직이며 원하는 모양을 만들 수 있다는 점이 큰 장점이자 단점이다. 3D 모델링에서 대칭을 유지하는 것은 정말 중요한 부분이다. 이리저리 옮기고 움직이다 보면 대칭축으로부터 벗어나 대칭을 적용하기 힘들어질 수 있다. 그렇기 때문에 우측 상단의 큐브에서 정확한 측면(Right, Left)을 바라본 상태로 작업하는 것을 추천한다. 곡선 툴은 추후 배우게 될 튜브 툴과 유사하게 작동하기에 튜브 툴을 예습한다고 생각하며 실습하면 나중에 튜브 툴을 배울 때 큰 도움이 될 것이다.

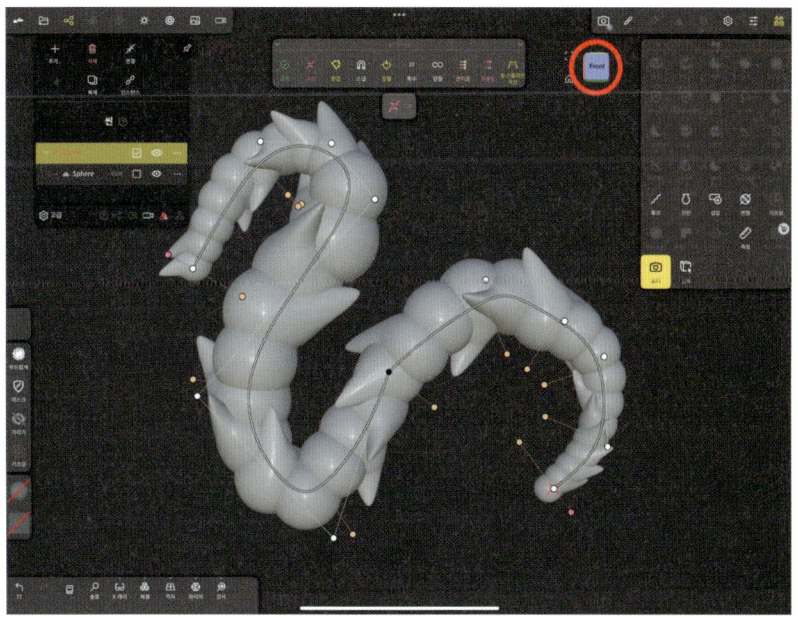

정확한 측면을 바라보고 곡선 툴 사용하기

3. 방사형

방사형은 매우 간단하다. 지정한 도형을 둥그렇게 목걸이처럼 둘러주는 것이다. 한 도형에 방사형을 적용해 보자. 중앙 상단에 인터페이스가 나오긴 했지만 화면의 도형은 그대로일 가능성이 크다. 그 이유는 현재 도형이 X, Y, Z축의 (0, 0, 0) 점에 있기 때문이다. 그렇기에 추후 배우게 될 기즈모를 통해 도형을 옮기면 원하는 형태를 얻을 수 있을 것이다.

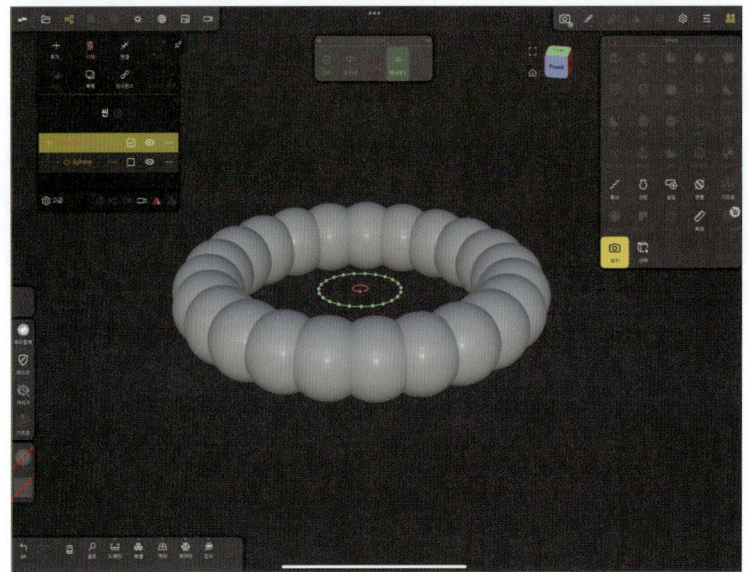

방사형

4. 거울

거울은 한 도형을 X축을 기준으로 대칭으로 만들어주는 기능이다. 마치 우리 몸의 팔다리처럼 대칭적으로 존재하는 것을 만들기에 적합한 툴이다. 하지만 거울 기능을 굳이 사용하지는 않는다. 이유는 거울 기능이 원하지 않는 도형들에도 적용되어 문제를 일으킬 수 있기 때문이다. 이를 대체할 수 있는 방법을 대칭 기능에 기재해 두었으니 참고하자.

이런 식으로 리피터스 기능을 이용하여 도형을 배열하고 수많은 모양을 만들어낼 수 있다. 가장 헷갈릴 수 있는 부분은 각각의 개별 도형을 조절하는 것과 전체적인 배열을 조절하는 것이다. 개별 도형을 조절하려면 씬에서 흰색 혹은 휫색으로 된 도형을 선택하면 되고 전체적인 배열을 조절하려면 빨간색 글자로 된 리피터스를 선택한다. 배열 완료 후에는 중앙 상단에 있는 검증을 클릭해 승인하면 모델링을 할 수 있게 인식이 된다.

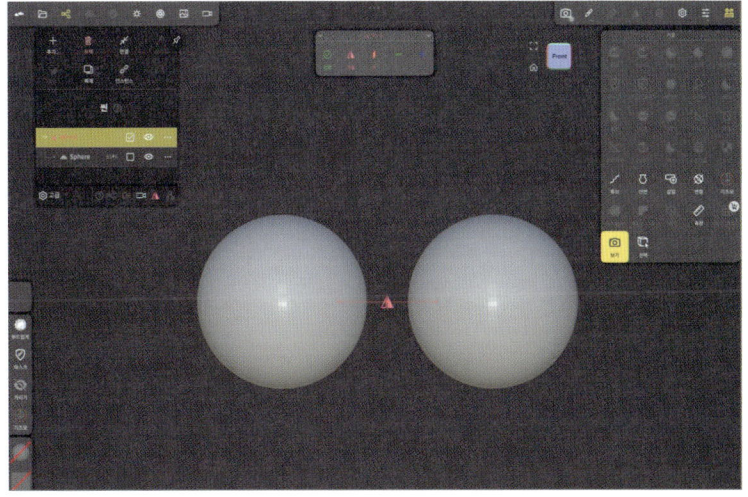

거울

Section 4 도형의 개별 기능

도형을 생성하게 되면 도형만 화면에 생성되는 것이 아니라 각각 도형들의 기본적인 형태를 변경할 수 있게 해주는 인터페이스가 중앙 상단에 생성된다. 또한 도형 표현에도 도형의 사이즈 등을 조절할 수 있는 형형색색의 점들이 생성된다.

1. 상자

상자 표면에 빨간색(X), 파란색(Y), 초록색(Z) 점이 있다. 이는 X, Y, Z축을 기준으로 생성된 상자의 크기를 조절할 수 있는 기능이다.

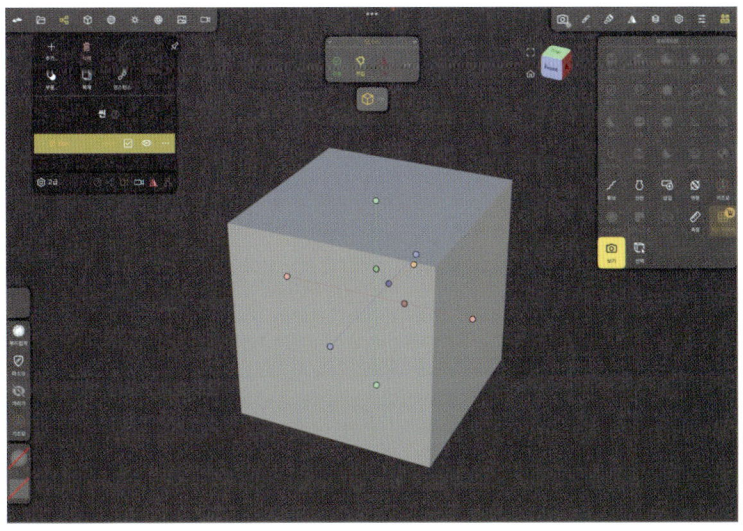

상자

2. 원통

살구색 점을 이용해 지름을, 초록색 점을 통해 원통의 길이를 조절할 수 있다.

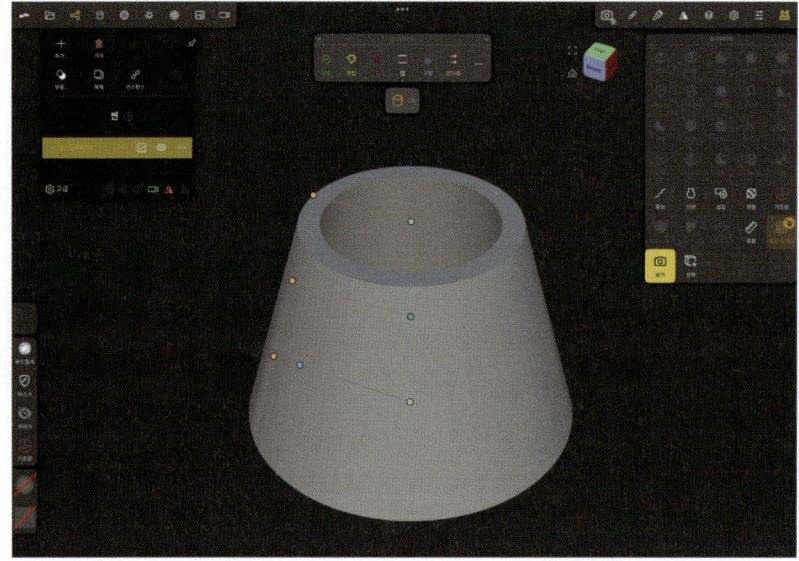

원통

중앙 상단 인터페이스의 언급하지 않았던 두 가지 기능을 설명하겠다.

- **구멍**: 원통 중앙에 구멍을 낸다. 파란색 점이 생기며 구멍의 크기를 조절할 수 있다. 두 개의 축까지 생성할 수 있다.
- **반지름**: 살구색 점을 기준으로 하며 두 개의 축까지 생성하여 원뿔과 같은 형태를 만들어줄 수 있다.

3. 원환체

살구색 점을 이용해 전체적인 크기를 조절할 수 있고 초록색 점을 통해 원통의 두께를 조절할 수 있다. 분홍색 점은 원환체를 분리할 수 있는데 잡아서 당겨보면 분리가 되는 것을 볼 수 있다. 인터페이스에는 구멍이라는 설정만 있는데 말 그대로 원환체 내에 구멍을 생성해 주는 기능이며 파란색 점으로 구멍의 크기를 정할 수 있다.

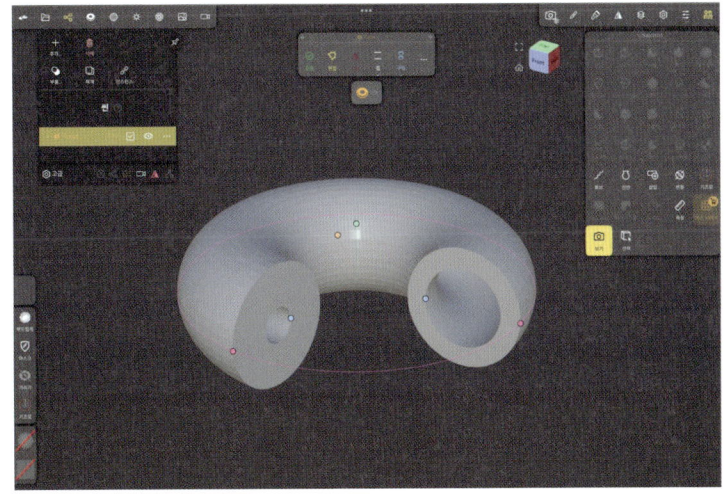

원환체

4. 원뿔

주황색 점을 이용해 바닥 면의 지름을, 초록색 점을 통해 높이를 조절할 수 있다.

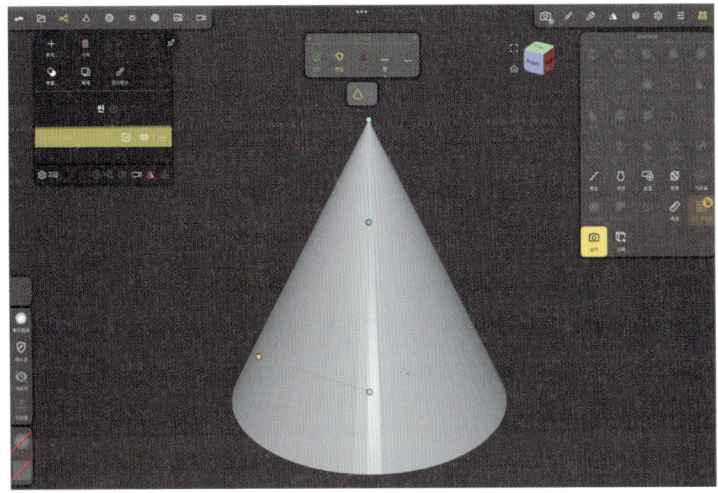

원뿔

5. 평면

파란색 점으로 앞뒤 길이를, 빨간색 점을 통해 가로 길이를 조절할 수 있다.

평면

6. 트라이 플레이너

세 개의 면을 기준으로 우리가 원하는 모양의 도형을 생성할 수 있다. 다른 툴과 마찬가지로 사이즈를 조절할 수 있으며 흰색 사각형 안에 그림을 그려 넣을 수 있다. 그러면 그 그림이 도형에 즉시 적용된다. 마스크를 해제하면 브러시를 지우개처럼 사용할 수 있다.

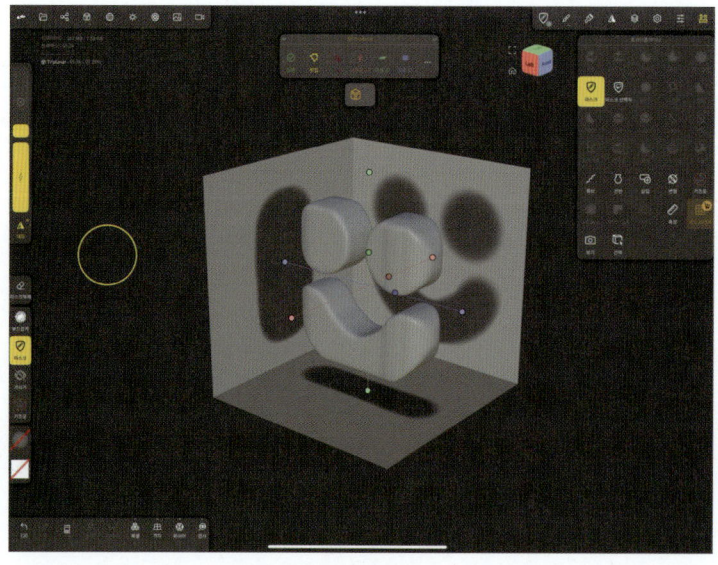

트라이 플레이너

다양한 방식으로 도형의 형태에 대한 기본적인 설정을 완료하였다면 중앙 상단 인터페이스에서 검증을 클릭한다. 여기서 검증이 의미하는 것은 '도형에 대한 기본적인 설정은 끝났으니 이제 모델링을 할 것이다'라고 결단을 내리는 것이다. 결단이라고 표현한 이유는 예를 들어 원통형을 만들고 검증을 눌러 모델링을 어느 정도 진행하게 되면 그 후에는 기본적인 형태를 변형하고 싶어도 변형이 불가능하기 때문이다. 방법은 하나밖에 없다. 모든 모델링 기록을 버리고 뒤로 가기를 클릭하는 것. 그렇기에 검증은 형태를 신중하게 잡은 후 누르도록 하자.

Section 5 도형 그룹 툴로 정리하기

그루핑은 씬에 있는 도형들을 정리하기 위해 사용한다. 모델링을 지속적으로 하다 보면 아무래도 도형들이 많아지기 마련이며 그와 동시에 작업하기 위한 환경에 방해가 된다. 그렇기에 작업 중간마다 그루핑을 통해 도형들을 정리해 주는 것이 좋다.

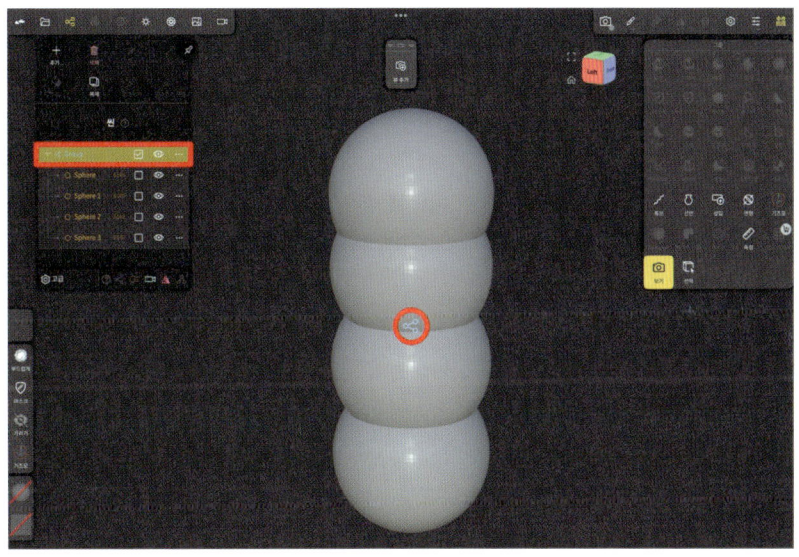

그루핑

적용하는 방법은 같은 그룹으로 묶고 싶은 도형들의 체크박스를 전부 클릭해 준 후 추가란에 그룹을 클릭해 주면 끝이다. 이름까지 변경해 준다면 좋다. 그룹을 삭제할 땐 씬에 포함된 도형들은 체크하지 않은 채 파란색 글씨의 그룹만 체크하고 삭제해 주면 된다.

추가로 굳이 따로 떨어져 있을 필요가 없는 도형들이 있다면 모두 체크박스를 선택하여 연결한다. 그러면 씬에서 하나의 도형으로 정리된다. 혹시 이후에 다시 분리해야 할 필요가 있을 때는 도형 우측에 있는 세 개의 점 아이콘을 클릭한 후 가장 아래에 위치한 분리를 선택해 그루핑을 해제한다.

Section 6 복셀 리메시와 불린을 통한 빼기 모델링

빼기 모델링이란 도형으로부터 다른 도형의 모습대로 뺌으로써 새로운 형태를 만들어주는 것이다. 예를 들어 컵을 만들 때 가장 쉬운 방법은 원통 형태에서 더 작은 원통 형태를 빼주는 것이다.

01 빼기 대상이 될 도형과 빼낼 도형도 생성한다.

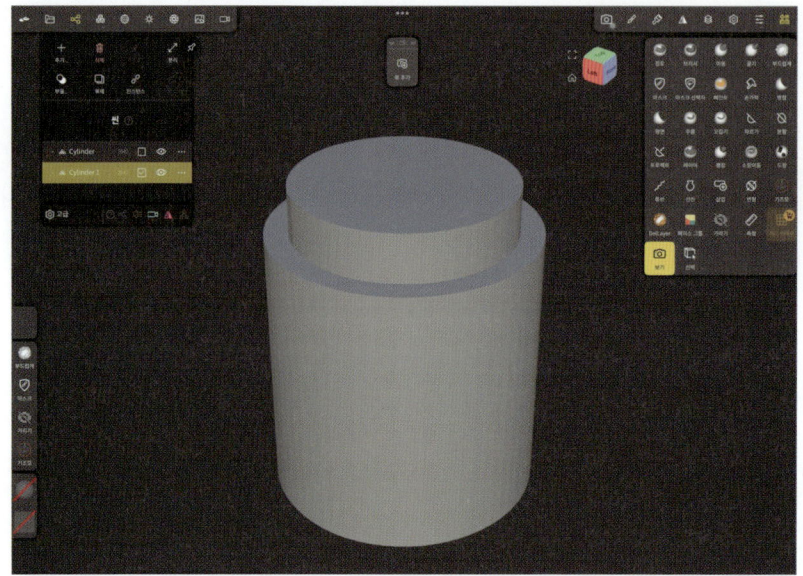

빼기 모델링 1

02 뺄 도형의 눈 아이콘을 꺼준다.

빼기 모델링 2

03 씬 영역 상단의 부울 아이콘을 선택한 후 부울을 실행한다.

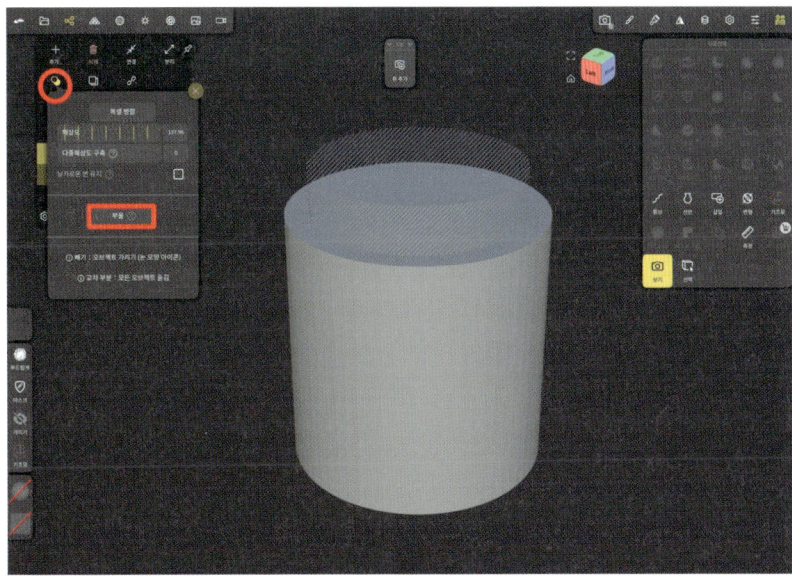

빼기 모델링 3

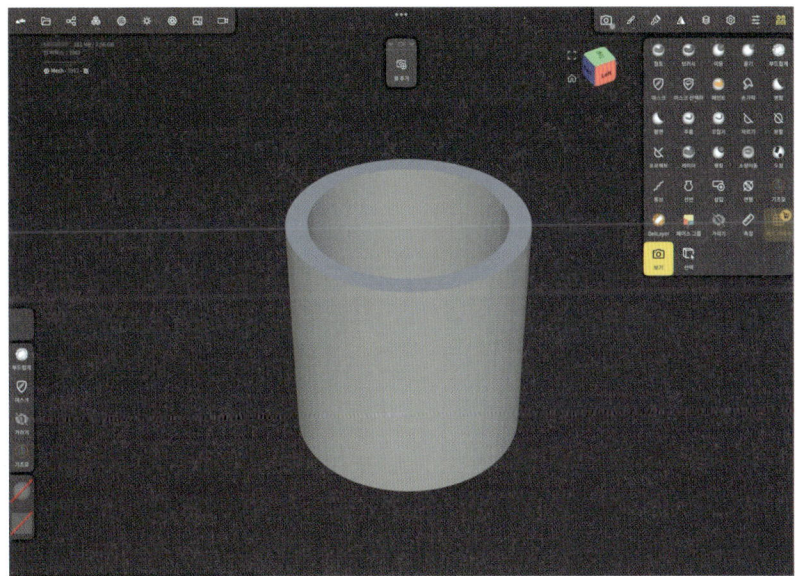

빼기 모델링 4

빼기 모델링으로 정말 수많은 형태를 새롭게 만들 수 있다. 특히 실제 조형물로 출력하여 연결부(조인트)를 제작할 때 많이 사용한다. 이 외에도 빼기 모델링을 사용해야 할 경우가 많으니 자주 사용하여 익숙해지는 것이 중요하다. 마지막으로 빼기 모델링은 부울이 아닌 복셀 병합으로도 가능하다. 추후 복셀 병합(복셀 리메싱)을 배우게 되면 같이 사용해 보는 것을 추천한다.

Chapter 02 기즈모, 기본 도형의 이해

Section 1 자주 사용하는 도형(구체, 상자, 원통)

기본 도형들을 사용 빈도에 따라 분류해 보겠다. 수많은 도형들을 잘 활용하면 물론 좋겠지만 가장 기본이 되는 도형들로부터 직접 결과물을 만들어 보는 것이 모델링 실력 향상에 도움이 된다. 그리고 무엇보다 가장 기본적인 형태감으로 시작하는 모델링이 아름다운 결과물로 완성될 가능성이 현저히 높다.

1. **구체**: 모델링에 있어서 70%는 이 도형을 활용한다고 보면 된다. 그만큼 가장 기본이 되는 도형이며 가장 어려운 도형이기도 하다. 인체로 치자면 머리, 귀, 코, 눈 등 웬만한 모든 것들을 전부 만들 수 있다. 다만 모든 면이 일정하게 부드럽게 꺾여 있기 때문에 조금만 건드려도 모델링이 깔끔하지 않아 보일 수 있다. 혹시라도 그런 상황이 발생했을 때는 부드럽게 툴로 면 정리를 해줘 가며 진행을 해야 한다.

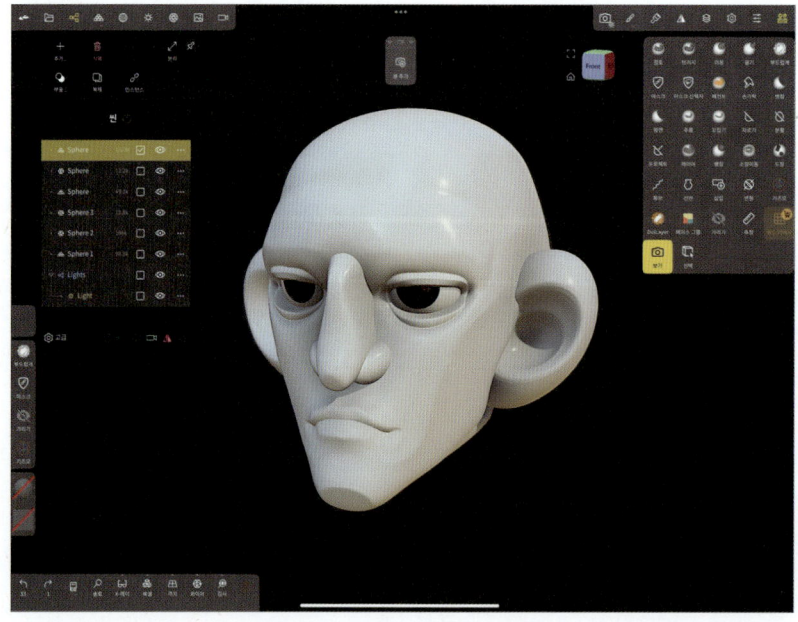

구체만을 이용한 간단한 헤드 조형

2. **상자**: 각이 져 있는 물체를 만들기에 적합하다. 자르기 툴과 같이 활용해 준다면 훨씬 더 깔끔하고 각이 살아있는 모델링을 해줄 수 있다. 다만 자르기 툴을 사용할 때엔 튕김 현상이 자주 발생하니 꼭 저장하기를 진행하고 작업을 이어가는 편이 좋다.

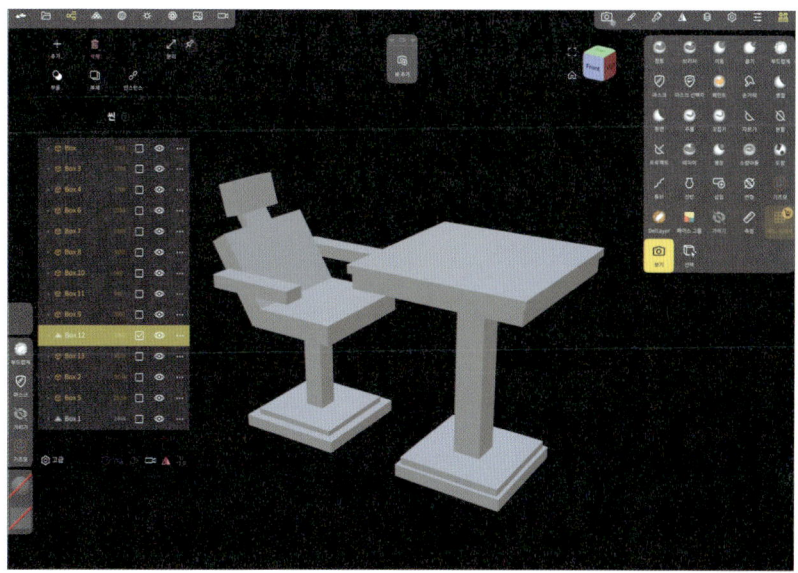

상자를 활용한 책상

3. **원통**: 가장 기본적인 봉과 같은 형태나 원통 형태를 만든다. 반지름을 두 개로 잡아서 원뿔의 형태 또한 완성할 수 있다. 인체로 따지면 목이나 발목 같은 원통 기반의 형태를 잡을 때 유용하게 사용할 수 있다.

원통의 활용

사실 모델링에 있어서 가장 중요한 점은 도형을 어떻게 활용할지보다 만들고 싶은 물체가 어떠한 도형으로부터 시작됐는지를 생각해 보는 것이다. 예를 들어, 지나가다 조형감이 예쁘거나 개인적으로 마음에 드는 형태를 찾았다고 생각해 보자. 그때 예쁘다, 멋지다 정도의 감상에서 끝내는 것이 아니라 어떤 도형으로 시작해야 저런 형태감을 잡을 수 있을지를 생각해 보는 것이 추후 모델링에 있어 큰 도움이 될 것이다.

Section 2 큰 필요가 없는 도형(원환체, 원뿔, 이십면체, UV 구체, 평면, 트라이 플레이너, 헤드)

모든 기본 도형은 각기 알맞은 사용처가 분명 있을 것이다. 그럼에도 불구하고 '큰 필요가 없는 도형'이라고 과격하게 표현한 이유는 처음 입문할 때 복잡한 기본 도형을 다루게 되면 가장 기본적인 것들을 지나칠 수 있기 때문이다. 단순한 도형들을 먼저 활용해 본 후에 아래에 나열된 도형을 활용하는 것이 좋다.

1. **원환체**: 귀걸이와 같은 형태를 만들 때를 제외하곤 자주 활용되진 않는 편이다. 구멍을 뚫어 파이프와 같은 형태를 만들어줄 수도 있지만 추후 배우게 될 튜브 툴에서 진행하는 것이 훨씬 더 자유롭고 다양한 형태의 파이프를 만들어 줄 수 있기 때문에 활용도가 부족하다.

2. **원뿔**: 완벽한 원뿔 모양이 필요하다면 활용할 수 있지만 앞에서의 원통형을 활용한다면 반지름을 두 개의 축으로 조절해 줄 수 있기 때문에 굳이 원뿔 도형을 이용할 필요는 없다.

3. **이십면체**: 면이 20개가 있는 각진 도형이다. 개별적인 조정 기능은 따로 없으며 이 도형을 이용해 무언가를 만들기엔 다른 대안이 너무 많으므로 굳이 사용할 필요는 느껴지지 않는 도형이다.

4. **UV 구체**: 3D 프로그램을 사용할 때 용량의 최적화를 통해 렌더링 상황을 구축하기 위해 UV 맵핑이라는 과정을 진행하는데 이 UV 맵핑이 되어 있는 상태의 구체를 얘기한다. 물론 다양한 활용 방법이 있겠지만 UV로 작동하지 않는 노마드 스컬프를 기준으로 생각했을 땐 굳이 사용할 필요가 없는 도형이다. 노마드 스컬프를 활용할 거라면 일반 구체를 사용하도록 하자.

5. **평면**: 렌더링(이미지 추출)을 위한 모델링의 배경 요소로써 활용하기엔 괜찮은 도형이다. 하지만 '모델링'적인 측면에서 보았을 때 불편한 점이 한 가지가 있다. 바로 앞면과 달리 뒷면이 뒤집힌 면이라는 것이다. 여기서 뒤집힌 면이란 시각적으로는 보이지만 3D 내부에선 인식이 되지 않는 면이다. 컬러를 입혀도 입혀지지 않으며 3D 프린터로 출력을 했을 때도 인식이 되지 않는다. 뒤집힌 면은 다른 도형들과 다르게 갈색으로 보이게 되니 혹시라도 다른 도형에서 이러한 면이 보인다면 부드럽게 툴을 이용해 면을 정리해 주면 된다.

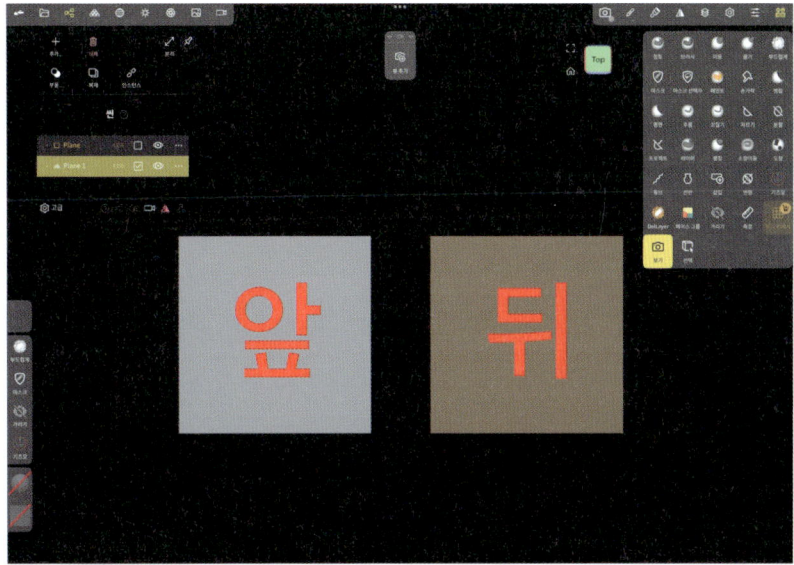

평면의 뒷면(갈색 면)

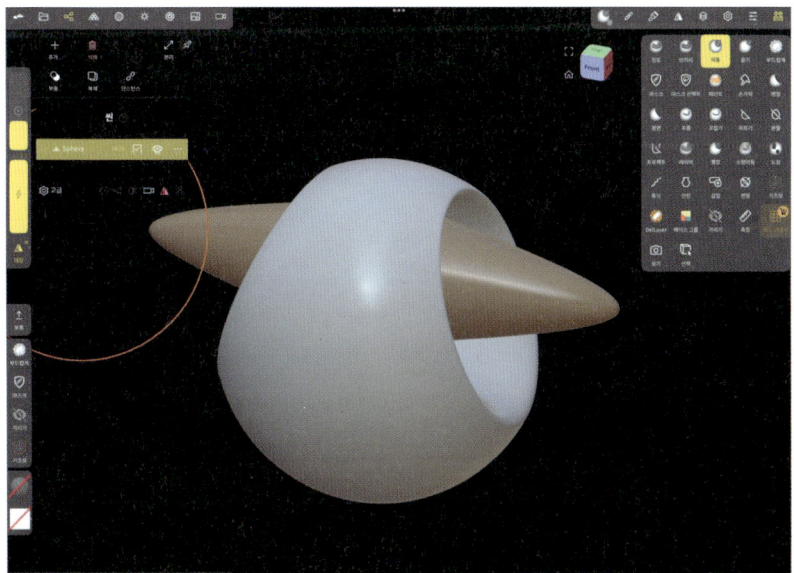

구체의 뒤집힌 면

6. **트라이 플레이너**: 트라이 플레이너는 매우 유용한 툴이다. 마스킹으로 그림을 그려 넣어 바로 도형으로 추출할 수 있는 매우 직관적인 도형 생성 기능이기 때문이다. 마스크 툴을 활용하듯이 세 개의 면에 그림을 그려 넣어보자. 그러면 세 면에 있는 그림으로 조합된 도형이 생성된다. 물론 그림과 완벽하게 일치하는 도형이 생성되지는 않는데 특히 각진 면에서는 그렇다.

7. **헤드**: 노마드 스컬프에서 제공하는 견본품이라고 생각하면 된다. 중년 남성의 헤드가 기본적으로 설정되어 있으며 대칭 툴과 함께 눈이 따로 존재하고 이와 더불어 머리 부분까지 총 두 개의 도형으로 이루어져 있다. 추가로 인터페이스 기준 우측 상단에 레이어 기능이 있는데 레이어 바를 조절하면 여성으로 변환할 수도 있다.

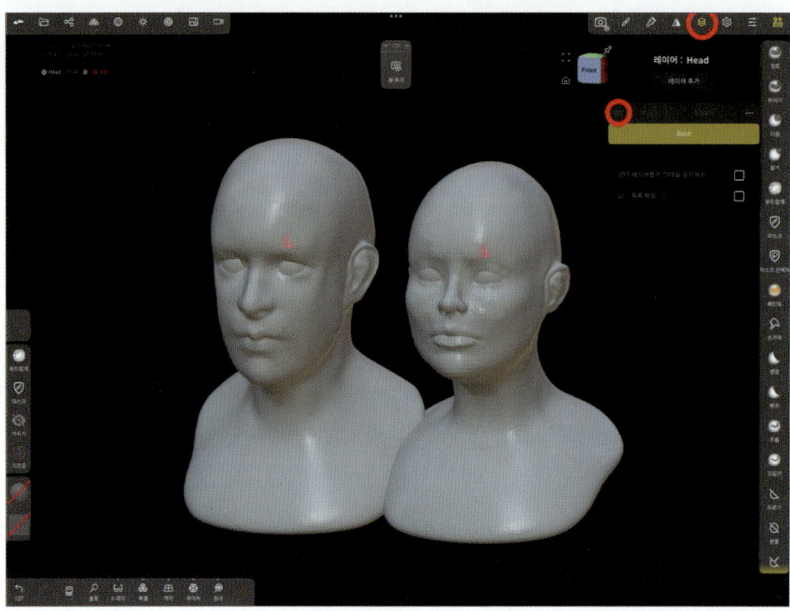

헤드 레이어 변경을 이용한 성별 변경

Section 3 튜브 툴에 대해 알아보기

튜브 툴은 직선적인 형태나 곡선적인 형태를 만들기에 적합한 툴이다.

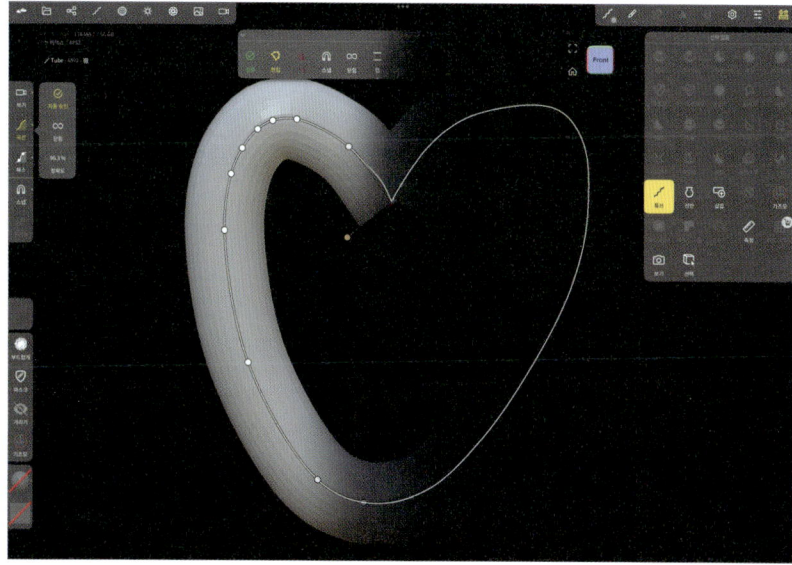

튜브 툴

추가적으로 두께를 조절하거나 단면의 모양을 변형하고 꼬아주는 등 수많은 설정을 변경함으로써 여러 방면으로 유용하게 사용할 수 있기에 많이 활용하고 익숙해질 것을 권한다.

우측 툴 박스의 튜브 아이콘을 클릭해 준 후 좌측 아이콘에서 곡선을 클릭하여 화면에 선을 그려보도록 하자. 그러면 원형의 단면을 가진 선 형태의 도형이 곡선을 따라 생성된다.

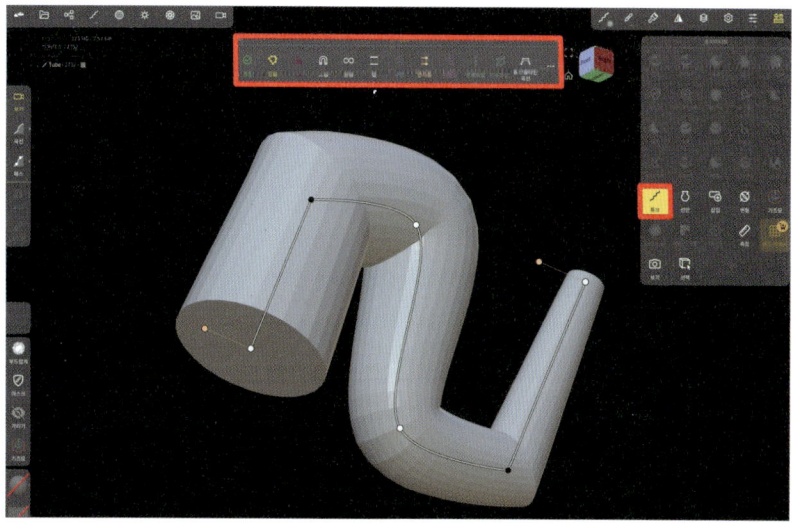

튜브 툴 사용 방법

어딘가 익숙한 인터페이스일 것이다. 챕터 1에서도 곡선 툴과 같은 인터페이스가 등장한다. 실제 작동 방법 또한 똑같다. 다만 다른 점은 곡선 툴은 도형을 나열함으로써 곡선의 형태를 만들어가는 것이고 튜브 툴은 곡선 형태의 도형 하나를 생성하는 것이다. 그러니 같은 방법으로 튜브 툴을 익혀 나가면 된다. 그렇다면 곡선 툴과는 차별화가 되는 중앙 상단의 인터페이스 설정에 대해 알아보자.

1. **캡**: 튜브 툴의 끝과 끝의 단면을 막을 것인지 뚫어 놓을 것인지를 결정할 수 있는 설정이다. 일반적인 경우라면 양쪽 모두가 닫혀 있는 설정을 기본적으로 사용하는 것이 좋다. 그러한 이유는 면이 뚫려 있으면 모델링 과정에 악영향을 끼칠 수 있기 때문이다. 혹여라도 얇은 파이프의 형태가 필요하다면 다음 단에서 설명할 구멍 툴을 활용하자.

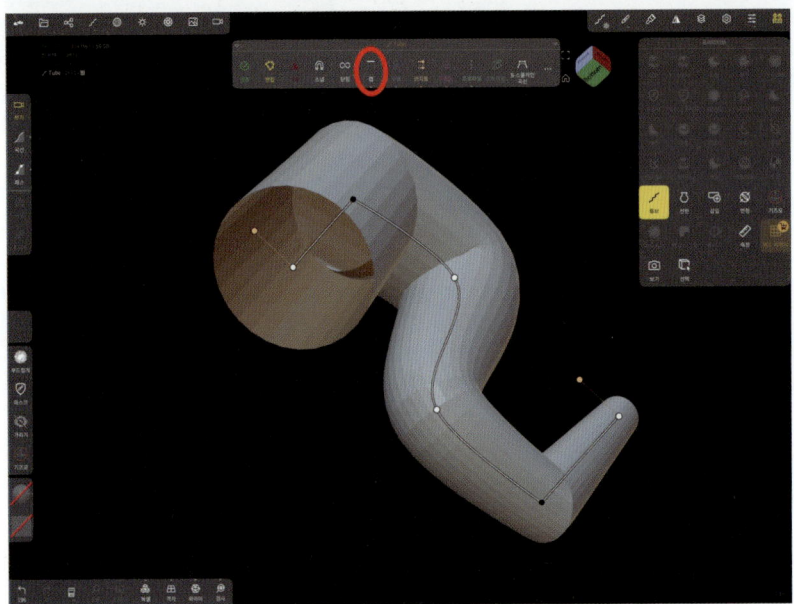

캡의 구멍

2. **구멍**: 캡과는 다르게 면이 존재하는 구멍을 뚫어줄 수가 있다. 총 두 개의 점까지 기준으로 설정할 수 있으며 파란색 점을 이용하여 구멍의 크기를 조절할 수 있다. 축을 두 개로 설정하면 시작과 끝 구멍의 크기를 각각 다르게 조절해 줄 수 있다.

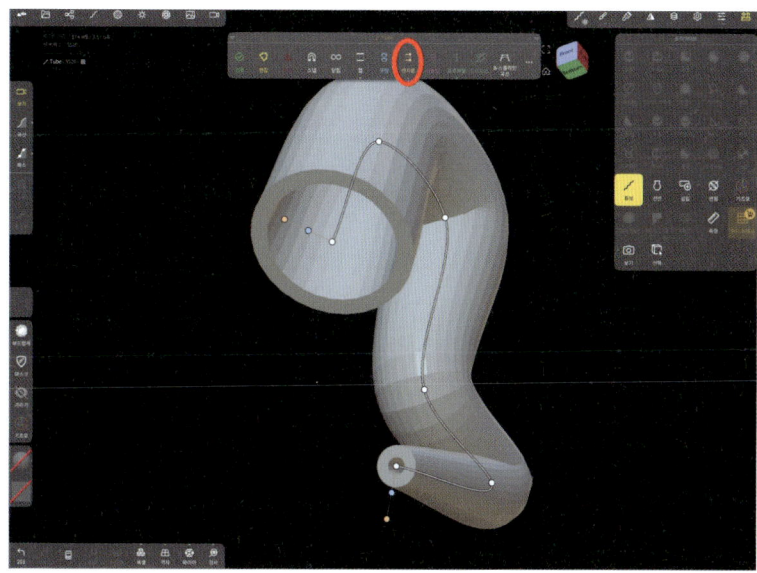

구멍 툴의 활용

3. **뒤틀림**: 튜브 툴을 회전하는 기능이다. 한 개의 점을 기준으로 시작하면 일반적인 회전처럼 기능한다. 축을 두 개로 설정하면 한 지점이 고정되어 꼬인 형태를 제작할 수 있다.

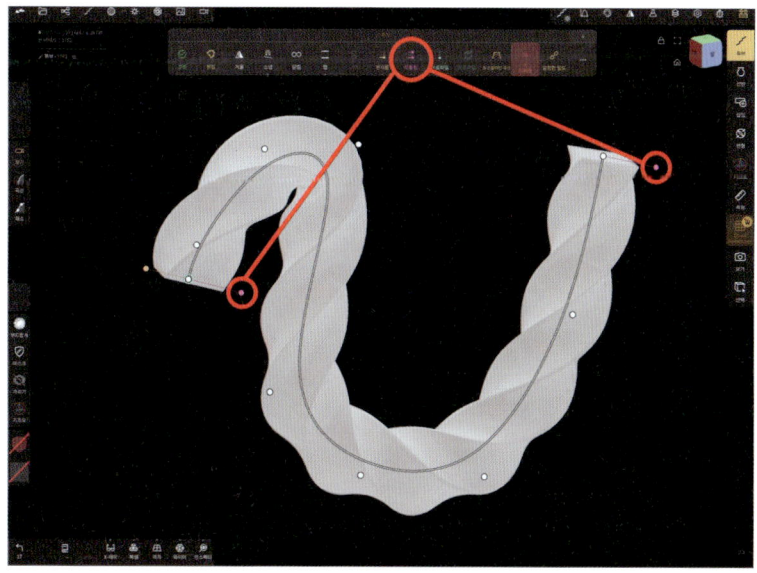

뒤틀림의 활용

4. **프로파일**: 튜브 툴의 핵심 중의 핵심이다. 가장 기본적으로 보이는 단면인 원형을 변형시킬 수 있는 기능이다. 네모, 별, 사다리꼴 등 원하는 도형을 단면으로 지정할 수 있으며 총 세 단계로 정해줄 수 있다.

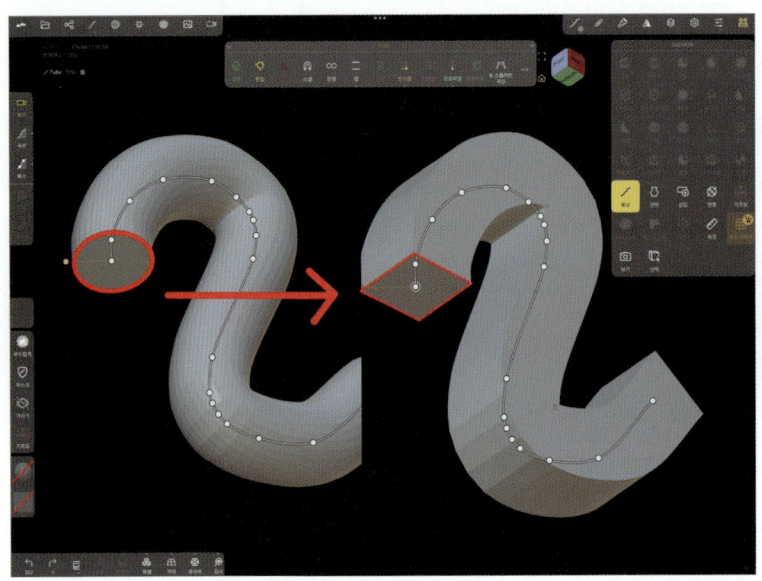

프로파일을 활용한 단면의 변경

1단계: 튜브 툴의 시작과 끝이 일정한 단면의 형태가 되게 한다.

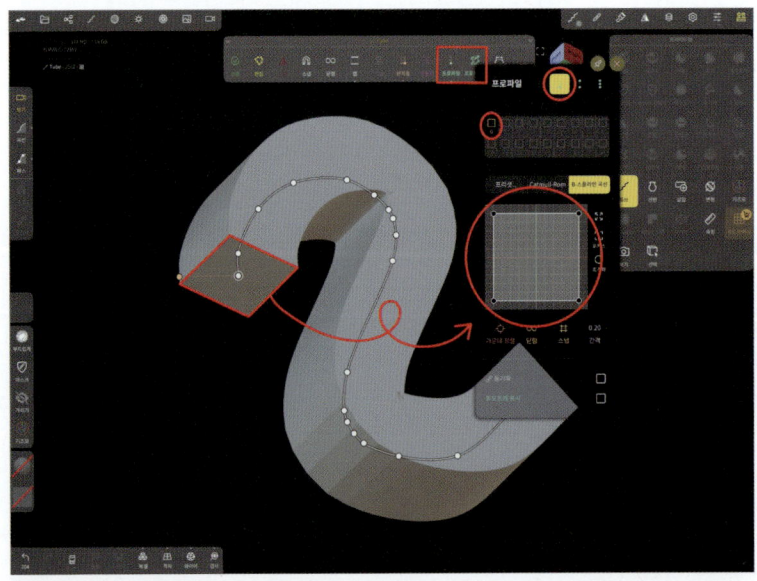

단면 1단계

2단계: 튜브 툴의 시작은 0 단면, 끝은 17 단면으로 지정하여 시작과 끝인 두 지점을 기준으로 설정한다.

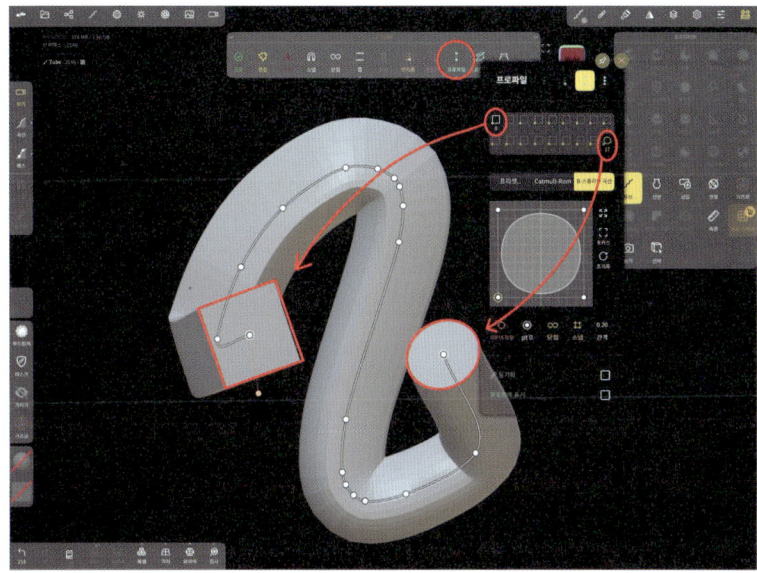

단면 2단계

3단계: 곡선 툴에서 다루었던 흰색 점 또한 튜브 툴과 작동 방법이 같다. 여기서 튜브 툴의 흰색 점을 기준으로 단면을 모두 다르게 설정할 수 있다.

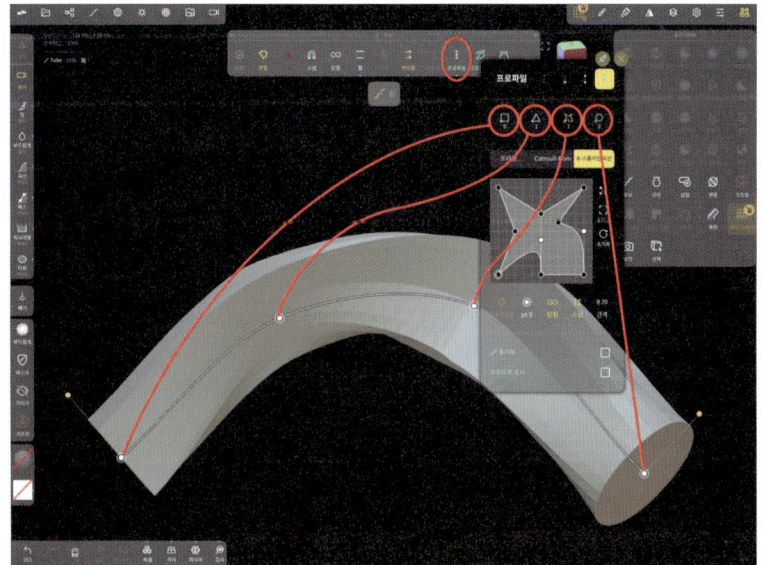

단면 3단계

총 세 단계로 되어 있는 프로파일 설정을 켜주면 일단 가장 기본적으로 네모 모양을 단면으로 한 튜브로 변하게 된다. 그리고 좌측 프로파일을 켰기 때문에 우측에 프로파일 또한 활성화된 모습을 볼 수 있다. 우리는 활성화된 우측 프로파일을 이용하여 튜브 툴의 단면 형태를 변형해 볼 것이다.

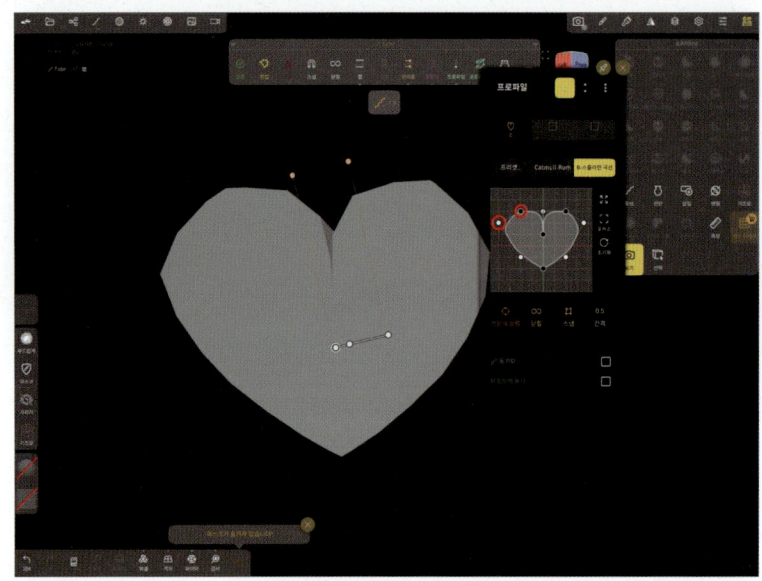

프로파일을 이용한 단면 변경

우측 프로파일 설정을 클릭하면 다음과 같은 창이 뜬다. 여기서 튜브 툴의 단면을 변경해 줄 것이다. 변경하는 방법은 간단하다. 앞의 곡선 툴에서 배웠듯이 검은색 점은 직선적인 라인을 의미하고 흰색 점은 곡선적인 라인을 얘기한다. 총 네 지점으로 되어 있는 검은색 점을 한 번씩 더 클릭해 보자. 그러면 단면의 형태가 동그랗게 변한 것을 볼 수가 있다. 이제 프로파일 인터페이스에서 점과 점 사이를 클릭하여 새로운 점을 생성하고 옮겨보자. 그러면 완전히 새로운 형태를 만들 수 있게 된다.

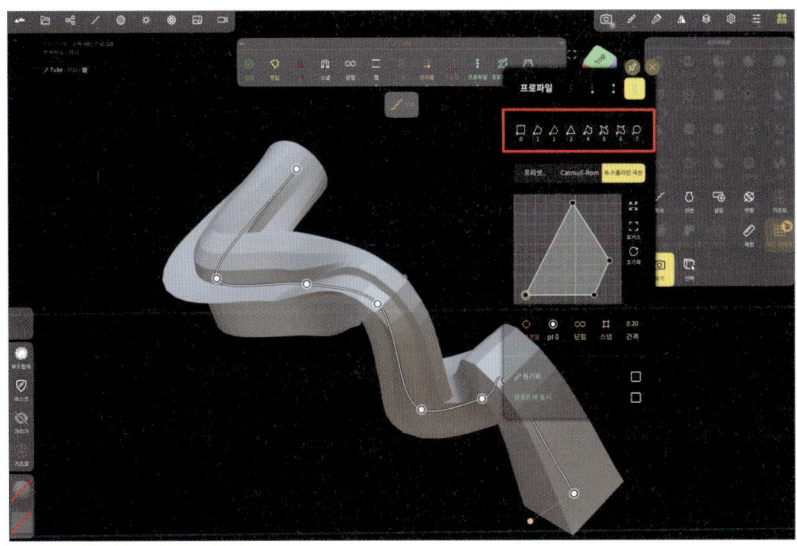

프로파일 단면 변경 이후의 형태

이러한 방식으로 튜브 툴의 단면을 설정해 줄 수 있다. 혹시라도 지점을 여러 개로 설정하게 된다면 다음 그림과 같이 단면별로 넘버링이 되니 참고하여 작업을 진행하면 된다.

추가로 한 가지 팁을 말하자면 우리가 3D 모델링을 할 때 가장 중요한 것은 대칭을 맞추는 것이다. 대칭축이 틀어져 맞지 않는다면 좌우가 같은 모델링을 진행할 때 곤란할 수 있다. 이를 방지할 수 있는 방법은 간단하다.

우측 상단 큐브 형태의 방향조절 아이콘에서 우측 혹은 좌측을 클릭한 뒤 정확하게 우측 혹은 좌측을 바라보고 튜브 툴을 그어준다. 이때 도형 위에 직접 그려주는 것보단 배경의 빈 공간에 그려주는 것이 좋다.

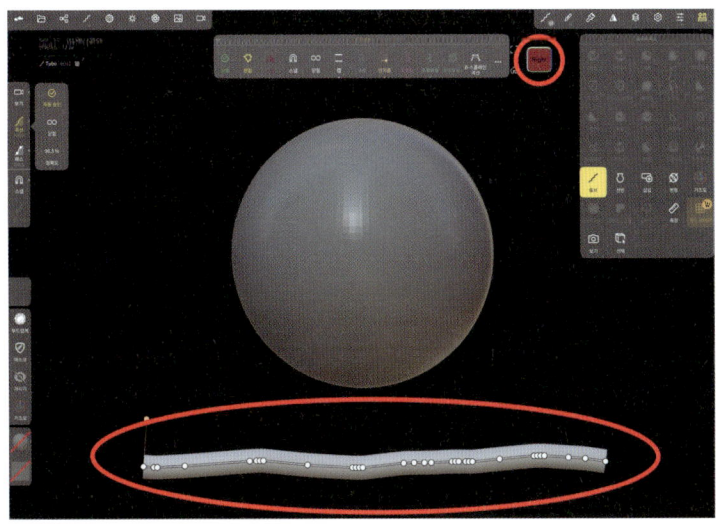

대칭이 맞는 튜브 툴 만들기

Section 4 기즈모에 대해 알아보기

지금까지는 도형들을 생성하는 방법에 대해서 알아보았다. 그렇다면 이젠 생성한 도형들을 이동·회전시키고 크기·축별 비율을 조절하여 도형들을 배치해 볼 것이다. 이동과 회전을 시키고 크기·축별 비율 조절을 한 번에 할 수 있는 방법이 기즈모이다. 기즈모의 숙련도에 따라 기본 베이스를 잡아가며 매우 유용하게 사용할 수 있다.

1. 기즈모의 기본 사용 방법

기즈모만으로도 도형의 형태와 위치를 변형할 수 있다. 이러한 방식으로 기본적인 도형을 배치하게 되면 다음과 같은 모델링의 기본 베이스를 만들어줄 수가 있다. 만들고 싶은 무언가가 있다면 그 무언가가 어떤 도형으로부터 시작이 될 것인지를 먼저 생각하고, 도형이 정해졌다면 모양에 맞게끔 기즈모를 이용하여 배치해 보도록 하자.

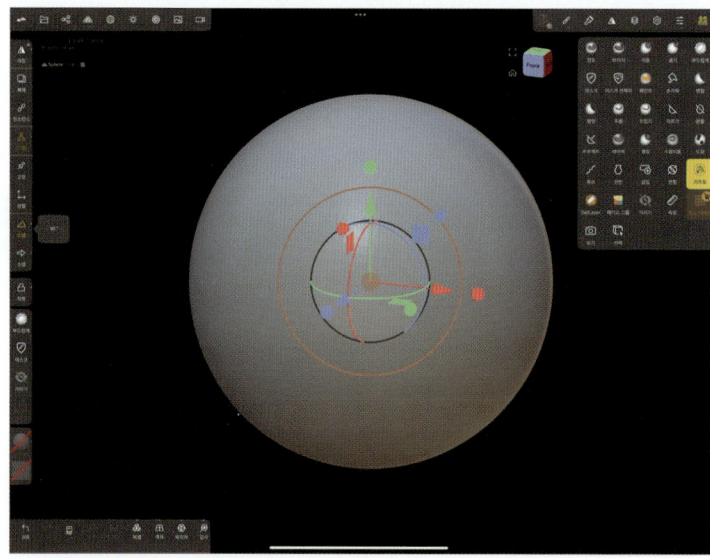

기즈모의 기본

2. 기즈모의 추가 설정

기즈모의 정의와 기본을 알아보았으니 이제 다양한 기능에 대해 알아보자.

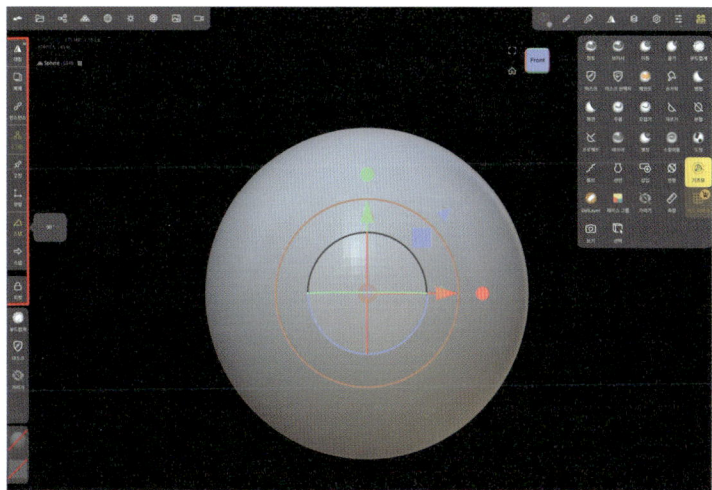

기즈모의 추가 설정

1) **복제**: 씬에도 복제 기능은 있다. 다만 기즈모의 복제 기능은 추가적인 장점이 있다. 사용 방법을 보면 복제를 활성화한 후 기즈모를 이용하여 옮기거나 사이즈를 조절하면 현재 선택되어 있던 도형의 복제 도형이 즉시 나온다. 이 점이 씬의 복제 기능보다 좋은 점으로서 딜레이 없이 바로 복제가 가능하다는 점이다. 속도감 있는 모델링을 원한다면 사용해 보자. 특히 어깨, 이두근, 삼두근, 팔꿈치, 전완근으로 떨어지는 형태를 상상했을 때 원형의 나열로 기본적인 형태를 잡게 되는데 이럴 때 기즈모 복제 기능을 이용하면 좀 더 효율적으로 도형을 배치할 수 있다.

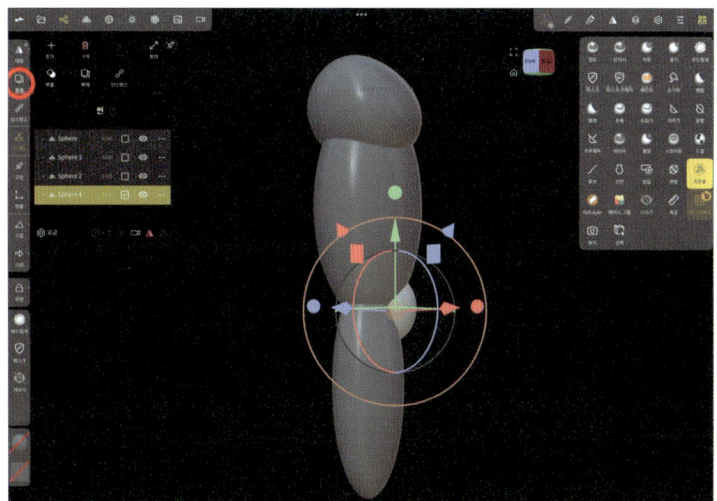

기즈모의 복제 기능을 이용한 팔의 기본 형태

2) **정렬**: 도형을 회전시키고 옮기다 보면 기즈모의 방향은 처음과 다르게 틀어지기 마련이다. 기즈모의 방향이 틀어졌을 때 정확한 좌우(X), 상하(Y), 앞뒤(Z) 이동을 위해서 정렬을 사용할 수 있다. 정렬을 사용해서 기즈모를 X, Y, Z 축으로 변경해 준다. 정렬된 기즈모와 기본 도형의 기즈모를 활용한다면 웬만한 배치는 전부 할 수 있을 것이다.

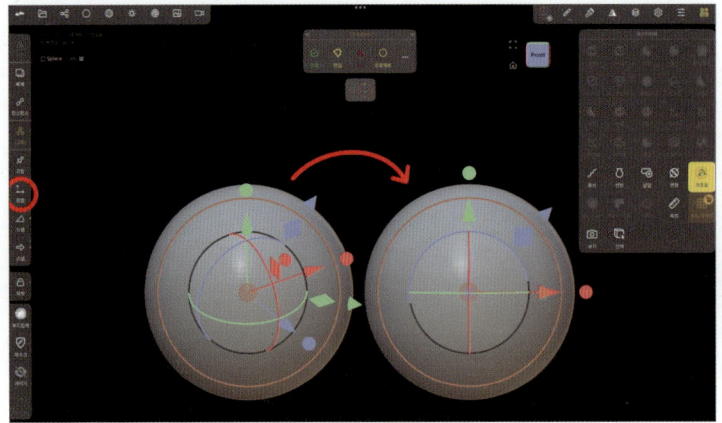

기즈모 정렬 전후

3) **스냅 1**: 각도기 모양의 스냅을 클릭하면 90이라는 숫자가 오른쪽에 나온다. 말 그대로 도형을 회전시킬 때 무작정 돌아가는 것이 아니라 각도에 맞게끔 돌아가게 할 수 있는 설정이다. 각도가 쓰인 칸을 클릭하면 원하는 값으로 설정할 수도 있으니 참고하자.

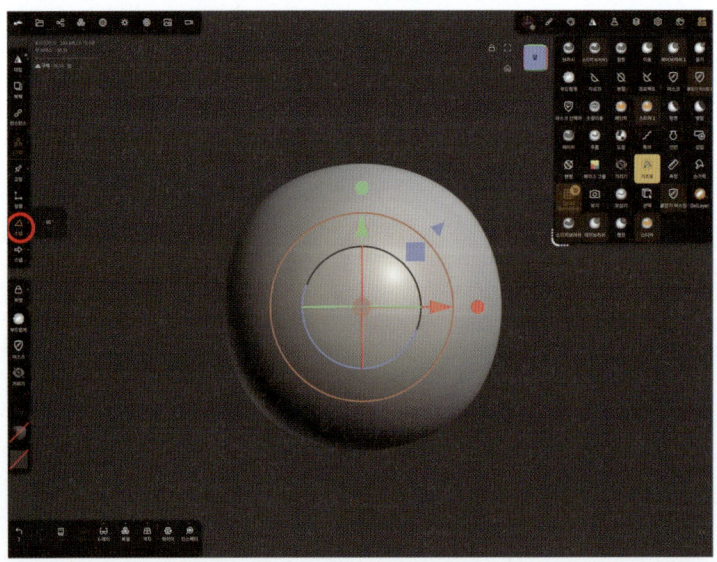

스냅 1

4) **스냅 2**: 화살표 모양의 스냅을 클릭하면 0.1이란 숫자가 나온다. 이 스냅은 방향을 따라 이동할 때 락(Lock)이 걸리는 설정이다. 실제로 스냅 2를 켠 상태에서 도형을 옮겨보면 락이 걸리며 이동하는 것을 볼 수 있다. 이 수치 또한 스냅 1과 마찬가지로 변경이 가능하다.

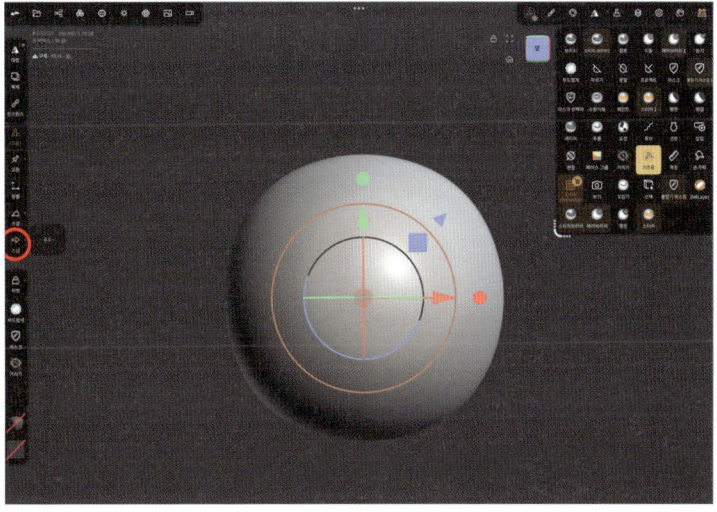

스냅 2

5) **피벗**: 평소 도형 중앙에 위치하고 있는 기즈모를 옮길 수 있는 기능이다. 피벗을 활성화한 상태로 기즈모를 옮겨보자. 그러면 평소와 같이 도형이 같이 따라오지 않고 기즈모만 이동하는 것을 볼 수 있다. 이러한 방식으로 기즈모의 위치를 변경하여 이동 및 변형을 위한 축을 변경해 줄 수 있다. 가장 많이 사용되는 방법은 모델링 도중 기즈모가 틀어졌을 때 피벗을 통해 우측 가운데 정렬을 클릭하여 도형의 기즈모 축을 다시 정중앙으로 옮기는 것이다.

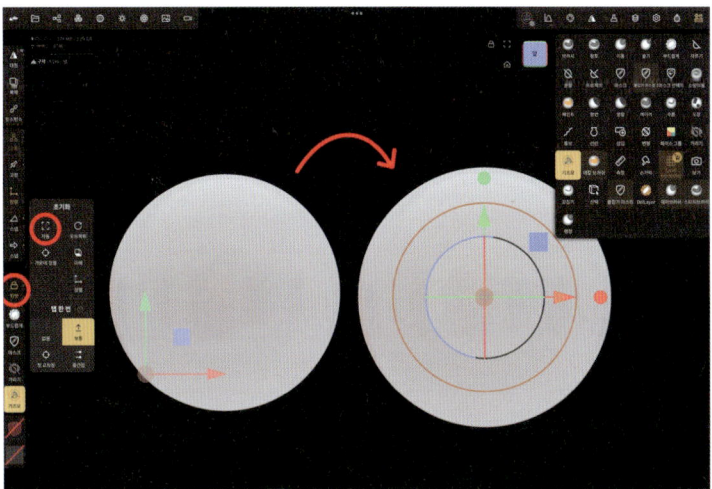

피벗을 이용한 가운데 정렬 전후

Chapter 03 대칭 기능

Section 1 대칭의 기본 X축, Y축, Z축

대칭을 클릭하면 다음과 같이 도형 중앙에 빨간색 선이 그려진다. 이 빨간색 선은 좌우 대칭(X)을 의미한다. 3D에서 가장 기본적으로 사용되는 대칭이다.

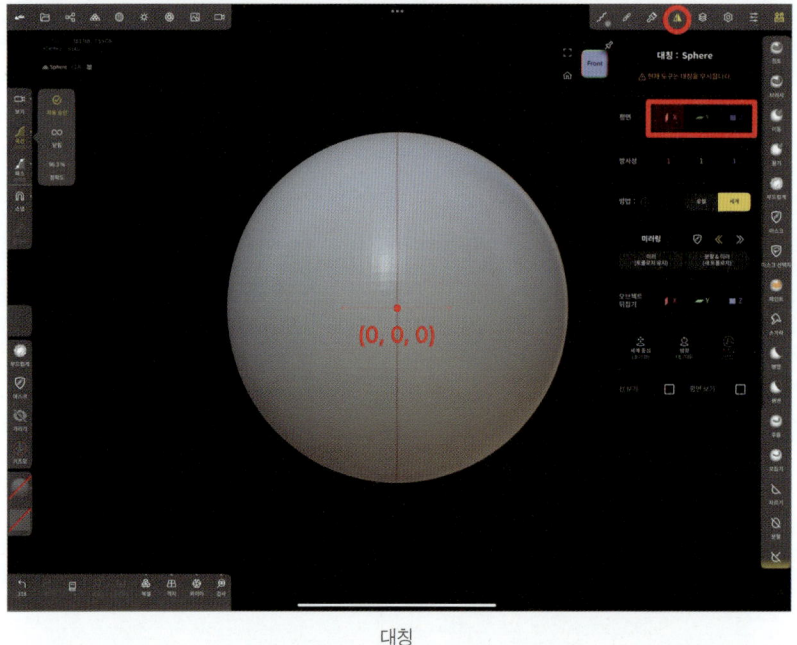

대칭

인터페이스의 평면 우측에 X, Y, Z가 있는데 이는 모두 좌우, 상하, 앞뒤를 의미한다. 기본적으로 X축만 켜져 있지만 Y축과 Z축도 켤 수 있다. 중심의 기준은 처음 노마드 스컬프를 실행했을 때 도형이 생성되어 있는 중심 (0, 0, 0)이다. 여기서 중심이란 도형을 기준으로 한 중심이 아니라 현재 도형이 놓여 있는 3D 세상 속의 중심을 의미한다.

X, Y, Z축을 전부 활성화하면 축은 총 여덟 개로 변한다. 축을 전부 켜고 브러시로 작업을 하면 다음과 같이 작동한다.

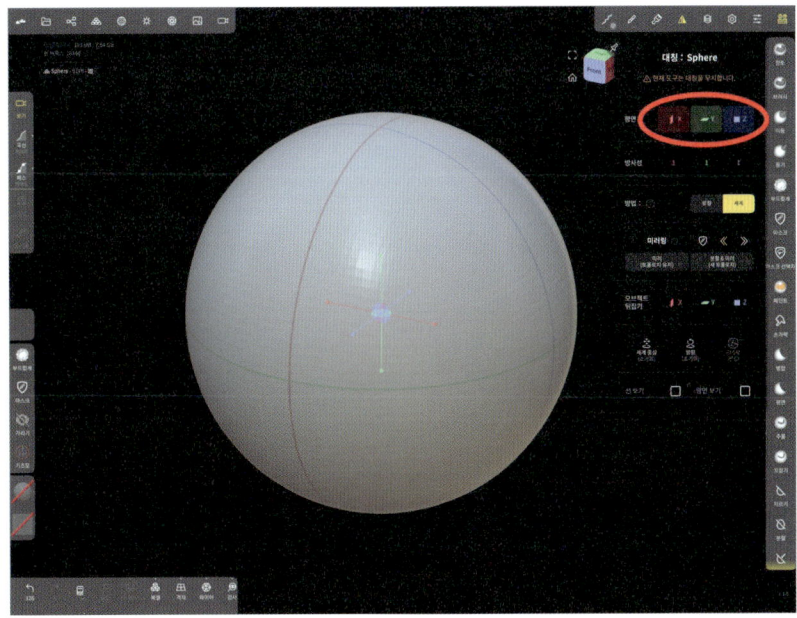

대칭축 X, Y, Z ON

세계의 중심 (0, 0, 0)을 이해하기 위해서 기즈모를 이용하여 도형을 우측으로 이동시켜 보자.

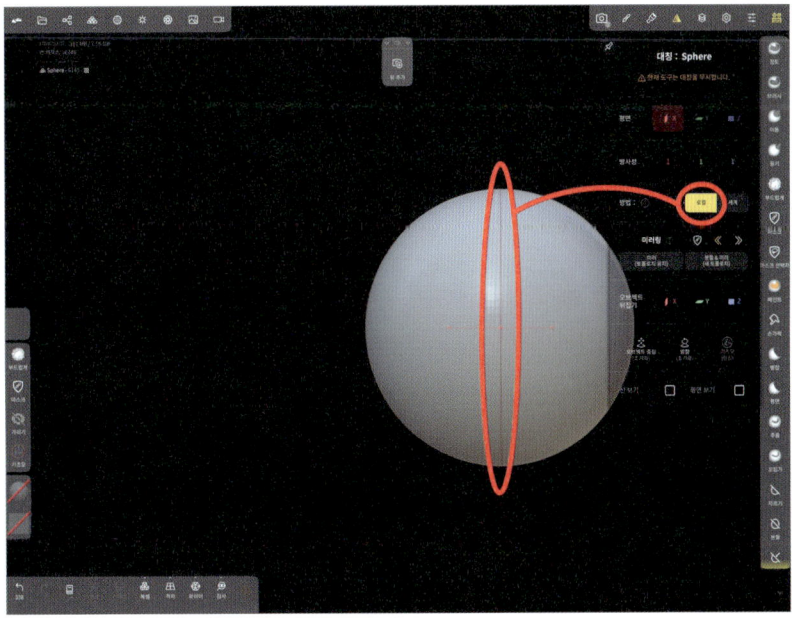

로컬 대칭

이후 대칭 인터페이스를 다시 켜고 인터페이스 내에서 방법 우측에 있는 로컬과 세계를 번갈아 가며 클릭해 보자.

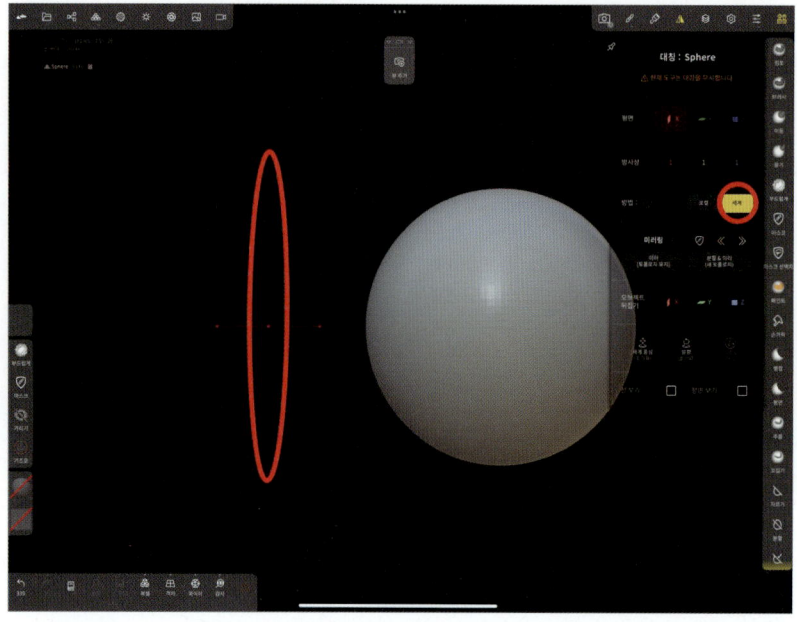

세계 대칭

여기서 대칭의 기준이 세계로 되어 있다면 대칭축은 도형을 옮겼음에도 불구하고 (0, 0, 0) 위치에 그대로 존재한다. 반면, 로컬로 되어 있다면 우측으로 이동한 도형을 따라 대칭이 같이 이동했을 것이다. 이 대칭을 활성화하기 위해선 대칭 인터페이스를 클릭한 후 활성화를 눌러도 괜찮지만 좌측에 있는 대칭 아이콘을 클릭하는 것이 조금 더 편리하다.

Section 2 방사성이란?

방사성은 대칭 인터페이스에 위치해 있다. 방사성의 기능은 비교적 간단하다. X, Y, Z축을 기준으로 둥근 형태로 축의 개수를 늘려주는 것이다.

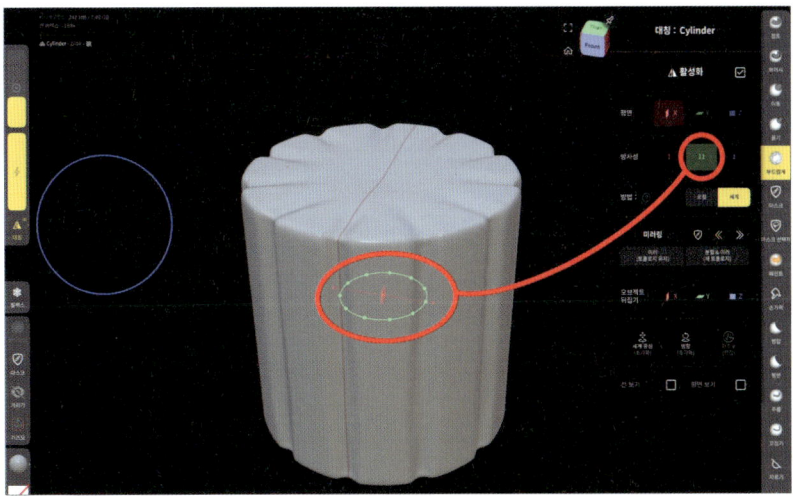

방사성의 올바른 사용

이러한 방식으로 축을 늘려서 만들 수 있는 특정한 물건들이 있다. 옷의 시보리 부분이나 타이어 등 반복되는 형태로 둘려 있는 둥근 형태의 물건이 바로 방사성을 통해 작업하기에 적합하다. 아무래도 둥근 형태로 적용되다 보니 대체로 원통 및 구체 도형과 함께 사용하는 경우가 대부분이다. 위 그림을 보면 수많은 주름이 그려져 있는데 방사성을 이용하여 축을 늘린 채로 작업을 진행하면 수많은 주름을 단 한 번의 브러시질로 만들 수 있다.

다만 방사성을 사용할 때 한 가지 주의할 점이 있다. 바로 위 그림과 같이 형태가 틀어진 도형에 적용하면 브러시질이 닿지 않는 면이 생겨 원하는 모양이 안 나오게 된다는 점이다. 따라서 대체로 방사성과 함께 활용되는 원통 및 구체 도형은 그 원형을 변형하지 말도록 하자.

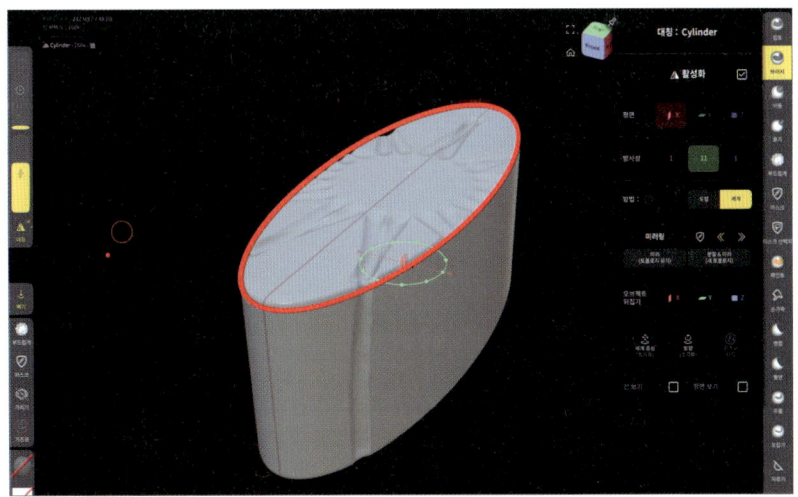

모양이 틀어진 도형의 방사성

Section 3 미러링 기능

미러링 기능이 사용되는 경우는 다음과 같다.

1. 틀어진 좌우 대칭을 맞추고 싶을 때
2. 우측 혹은 좌측에만 있는 도형을 복제하여 반대편에도 놓고 싶을 때

사용되는 경우만 봐도 어떠한 기능인지 예상이 갈 것이다. 바로 현재 설정된 축을 따라 우측에서 좌측으로 혹은 좌측에서 우측으로 바라보고 있는 화면 기준으로 대칭을 만들어주는 것이다. 대칭을 끈 채 작업을 하다 대칭이 안 맞아 곤란하거나 우측 팔만 만든 상황에서 좌측 팔 또한 필요할 때 사용해 주면 좋다. 이때의 기준은 앞에서 배웠던 세계와 로컬의 기준에 따라 작동하니 세계와 로컬의 기준을 명확하게 하고 미러링 기능을 사용하는 것이 좋다.

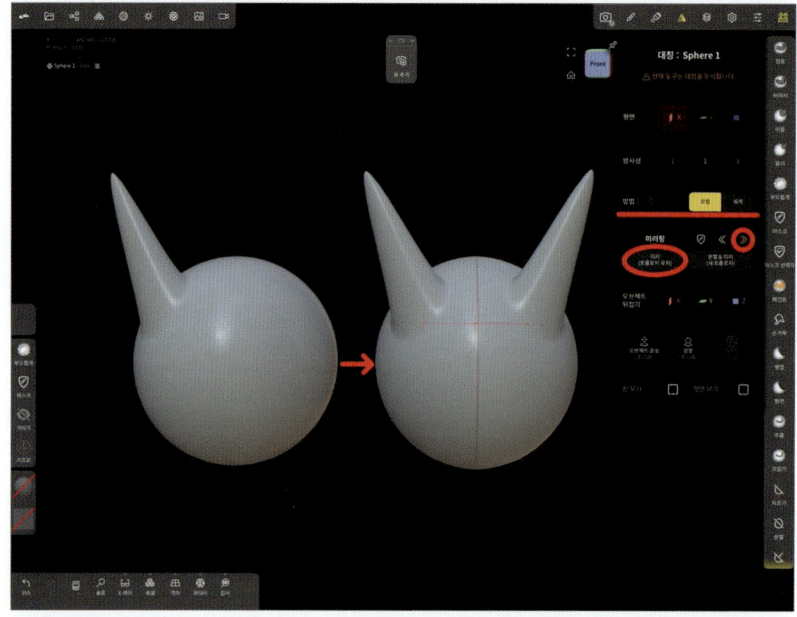

미러링 전후

추가로 미러링 하단에 오브젝트 뒤집기가 있다. 뒤집기는 미러링과 같이 대칭을 맞춰주는 것이 아니라 정해진 세계 혹은 로컬을 기준으로 뒤집어주는 것을 의미한다.

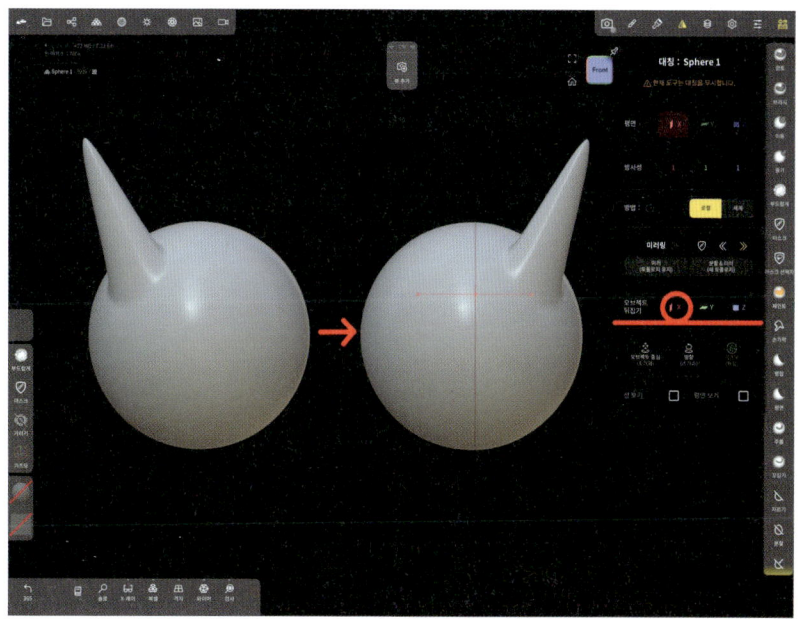

뒤집기 전후

Section 4 초기화 설정 알아보기

초기화 설정은 오브젝트 뒤집기 하단에 위치해 있다. 초기화 설정은 대칭축이 너무 틀어져 작업의 진행이 힘들 때 대칭축을 새로 설정할 수 있는 기능을 말한다. 아무래도 도형을 이동뿐만 아니라 회전까지 시키면서 작업을 진행하기 때문에 대칭축이 틀어지는 것은 어찌 보면 당연한 일이다. 그러한 상황일 때 오브젝트 중심(초기화)을 클릭하면 대칭축이 오브젝트의 중심축으로 이동하며 방향 초기화를 시킨다. 그러면 가장 처음 도형에 주어졌던 대칭축(로컬)으로 변경된다. 마지막으로 기즈모(편집)는 혹시라도 오브젝트 중심(초기화), 방향(초기화)으로 원하는 대칭축이 설정되지 않았을 때 기즈모의 형태로 직접 대칭축을 변경해 주는 기능이다. 그렇게 많이 사용되는 기능은 아니지만 가끔 대칭축이 심하게 틀어져 작업이 어려울 때 도움이 되므로 기억해 두는 것이 좋다.

Chapter 04 용량 관리 및 표면 정리

Section 1 메시에 대해 알아보기

우리가 사용하는 모든 도형들은 메시라는 네모 혹은 세모 형태의 픽셀들로 이루어져 있다. 다음과 같이 좌측 하단에 위치한 와이어를 작동시키면 메시의 상태를 확인할 수 있다.

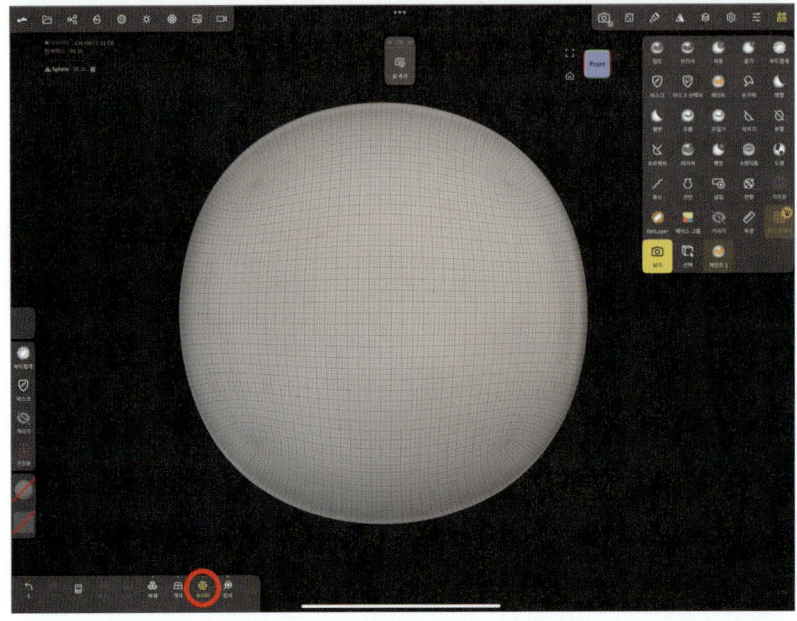

도형의 메시

메시가 어떻게 이루어져 있는지에 따라 모델링은 물론 추후 페인팅에까지 큰 영향을 끼친다. 메시가 많으면 많을수록 더 많은 디테일 모델링과 페인팅을 올릴 수 있지만 그만큼 용량을 많이 차지하기 때문에 적당한 용량을 지정하여 조절해 주는 것이 매우 중요하다. 메시의 개수와 더불어 한 가지 중요한 것이 있다. 바로 메시의 모양이다.

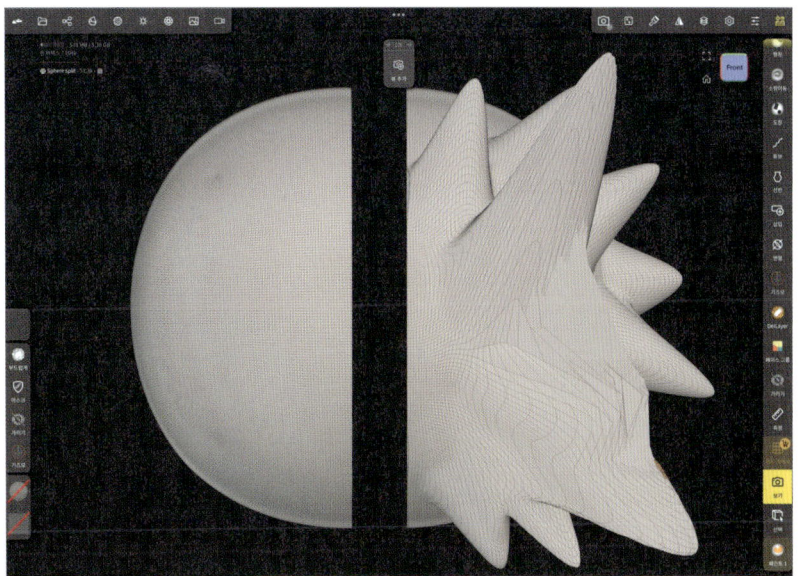

일반적인 메시와 늘어진 메시

모델링은 메시의 가장 기초적인 형태인 네모에서 시작하게 된다. 이 네모의 형태는 다양한 브러시의 사용으로 인해 유기적으로 움직이며 이에 따라 메시는 매우 다양한 형태로 변하게 된다. 간단하게 말해 모델링을 많이 할수록 메시는 망가지기 마련이라는 뜻이다. 망가진 메시는 작업을 진행하는 데 굉장한 차질을 준다. 그렇기에 이를 조절할 수 있는 다중해상도와 복셀 리메싱을 확실하게 사용해 줄 필요가 있다.

Section 2 다중해상도란?

다중해상도란 현재 선택한 도형의 메시를 1/4로 쪼갬으로써 메시의 개수를 늘려 디테일을 더 추가할 수 있게 만들어 줄 수 있는 공간이다. 쪼개진 메시는 거기서 그치는 것이 아니라 스크롤바로 단계별 조정 또한 할 수 있다.

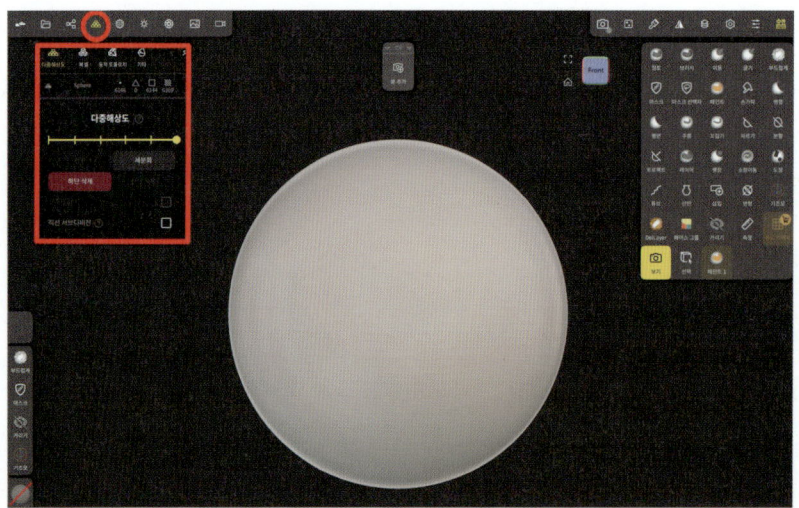

다중해상도 인터페이스

다중해상도를 사용할 때 가장 중요한 점은 하나의 메시가 네 개의 메시가 됨으로써 용량 또한 네 배로 늘어난다는 것이다. 이렇게 용량이 무제한적으로 커질 수 있기 때문에 일정 수준을 넘어가게 되면 경고 문구가 뜬다.

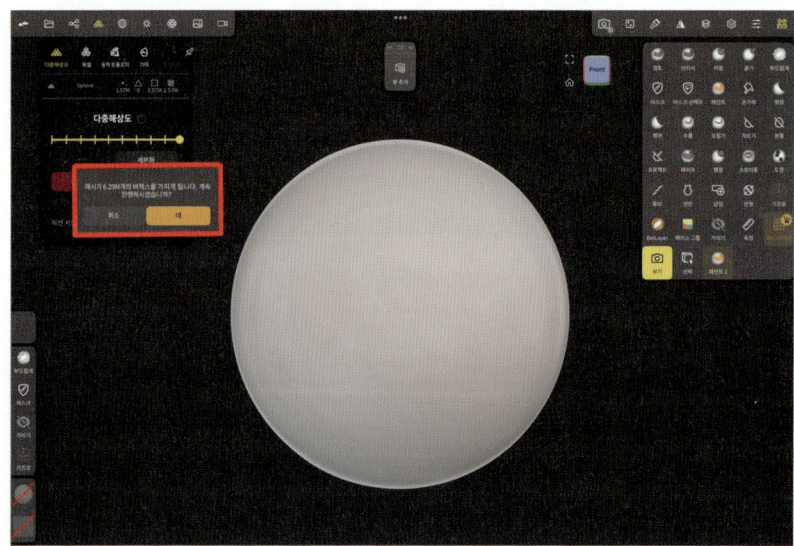

다중해상도의 경고 문구

경고 문구가 나왔을 경우엔 웬만하면 진행하지 않는 것이 좋다. 물론 얼굴 등 엄청난 디테일적인 요소를 필요로 하는 모델링이라면 부담이 가지 않는 선에서 진행해도 좋다.

상자 도형을 불러온 후에 다중해상도의 세분화를 진행해 보자.

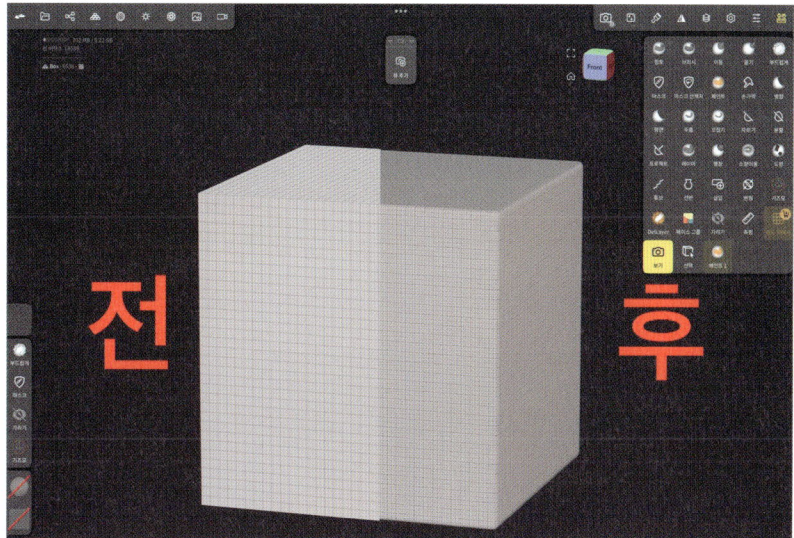

세분화 전후 상자의 변화

메시의 개수가 늘어나면서 상자의 말단부가 부드러워지는 것을 볼 수가 있다. 이는 메시가 쪼개지면서 연결되는 과정을 통해 나오는 자연스러운 현상이다. 이는 물론 유용한 기능이지만 직선적인 말단부가 필요한 경우에는 골칫덩이가 될 수도 있다. 그런 경우에는 다중해상도 인터페이스 가장 하단에 위치한 직선 서브디비전을 클릭하고 세분화를 진행해 주면 된다. 조심해야 할 것은 직선 서브디비전이 적용된 경우 말단에 메시를 제거함으로써 직선적인 라인을 만들어주는 것이므로 말단부에 모델링을 진행할 때 원하는 모델링이 나오지 않을 수도 있다는 점이다.

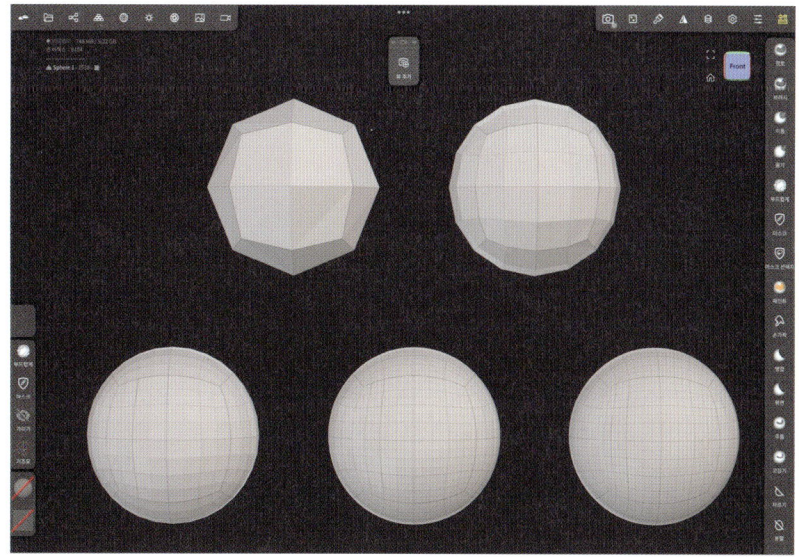

세분화 단계(다중해상도 단계)에 따른 모델링 디테일 변화

다중해상도를 적극적으로 이용한다면 메시에 대한 이해도를 높임과 동시에 작업 속도 및 디테일에도 큰 영향을 줄 수가 있다. 위의 그림처럼 모델링의 디테일은 결국 메시와 연결된다는 것, 그리고 용량 또한 이 메시와 연결되어 있다는 점을 확실히 하고 적용을 해보자.

Section 3 복셀 리메싱이란?

복셀 리메싱은 모델링의 메시를 완전히 재배치해 줌과 동시에 해상도를 조절하여 메시의 개수를 같이 변경할 수 있는 기능이다.

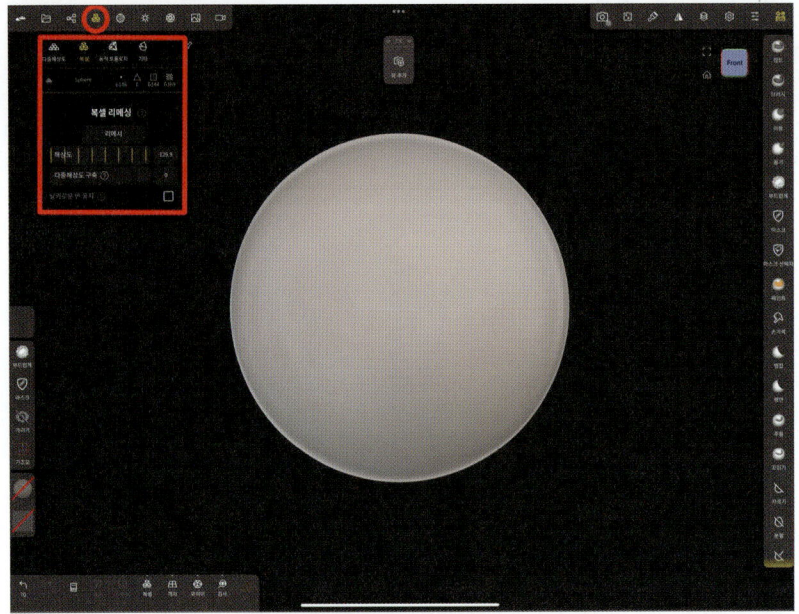

복셀 리메싱 인터페이스

사실상 노마드 스컬프 내에서 가장 많이 활용되는 메시 툴이라고 보면 된다. 모델링을 하다 보면 결국에 메시는 망가지기 마련이고 이에 따른 메시 재배치는 필수적으로 요구된다. 이때, 앞서 배웠던 빼기 모델링의 부울을 함께 사용할 수도 있다. 빼기 모델링의 부울은 정확하게 빼기를 진행해 준다는 장점이 있고 복셀 리메싱은 정확성보단 메시의 재배치로 인한 이점이 있다.

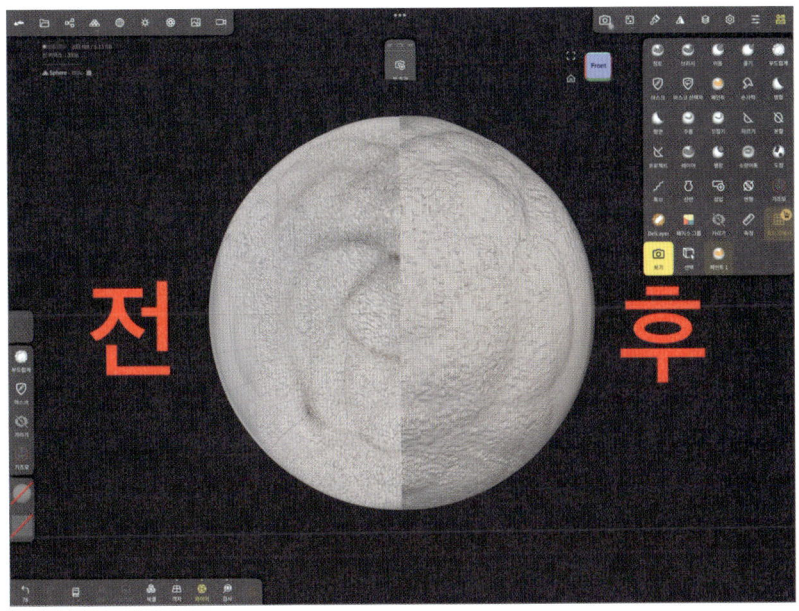

망가진 메시의 복셀 리메싱 전후

그럼 복셀 리메싱의 사용법을 알아보도록 하자. 가장 먼저 조절해 주어야 할 점은 해상도다. 해상도는 메시의 개수를 의미하며 높을수록 메시가 많아지고 낮을수록 메시가 적어진다. 그렇기에 현재 모델링에 디테일이 매우 많을 때 해상도를 낮게 설정하면 그 디테일들은 자글자글하게 망가질 것이고 디테일이 없을 때 높게 설정한다면 쓸데없는 용량을 낭비함으로써 작업 진행에 영향을 끼칠 것이다.

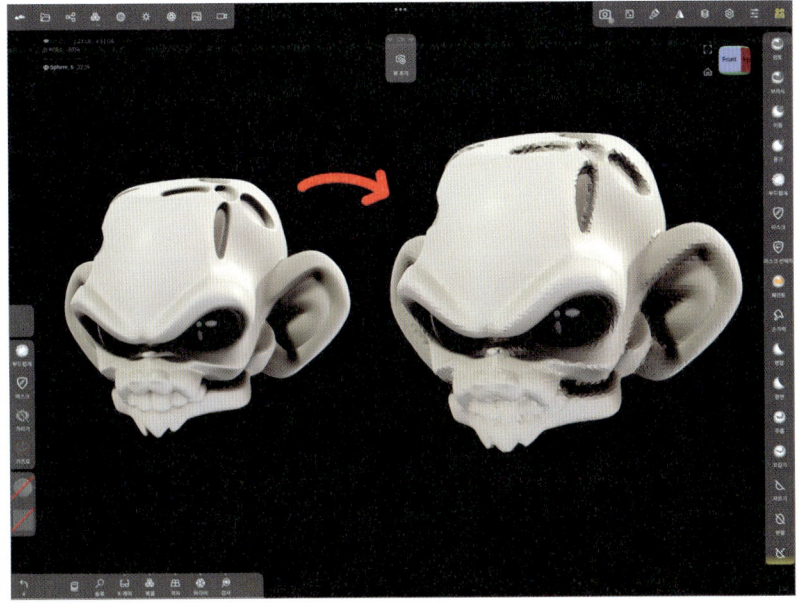

복셀 리메싱을 디테일에 비해 낮게 돌린 경우

02 복셀과 용량 관리 및 기본적인 도형들

해상도를 올리면 올릴수록 해상도 우측의 색상이 노란색에서 주황색, 빨간색으로 변하는 것을 볼 수 있다. 이는 메시가 점점 과해지고 있다는 것을 의미하며 대체적으로 모델링의 디테일이 많이 요구되는 경우에는 복셀 리메싱을 노란색에서 빨간색으로 돌리고 디테일이 없는 경우엔 다음에 진행할 모델링에 따라 적당히 복셀 리메싱을 흰색 숫자에서 돌려주면 된다.

정확한 해상도의 정도를 알아보는 방법은 매우 간단하다. 복셀 리메싱을 진행하고 필요로 하는 브러시를 한번 그려보도록 하자. 그때 모델링의 면이 깨지는지 안 깨지는지 확인하고 뒤로 가기를 한 뒤 또 다른 정도의 해상도로 조절하고 다시 돌려주기를 반복하는 것이다. 이러한 방식으로 복셀 리메싱의 감각을 익혀가는 것이 중요하다.

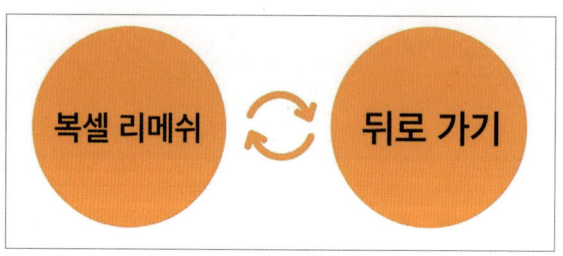

복셀 리메싱의 감각을 찾는 방법

Section 4 다중해상도와 복셀 리메싱의 차이

도형의 메시를 조절하는 방법인 다중해상도와 복셀 리메싱에 대해 배웠으니 반드시 이 두 가지를 구분해서 사용할 줄 알아야 한다.

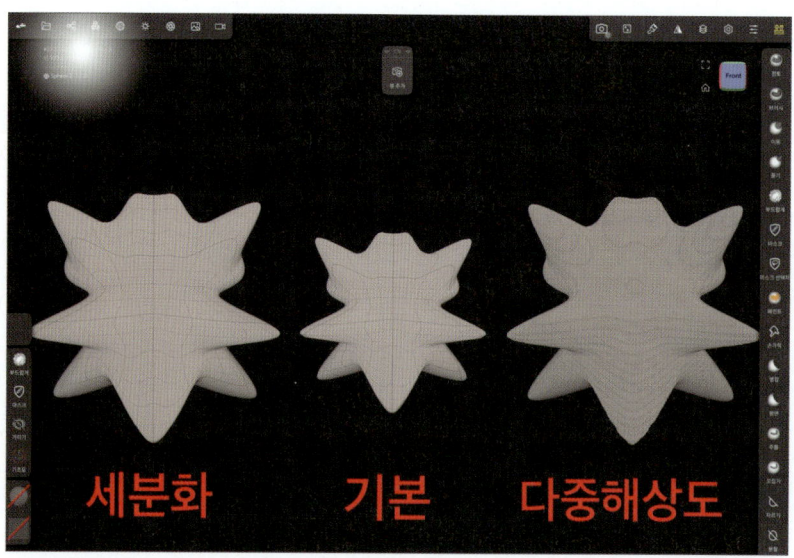

다중해상도의 세분화와 복셀 리메싱의 차이

다중해상도는 메시의 위치나 형태를 고려하지 않고 현존하는 상태 그대로 1/4로 나눠준다. 그렇다 보니 메시가 많이 늘어나거나 망가졌을 때 사용하기에는 적합하지 않다. 특히 모델링에 디테일이 많은 경우 상자 도형의 말단부처럼 부드러워지면서 디테일을 망칠 수 있기에 특정한 경우에만 사용해 주는 것이 좋다.

- 기본 도형을 처음 불러왔을 때 메시가 매우 적어 모델링에 문제가 생긴 경우

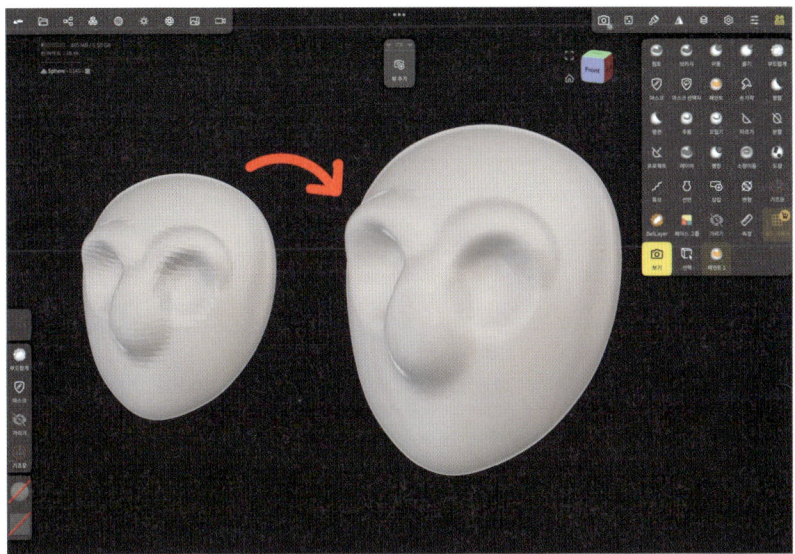

기본 도형의 적은 메시로 인해 생긴 문제

- 전체적인 형태감만 잡은 후 메시의 형태에 큰 이상이 없으니 디테일 추가 단계로 넘어가야 할 경우

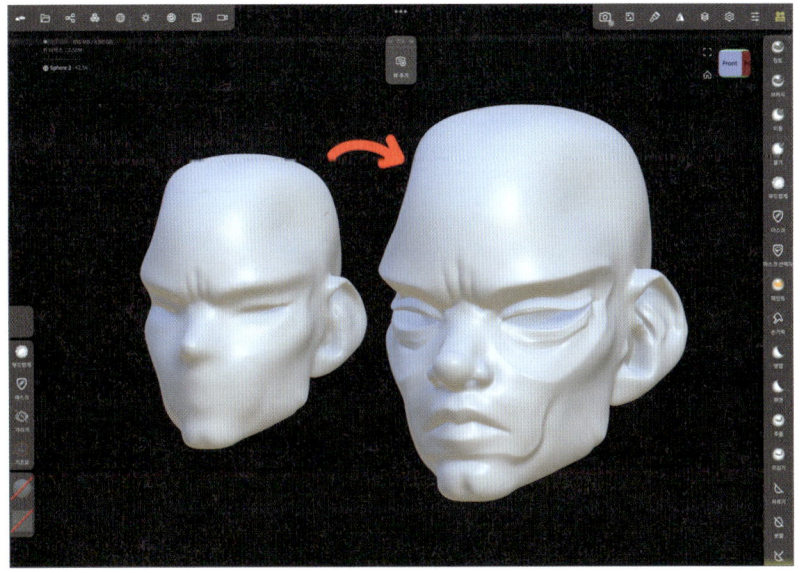

전체적인 형태감을 잡은 도형

복셀 리메싱은 메시를 완전히 재배치해 주는 것이다 보니 다중해상도에 비해 모델링 과정에서 사용 빈도가 높은 편이다. 물론 해상도를 낮게 조절하여 사용할 경우 모델링해 뒀던 디테일이 망가질 수 있다는 단점을 가지고 있다. 하지만 해상도를 잘 조절한다면 다중해상도의 큰 도움 없이 복셀 리메싱만으로도 모델링을 충분히 이어 나갈 수 있다. 복셀 리메싱을 사용해야 하는 경우는 다음과 같다.

- 디테일 모델링 중 메시가 많이 망가진 경우

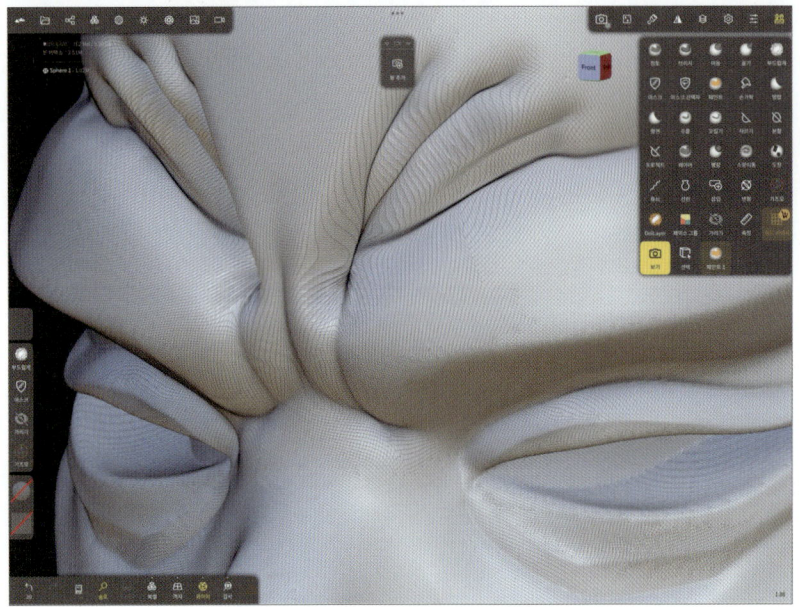

디테일 모델링 중 메시가 많이 망가진 모델링

- 도형들끼리 결합할 필요가 있어 이에 따라 메시를 재배치해야 하는 경우

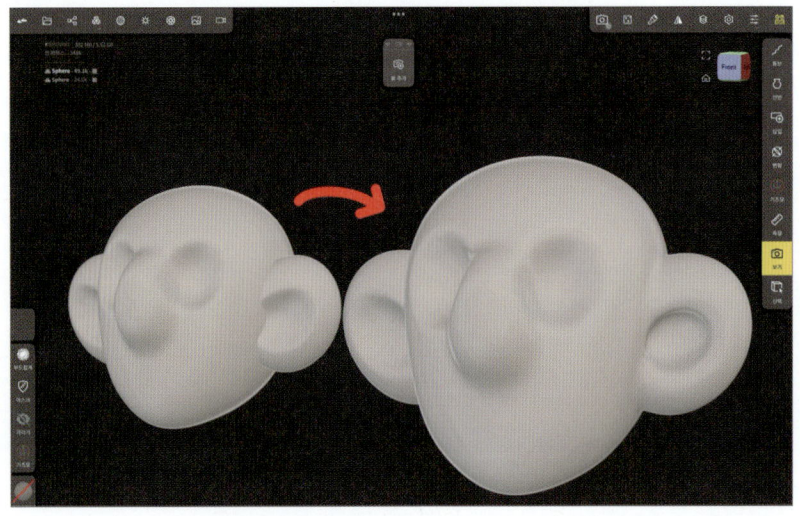

복셀 리메싱을 통해 도형을 결합하고 '부드럽게'를 적용한 모델링

- 모델링 도중 상자의 꼭짓점과 같은 부분이 남아 있어서 정리가 필요할 경우(복셀 리메싱을 같은 해상도로 여러 번 돌려줘 가며 부드럽게 툴을 이용하여 정리하면 된다.)

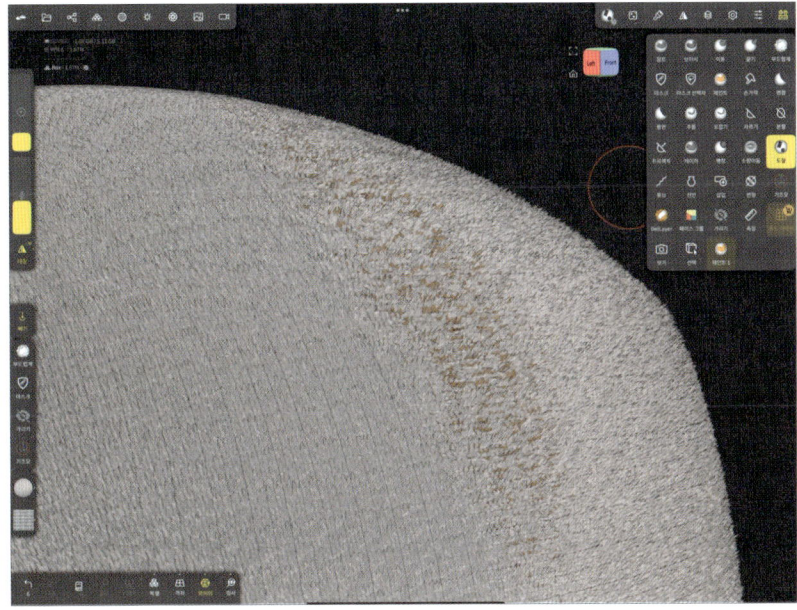

모델링 표면 정리

이 외에도 수많은 경우가 있겠지만 다중해상도와 복셀 리메싱의 차이를 확연하게 이해하고 모델링을 진행한다면 모델링을 수월하게 이어나갈 수 있다. 처음 접한다면 어려울 수 있으니 반복적으로 사용하여 익숙해지는 것이 중요하다.

브러시에 대한 기본적인 설명을 진행하지 않고 메시에 대한 이론을 설명한 이유가 있다. 대부분 노마드 스컬프를 처음 켜봤을 때 대뜸 복셀 리메시나 다중해상도 창으로 넘어가지 않고 브러시를 이용하여 도형에 그림을 그려 넣어보았을 것이다. 이처럼 기본적인 브러시들은 직접적으로 사용해 봄으로써 이해할 수 있다. 혹여라도 브러시에 대한 세부적인 이해가 필요하다면 후반부에 위치한 브러시의 사용법을 참고하여 이해하는 것도 좋은 방법이다.

Section 5 표면 정리 및 적절한 용량 찾기

우선 표면을 정리하는 방법이다. 모델링에서 브러시를 쌓으며 디테일을 표현하는 것도 중요하지만 깔끔하고 딱 떨어지는 메시 정리 또한 매우 중요하다. 예를 들어 멀리서 보았을 때 매우 수려한 조형이 있다면 가까이 가서 보고 싶을 것이다. 그런데 가까이 가서 봤는데 표현이 매우 더럽고 퀄리티가 조악하다면 실망하기 마련이다. 그렇기에 마무리까지 확실하게 지어주는 것은 모델링에 있어 대미 장식과 같은 부분이다.

메시의 뭉침으로 인해 모델링에 뾰족한 자국이 남은 경우나 모델링에 라인이 지나치게 들어가 부담스러운 경우 등 수많은 경우가 있겠지만 정리하는 방법은 단 한 가지라고 생각하면 된다. 디테일에 따라 적당한 복셀 리메싱을 적용하며 부드럽게 툴을 이용하여 면을 정리해 주기를 반복하는 것이다. 이 방법으로 불가능한 정리는 없다. 단 한 가지, 낮은 해상도의 복셀 리메싱으로 인해 디테일이 뭉개지는 것만 조심하자.

좌측 상단을 보면 용량을 한눈에 볼 수 있는 인터페이스가 존재할 것이다. 씬 내에서도 용량을 볼 수 있는데 이는 도형별 용량이다. 전체적인 용량을 보기 위해서는 이 인터페이스를 이용하면 된다.

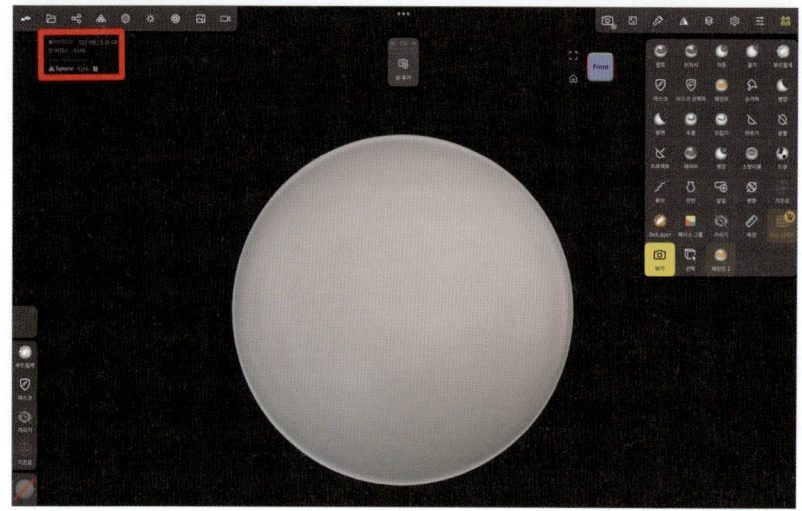

용량 인터페이스

가장 상단에 위치한 게이지와 게이지 우측 숫자는 사용 중인 기기의 전체 RAM 용량과 사용 중인 RAM 용량을 표시해 준다. 사용 중인 RAM 용량이 기기 자체의 RAM 용량에 비해 지나치게 많아질 경우 게이지가 흰색, 노란색, 주황색, 빨간색 순서로 변하게 된다. 주황색 혹은 빨간색이 되었을 경우 작업 도중 튕김 현상이 발생할 수 있으니 용량을 조절해 주는 것이 좋다. 디테일에 비해 지나치게 복셀 리메싱이 되었다거나 세분화가 지나치게 된 경우가 있으니 그 지점을 잘 찾아 용량을 조절하는 것이 좋다.

RAM 용량 아래 씬 버텍스는 현재 사용하고 있는 모든 모델링들의 종합 용량이며 웬만한 모델링들은 5M 내외로 작업이 진행되는 편이다. 물론 디테일에 따라 상이하므로 참고하도록 하자.

마지막으로 씬 버텍스 아래 위치한 용량은 현재 선택된 도형의 용량을 보여주는 공간이다. 튕김 현상이 자주 발생하는 노마드 스컬프에서 용량 관리가 매우 중요하다. 그렇기에 이를 잘 인지한 상태로 다음 단계인 데시메이션에 대해 알아보도록 하자.

Section 6 데시메이션 알아보기

추가로, 기타 인터페이스에 위치한 데시메이션은 용량 최적화를 위해 존재하는 기능이다.

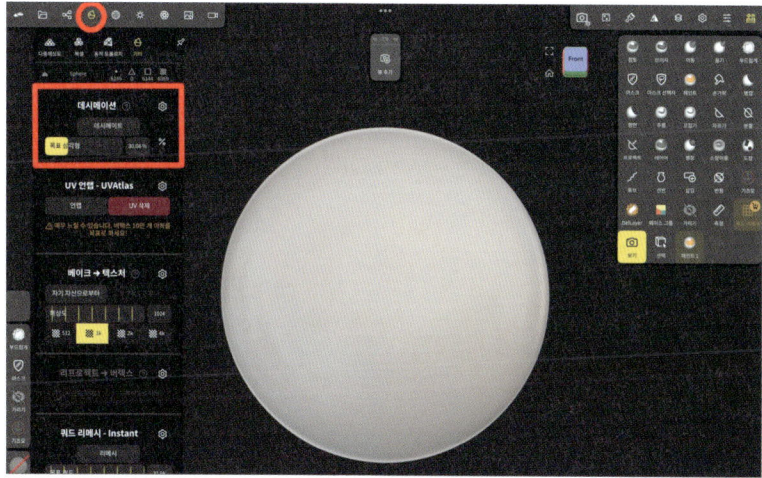

기타(데시메이션) 인터페이스

목표 삼각형을 조절하여 데시메이트를 적용하면 목표 삼각형으로 잡은 퍼센티지의 용량만 남으며 최적화가 이루어진다. 예를 들어 800K의 용량인 도형을 20% 목표 삼각형으로 적용하면 160K로 용량 최적화가 이루어지는 것이다. 그리고 그만큼 메시의 개수가 줄어들기 때문에 디테일과 페인팅이 깨지지 않는 선에서 퍼센티지를 조절해 주는 것이 좋다. 대체로 20~30% 정도가 적당하다고 생각한다.

데시메이션은 용량을 최적화해 준다는 엄청난 장점이 있지만 우리가 주목해서 봐야 할 점은 목표 '삼각형'을 조절한다는 것이다.

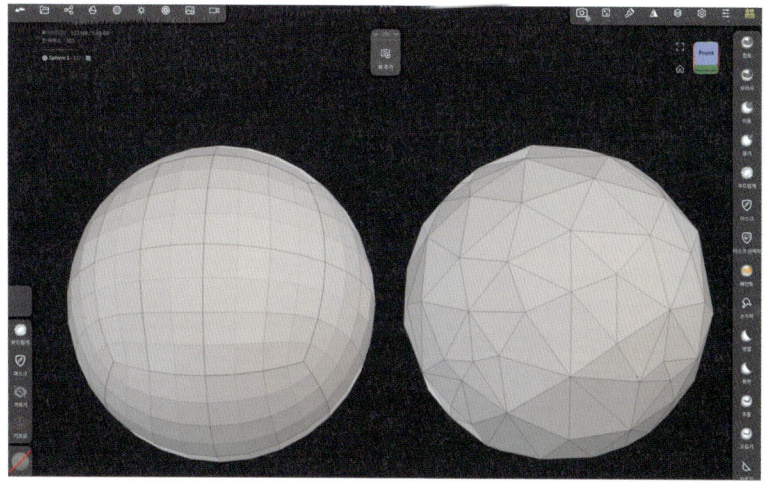

사각형 메시와 삼각형 메시

메시는 대체로 사각형을 기본으로 형성되어 있다. 작업 중에도 99%의 메시는 사각형으로 존재한다. 하지만 데시메이션을 사용하게 되면 메시 전체가 삼각형으로 나뉘게 된다. 여기서 삼각형이 의미하는 것은 '나는 모델링을 마쳤으니 모델링을 최적화하겠다'이다. 그렇기에 데시메이션은 모델링과 심지어는 페인팅이 마무리된 상태에서 진행해 주는 것이 가장 좋다. 물론 데시메이션을 사용하고 난 후에 혹시라도 수정이 필요하다면 뒤로 가기를 하여 수정 후 다시 진행해 주는 방법도 있지만 뒤로 가기를 사용하지 못하는 상황이라면 복셀 리메싱을 통해 메시를 다시 사각형으로 원상복구할 수도 있다.

TIP | 쿼드 리메셔

쿼드 리메셔는 앱 내 구매를 통해 사용할 수 있다. 엑소사이드(EXOSIDE)에서 제공하는 쿼드 리메셔는 대체로 가격이 10만 원 안팎이다. 하지만 노마드 스컬프 내에선 상대적으로 저렴한 가격인 2만 원대에 제공해 준다는 장점이 있다.

쿼드 리메셔는 복셀 리메싱과 얼핏 보면 기능이 비슷해 보이는데 인공지능을 더한 업그레이드된 리메싱 툴이라고 보면 된다. 예를 들어, 상자 도형의 꺾인 면과 같이 뾰족한 면에 복셀 리메싱을 적용하면 그 면들은 무뎌진다. 또한 가끔 면들이 쓸데없이 뭉쳐 있거나 디테일이 필요한 부분에 면이 부족한 경우가 있다. 쿼드 리메셔는 이러한 부분들을 세부적으로 보완해 주면서 면을 재배치할 수 있는 기능이다.

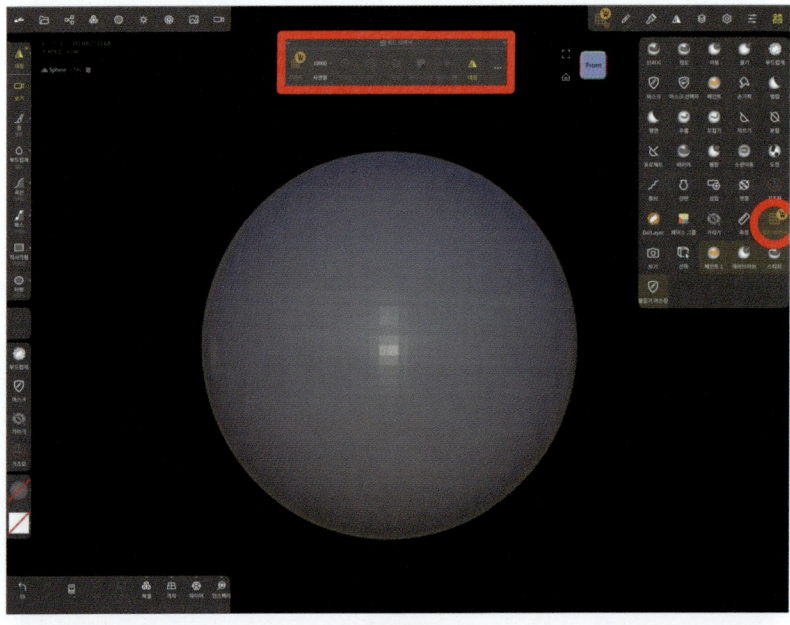

쿼드 리메셔

브러시 세세하게 알아보기

01 노마드 브러시 종류
02 나만의 브러시

노마드 브러시 종류

Section 1 형태감을 위한 브러시

1. 브러시: 브러시 툴은 모델링에 있어 가장 기본적인 툴이다. 모델링을 찰흙이라고 생각해 봤을 때 찰흙을 붙이고 파내는 과정을 전반적으로 할 수 있는 툴이다. 좌측 게이지를 조절함으로써 강도와 브러시의 크기를 조절해 줄 수 있으며 좌측 하단의 빼기를 이용하여 파내는 작업 혹은 붙이는 작업으로 변경해 줄 수 있다.

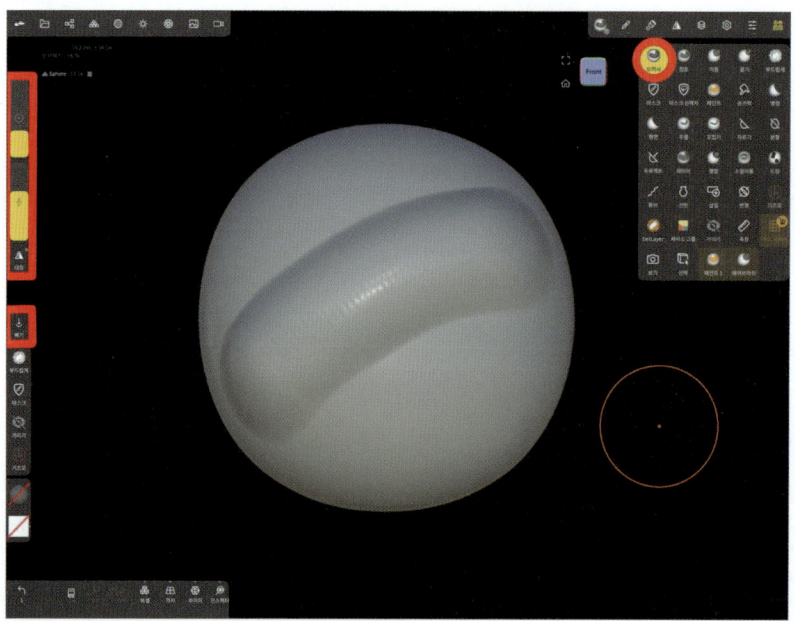

브러시 툴과 브러시 툴 사용 후

2. 점토: 점토 툴은 앞에서 설명한 브러시 툴과 유사한 기능이다. 하지만 브러시 툴과는 다르게 각진 형태로 올라가게 기본 설정이 되어 있으며 브러시 툴보다 조금 더 세밀하고 약하게 올라가는 편이다. 그렇기에 인체를 모델링하거나 근육의 흐름과 결을 표현해 줄 때 많이 사용된다. 개인적으로는 부드러운 형태의 단순한 조형을 할 땐 브러시를 위주로 사용하는 것이 좋으며 인체나 디테일한 형태를 잡을 땐 점토 툴을 위주로 사용하는 것이 좋다고 생각한다.

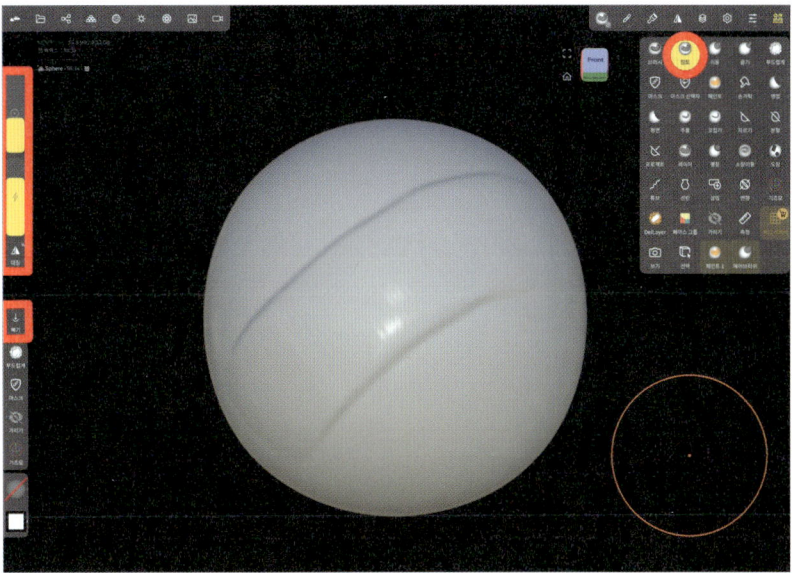

점토 툴과 점토 툴 사용 후

3. **부드럽게**: 부드럽게 툴은 어질러진 면을 정리해 줄 때 사용한다. 예를 들어 브러시 혹은 점토 툴을 사용하고 나면 자글자글한 무늬가 모델링에 남을 것이다. 그러한 부분들을 정리하기 위해 존재하는 툴이다.

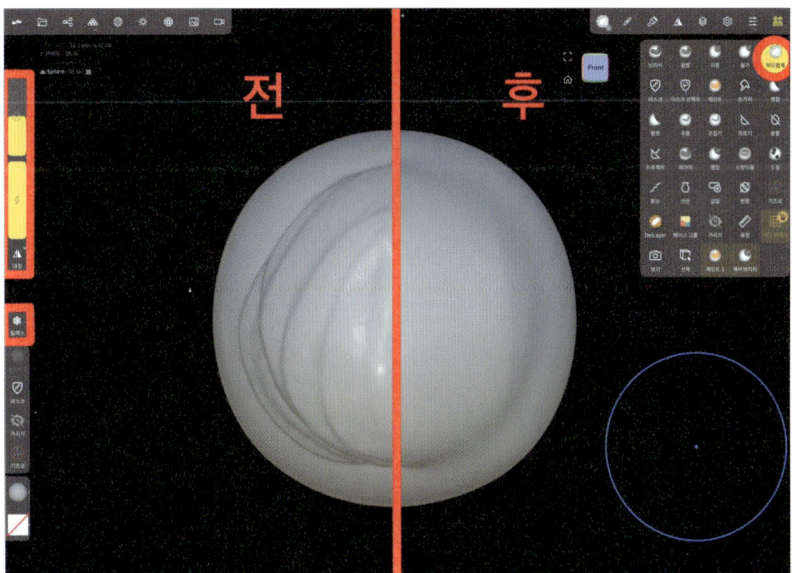

부드럽게 툴과 부드럽게 툴 사용 전후

혹시 부드럽게 툴이 제대로 작동하지 않는다면 두 가지의 가능성이 있다. 첫째로 현재 모델링의 용량이 너무 높은 것이다. 그런 경우엔 모델링의 용량을 조금 더 낮게 조절해 주거나 부드럽게 툴의 강도를 올려주는 것이 좋다. 참고로 강도는 무한하게 올라간다. 둘째로 좌측의 릴렉스가 켜져 있는 경우이다. 릴렉스는 3D 작업에 큰 도움이 되지 않으므로 꺼주는 것이 좋다.

4. **이동**: 이동 툴은 모델링을 끌고 당겨가며 전체적인 형태감을 잡아갈 때 사용하는 툴이다. 형태감을 잡을 때 브러시를 작게 한 상태에서 진행하게 되면 모델링이 쉽게 더러워질 수 있다. 그렇기에 형태감을 잡을 땐 브러시의 사이즈를 충분히 키워주고 형태감을 잡아보도록 하자. 추가로 주의할 점은 왼쪽의 보통이 켜져 있게 되면 처음 당긴 방향으로 축이 고정되는 것이니 참고하자.

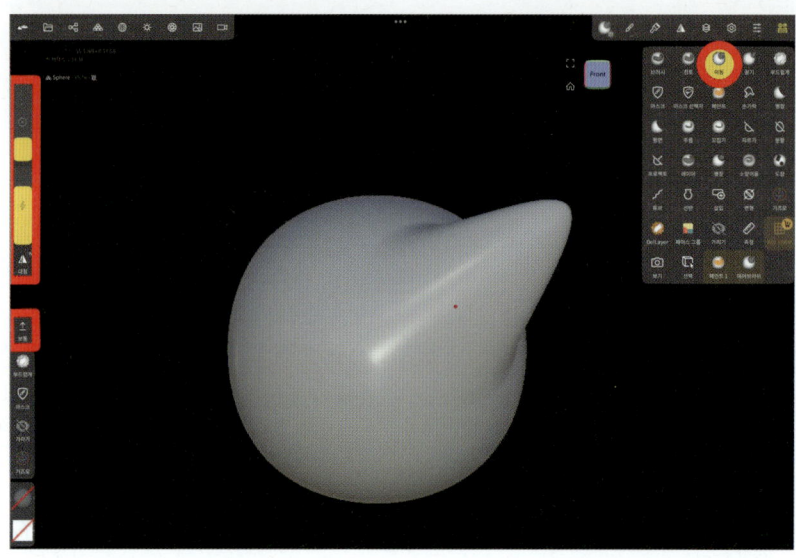

이동 툴

5. **끌기**: 끌기 툴은 이동 툴과 혼동하기 쉽다. 이동 툴과 비슷하게 끌어당기는 툴이지만 브러시를 맹목적으로 따라오는 성질이 있기 때문에 이동 툴에 비해 조금 더 과격하게 움직이는 경향이 있다. 그래서 형태감을 잡을 때 사용하게 되면 금방 모델링의 형태를 망치기 쉽다. 모델링의 초반 단계에서는 최대한 사용하지 않는 방향으로 잡아 보자.

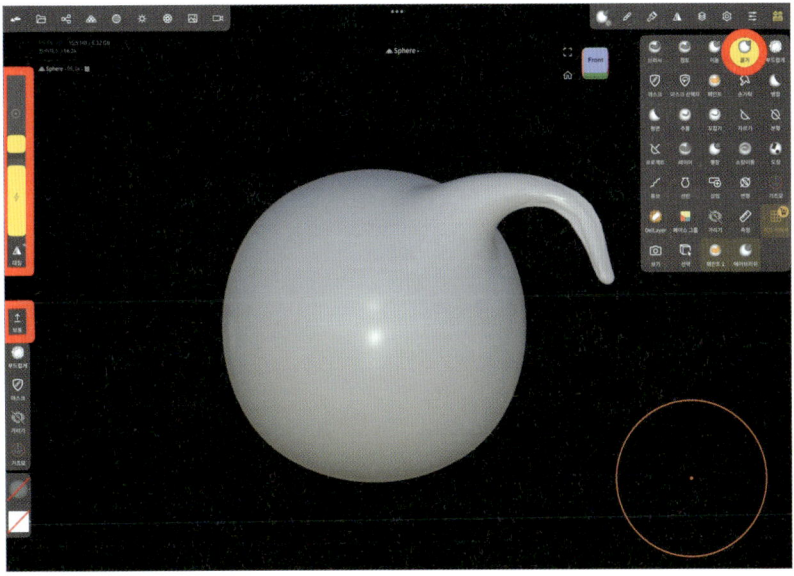

끌기 툴

6. **자르기**: 자르기 툴은 왼쪽에서 잘라 줄 형태를 결정하면 그 모양대로 모델링을 잘라주는 기능이다. 확실하게 어떠한 부분을 잘라서 형태감을 새로 잡아야 할 때 사용한다. 올가미, 선 등등 다양한 형태를 지정하여 잘라낼 수 있으며 흰색으로 울타리 친 부분이 잘린다. 좌측 하단 뒤집기를 이용하면 잘리는 부분을 변경할 수 있다. 자르기 툴을 사용할 때 알아둬야 하는 점이 두 가지 있다. 첫째는 램 용량을 많이 차지하는 작업이기 때문에 튕김 현상이 자주 발생하는 브러시라는 것이다. 그렇기에 사용하기 이전에 저장을 꼭 하고 사용하도록 하자.

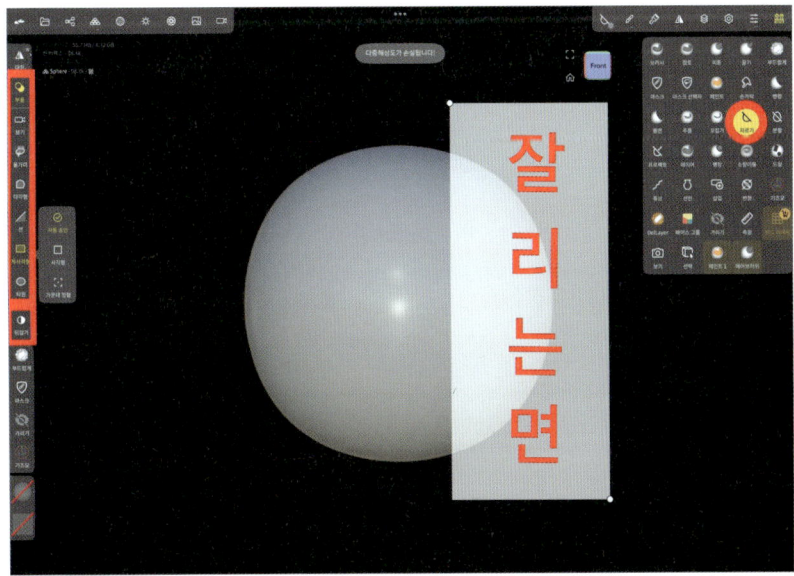

자르기 툴

둘째는 면의 개수가 줄어든다는 것이다. 좌측 하단의 와이어를 켜서 자르기를 사용한 모델링의 잘린 단면을 보면 기존에 비해 확연하게 줄어든 것을 볼 수가 있다. 이 상태에선 잘린 단면에 모델링을 이어갈 수가 없기 때문에 자르기 이후에는 복셀 리메싱을 꼭 사용해야 한다.

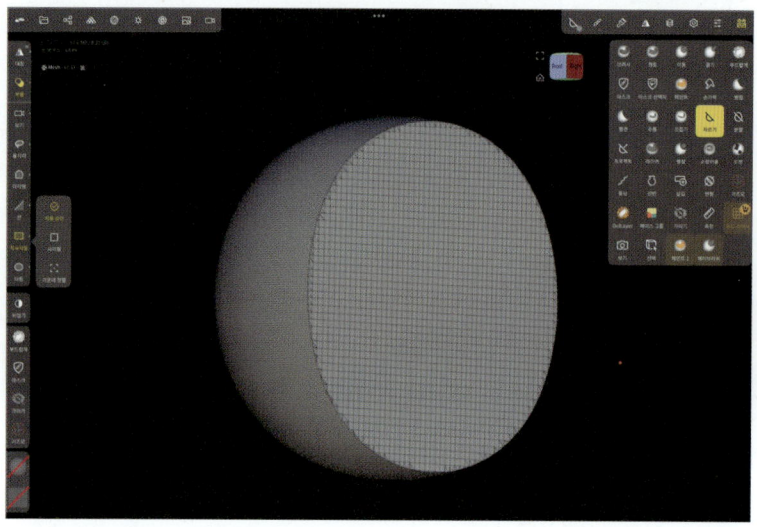

잘린 단면

7. 분할: 분할 툴의 작동 방식은 자르기 툴과 완전히 똑같다. 하지만 잘린 면이 사라지지 않고 또 다른 도형으로 남는다. 잘린 단면은 최소한의 면으로 이루어지므로 복셀 리메싱을 각각 돌려줘야 한다.

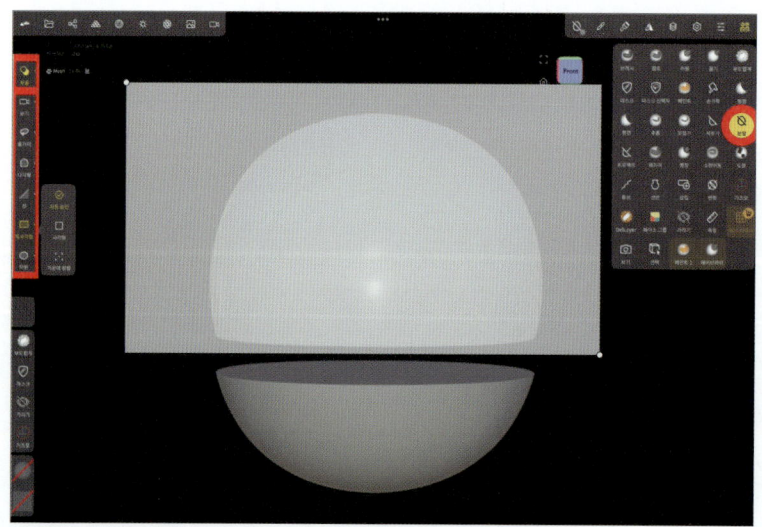

분할 툴

추가로 자르기 툴과 분할 툴은 모두 좌측 상단의 부울 기능이 켜져 있지 않으면 잘린 단면이 없어져 버릴 수 있으니 항상 켜두도록 하자.

8. **프로젝트**: 프로젝트 툴은 자르기와 비슷하게 작동한다. 차이점이라면 완벽하게 잘라내는 것이 아니라 선택한 단면을 선택되지 않은 단면으로 밀어 넣는다는 것이다. 그렇기에 면의 개수가 줄어들지 않아 복셀 리메싱을 다시 돌려줄 필요가 없다. 하지만 버그가 자주 일어나 원하는 형태가 나오지 않을 가능성이 높기에 웬만하면 자르기 툴을 이용하자.

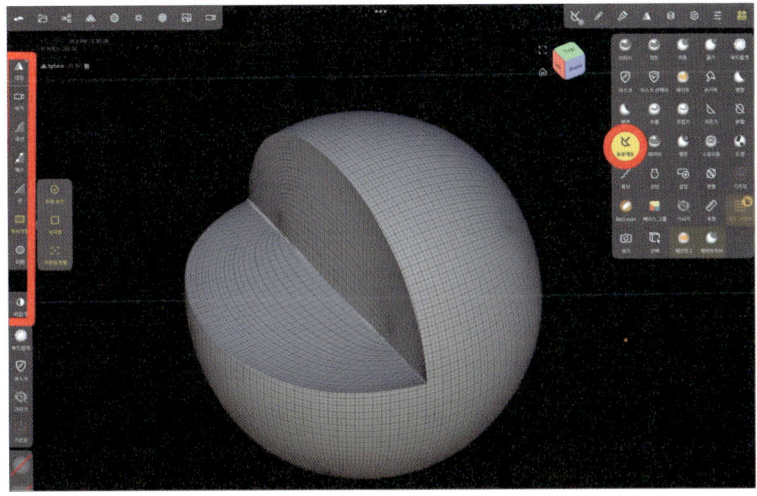

프로젝트 툴

9. **팽창**: 팽창 툴은 말 그대로 면을 부풀려 팽창시켜 주는 브러시다. 도형의 볼륨이 부족할 때 사용하면 매우 좋다. 단점으로는 면을 빠르게 망가뜨린다는 점이 있다. 면을 망치지 않기 위해서 강도는 20% 이하로 사용해 주는 것이 좋으며 사용 후엔 복셀 리메싱을 필수적으로 사용하자.

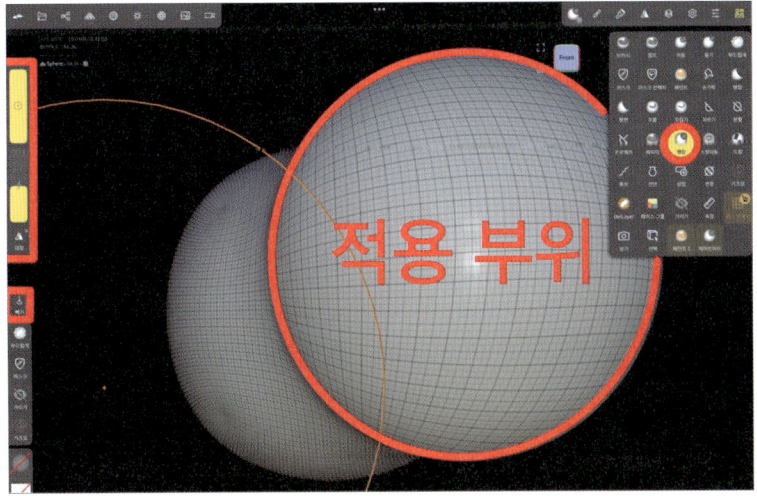

팽창 툴

사실 가장 기본적인 형태를 잡아갈 땐 브러시 혹은 점토, 이동, 부드럽게 툴 정도로 전부 끝낼 수 있다. 가장 기본이 되는 브러시니 참고해서 숙련도를 길러보도록 하자.

Section 2 디테일을 위한 브러시

1. **마스크**: 마스크 기능이란 마치 마스킹 테이프를 붙인 것처럼 마스크가 되어 있는 부분에는 아무런 툴도 적용되지 않는 기능이다. 다음과 같이 마스크를 칠해 준 후에 기즈모를 통해 이동하게 되면 마스크가 적용된 면은 이동하지 않는 모습을 볼 수 있다. 마스크는 일반적으로 펜처럼 사용 가능하고 좌측에 위치한 마스크 해제 기능을 활성화해 지우개처럼 사용할 수 있다.

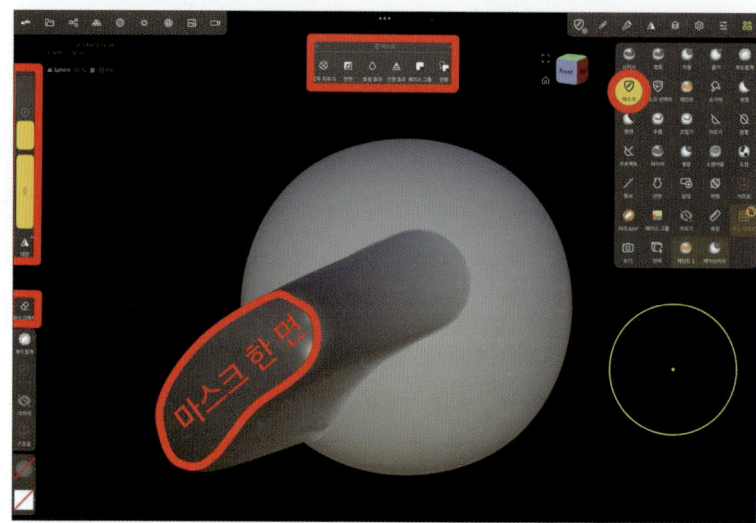

마스크 툴

마스크 기능의 인터페이스

- **반전**: 마스크된 영역을 반전시킨다.
- **흐림 효과**: 마스크된 영역의 끝부분을 흐리게 만들어 준다.

- **선명 효과**: 마스크된 영역의 끝부분을 선명하게 만들어준다. 면의 개수가 적다면 계단식으로 면이 형성되므로 때문에 이 점을 주의하자.

마스크 툴의 진면목은 바로 추출에서 드러난다. 마스크를 적용한 후 우측 상단에 위치한 마스크 툴을 눌러보자. 이후 두께를 조절하면 마스크된 영역이 튀어나오는 것을 볼 수 있다. 원하는 두께를 적용한 후에 추출을 눌러보자. 그러면 마스크했던 면이 또 다른 도형으로 분류되며 새로운 도형이 만들어진 것을 볼 수가 있다. 추출하기 이전에 평활도를 올려주면 새로 튀어나온 도형의 단면을 깔끔하게 다듬어 추출할 수 있다. 메카닉 계열의 부품을 만들거나 눈썹, 수염, 머리카락 등의 부가적인 부분을 만들 때 매우 유용한 툴이다.

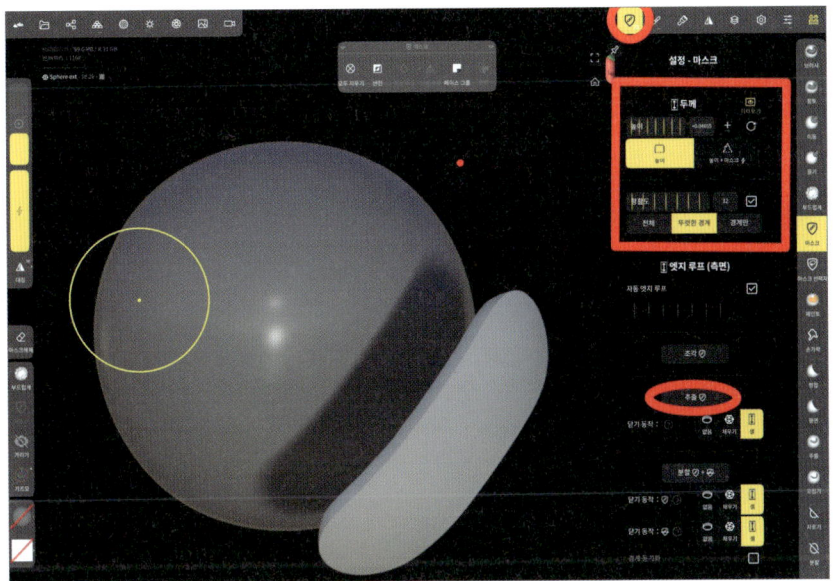

마스크의 부가 기능 추출

2. **마스크 선택자**: 마스크와 똑같은 기능을 가지고 있지만 사용법은 미치 지르기 툴과 비슷하다. 원하는 도형을 선택하여 그 도형의 형태를 기준으로 마스킹을 할 수 있는 기능이다.

마스크 기능을 사용할 때 기본적인 제스처 기능이 몇 가지 있다. 도형이 없는 배경을 클릭하면 마스크 반전이 된다. 마스크가 적용된 부분을 클릭하면 흐림 효과, 도형에서 마스크가 적용되지 않은 부분을 클릭하면 선명 효과이다.

3. **병합**: 병합 툴은 모델링을 평평하게 눌러주는 브러시다. 면을 평평하게 해줌으로써 조형적으로 살리기 좋은 꺾인 단면을 만들어 내는 데 최적화된 툴이기에 알맞은 위치에 사용하여 조형감을 살려줄 수 있다.

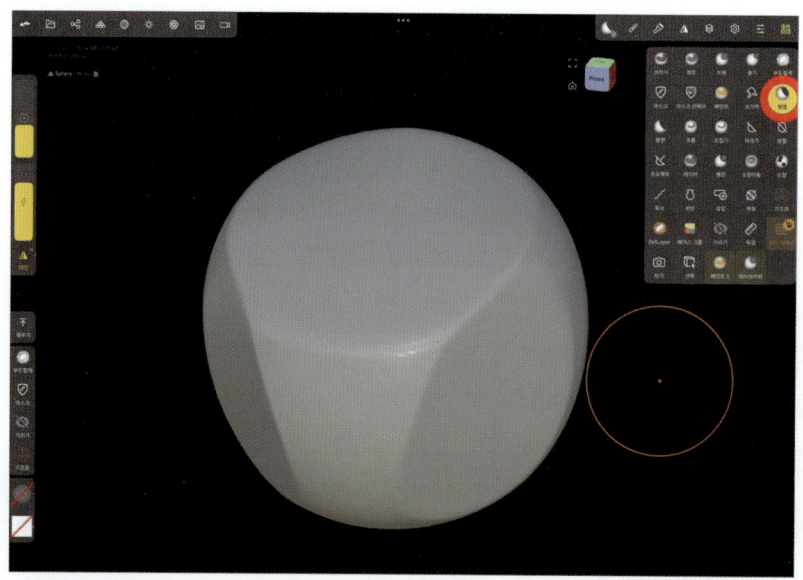

병합 툴

4. **평면**: 병합 툴과 비슷하게 평평하게 눌러주는 역할을 하지만 모델링을 파고 들어가는 성질이 있다. 물론 파인 단면을 완전히 평탄하게 작업해 준다는 장점이 있지만 브러시가 과감하게 적용되는 편이기 때문에 조심해서 사용하자.

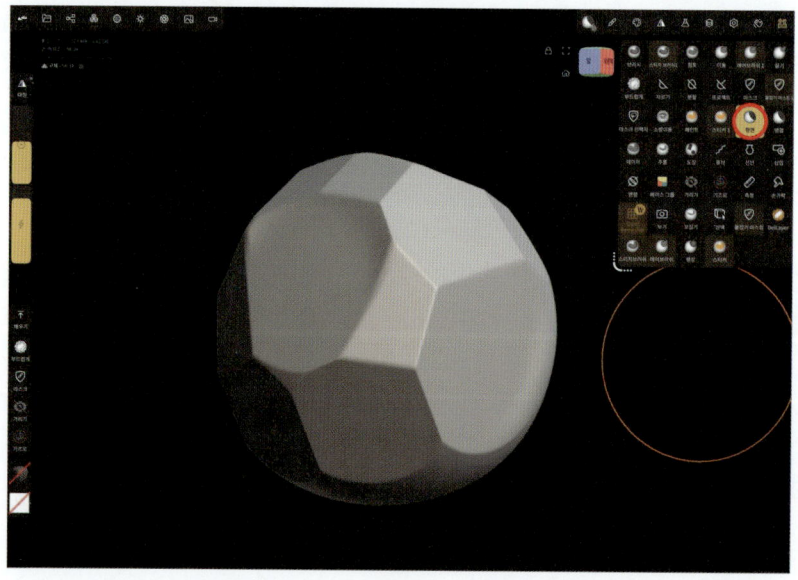

평면 툴

5. **주름**: 옷의 주름, 사람의 주름 등을 표현하기에 좋은 기능이다. 기본적으로는 모델링의 표면을 잡아 주름이 잡히며 들어가는 기능을 하고 좌측 반전을 누르게 되면 주름이 접히며 튀어나오는 부분을 표현해 준다.

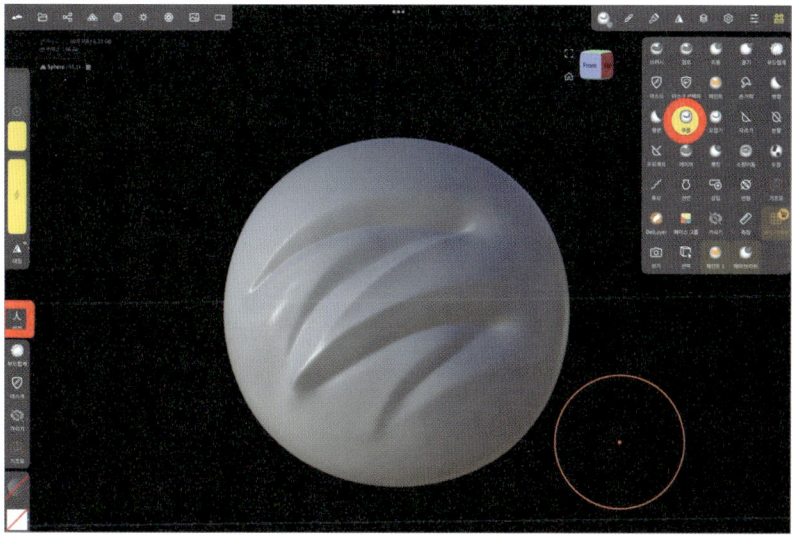

주름 툴

6. **도장**: 이미지를 불러와 모델링이 이미지 모양대로 튀어나오게 할 수 있는 기능이다. 기본적으로는 네모 모양이 나오지만 좌측 하단에 위치한 알파 브러시를 클릭하면 이미지를 선택할 수 있고 임포트를 클릭하여 원하는 이미지를 불러올 수 있다. 이렇게 이미지를 불러오면 잘나오는 경우도 있지만 웬만한 경우 동그랗게 잘려서 나온다. 이를 조절하는 방법은 다음과 같다.

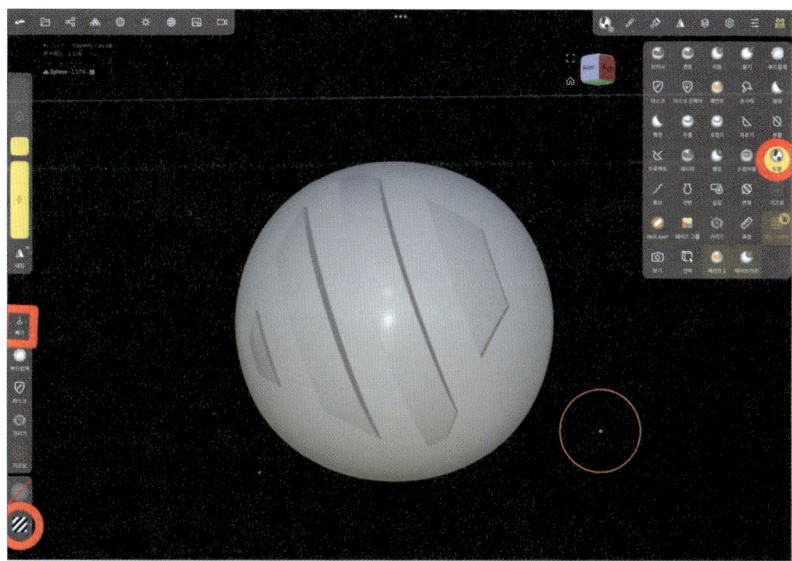

도장 툴

우측 상단에 위치한 알파를 클릭하면 다음과 같은 창이 나타난다. 스케일링을 조절하면 빨간색 원이 보일 텐데 그 원 안에 있는 것이 바로 브러시의 형태이다. 불러온 이미지가 동그랗게 잘릴 땐 스케일링을 줄여 빨간색 원 안으로 넣어주면 된다. 추가로 이미지를 불러왔을 때 브러시가 반대로 적용된다면 우측 상단의 픽셀 반전을 클릭해 주면 된다.

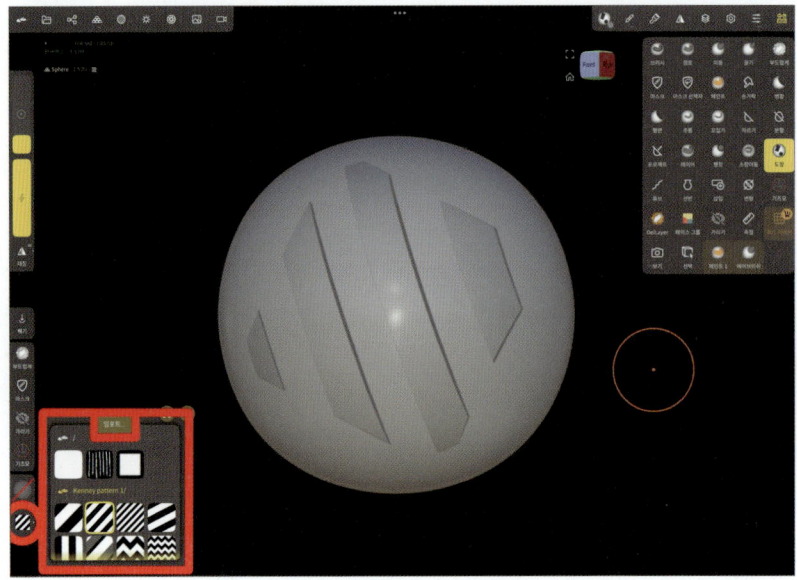

도장 툴의 알파 브러시 변경

Section 3 부가적인 브러시

1. 레이어: 브러시나 점토와 같이 면을 쌓아가는 브러시다. 평평하게 면을 쌓아갈 때 사용하기 좋으며 빼기를 누르면 비슷한 모양으로 파인다. 펜을 떼고 다시 그리기 전까지 한 단계의 면으로 지속된다.

레이어 기능

2. **삽입**: 도형을 삽입할 수 있는 툴이다. 좌측에 위치한 도형을 클릭하고 모델링 위에 그리면 선택한 모델링을 기준으로 도형이 생성된다. 의상을 만들 때 단추를 생성하거나 연결부에 부가적인 도형이 필요할 때 사용하면 좋다.

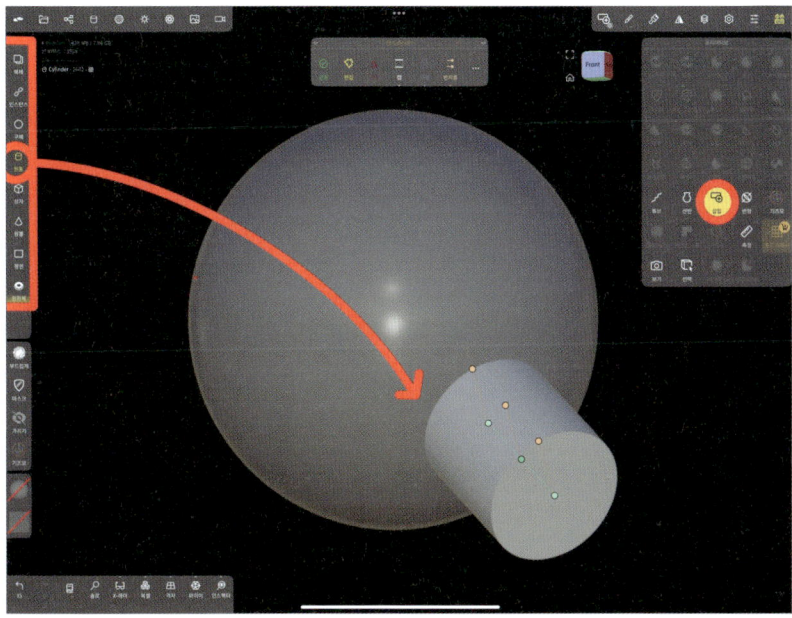

삽입 툴

3. **측정**: 측정 툴은 모델링의 실측 사이즈를 측정할 때 사용된다. mm 기준이며 모델링에 직접 선을 그려 넣어 측정할 수 있다. 완벽하게 끝과 끝 지점에 그려 넣었을 때 선이 빨간색으로 보이니 참고하자.

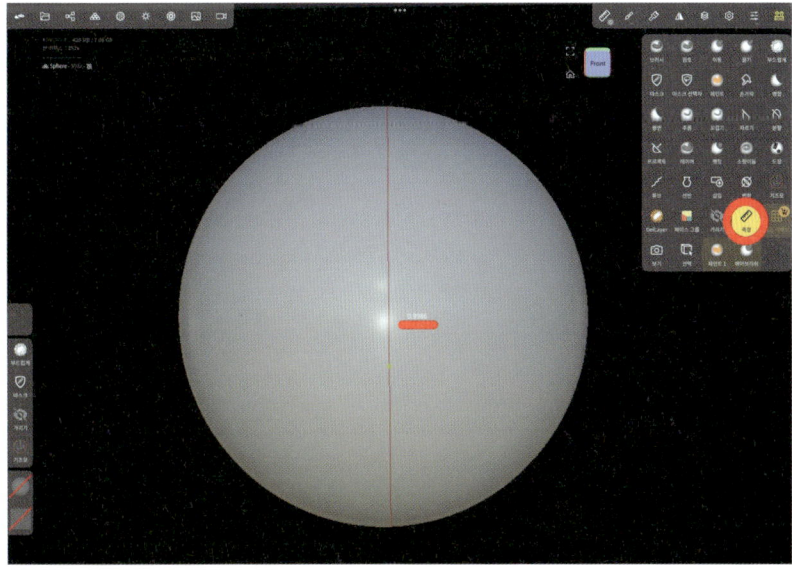

측정 툴

4. 보기: 모델링을 하다 보면 모델링을 정확히 봐야 하는 순간들이 있다. 그런 와중에 브러시가 클릭되어 있다면 혹시라도 브러시 질이 잘못되거나 모델링을 살펴볼 때 큰 불편함을 줄 수 있다. 그럴 때 사용하기 좋은 툴이다.

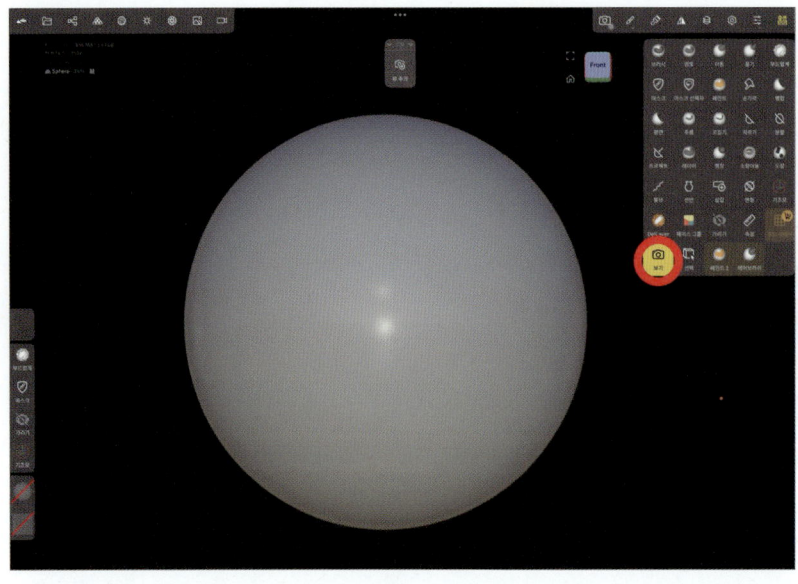

보기 툴

특히 우측 상단에 위치한 '선택하지 않은 오브젝트 어둡게'를 사용하고 있을 때 보기 툴을 사용하면 모든 면이 정확하게 보인다.

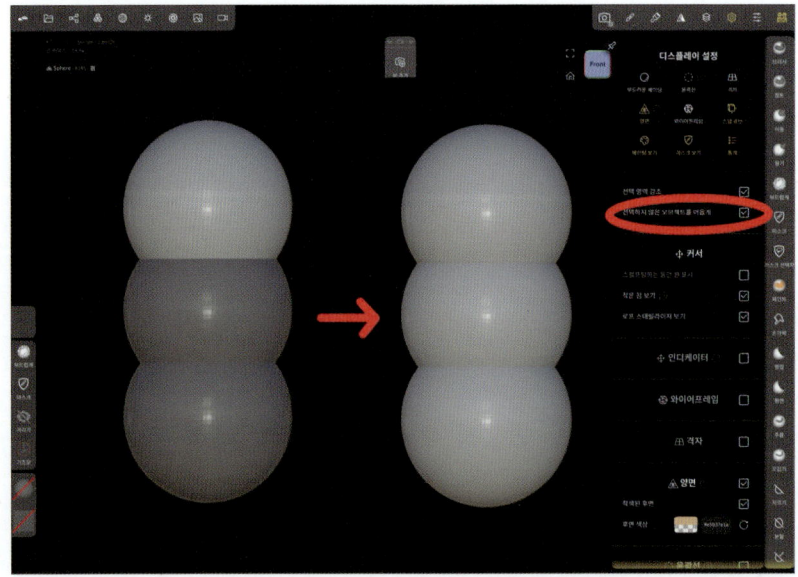

선택하지 않은 오브젝트 어둡게

5. **선택**: 선택 툴은 모델링에 있어 필수적이다. 모델링이 쌓이다 보면 수많은 도형들이 나열되는데 여기서 원하는 도형만을 선택하는 것은 여간 귀찮은 일이 아니다. 이럴 때 선택 툴을 사용하면 매우 편리하게 원하는 도형들만 선택할 수가 있다.

좌측에 위치한 올가미를 클릭하고 원하는 도형들만 선택해 보자. 이때 도형 전체를 그려 넣을 필요는 없으며 일부분만 올가미 내에 넣어도 자동으로 선택된다. 이후 잘못 선택한 도형들은 좌측에 위치한 선택 해제 기능을 켜서 제외하면 된다. 이러한 방식으로 원하는 도형을 선택하여 수월하게 작업을 진행할 수 있다.

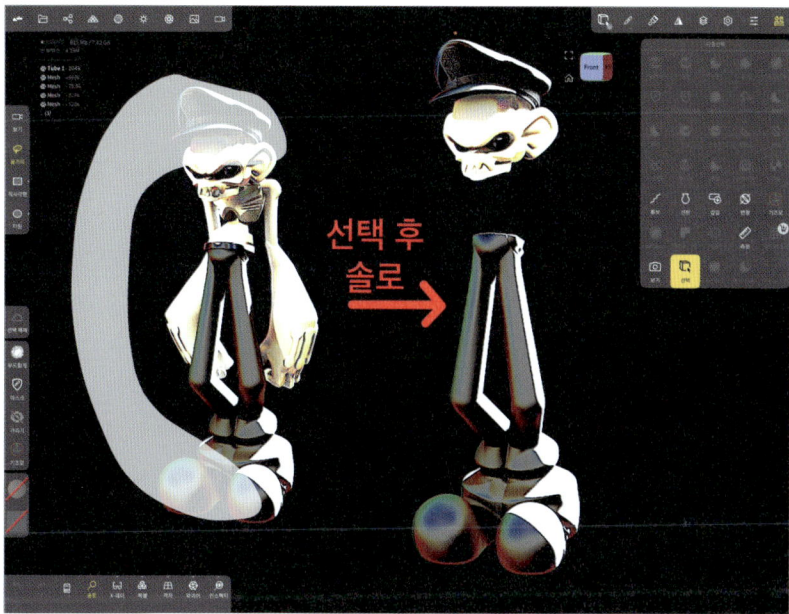

선택 툴

Chapter 02 나만의 브러시

Section 1 브러시 제작 방법

우리에게는 기본적으로 주어진 브러시들이 있긴 하지만 이러한 브러시들의 개별적인 기능 변경을 통해 새로운 브러시를 만들어 낼 수 있다. 강도와 크기를 제외하고 추가적으로 브러시 설정을 변경할 수 있는 수많은 옵션들이 있는데 차근차근 알아보도록 하자. 브러시를 클릭하고 다음 그림을 보자.

1. 스트로크

- **점**: 평상시에 사용되는 일반적인 브러시
- **롤**: 알파의 형태를 균일하게 찍어 주는 브러시
- **타일**: 알파의 형태를 타일처럼 균일하게 여러 개로 찍어 주는 브러시
- **붙잡기·동적 반지름**: 알파의 형태를 마치 도장처럼 찍어 주는 브러시
- **스트로크 간격**: 펜의 간격을 조절하여 브러시 간의 간격을 띄어 주거나 붙여 줄 수 있다. 선은 결국 점들의 연속이라는 것으로 인지하면 이해가 편할 것이다.

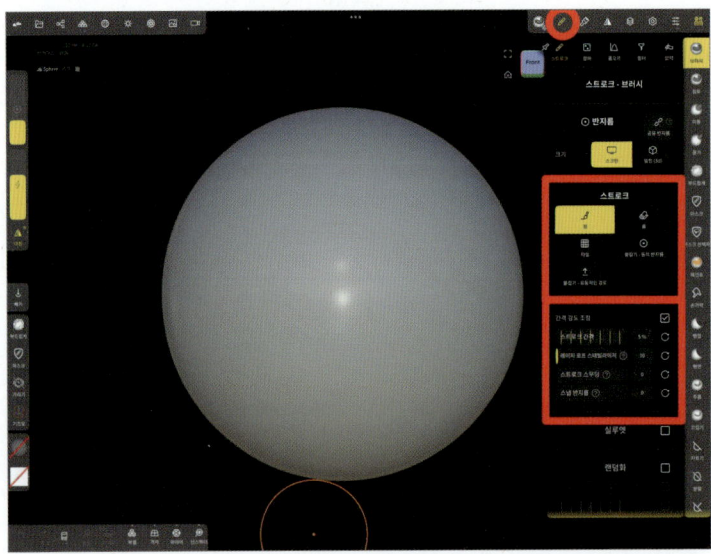

스트로크 인터페이스

2. 알파

- **이미지**: 흰색 네모를 클릭하면 기본으로 제공되는 이미지들과 사진을 불러올 수 있는 임포트가 있다. 여기서 알파란 펜촉의 모양이다.

- **스케일링**: 불러온 알파의 사이즈를 조절하여 펜촉 내에 들어가는 형태를 조절해 줄 수 있다. 실제로도 일반 브러시는 동그랗게 나오지만 알파는 네모 모양이다. 빨간색 원에 의해 잘렸기 때문이다.

- **타일링**: 선택된 알파를 반복시킬 수 있는 기능이다. 하단 X, Y축을 전부 반복시키면 가로축, 세로축으로 전부 반복이 가능하다. 이 기능을 이용하여 옷의 패턴부를 만들 수 있다. 도장 툴을 선택 후 알파로 들어가서 의상의 패턴을 하나만 가져와 타일링시킨 뒤 스케일링을 통하여 떨어진 부분을 이어 준다. 그 상태에서 모델링에 그려주면 반복적인 형태의 의상 패턴이 찍힐 것이다.

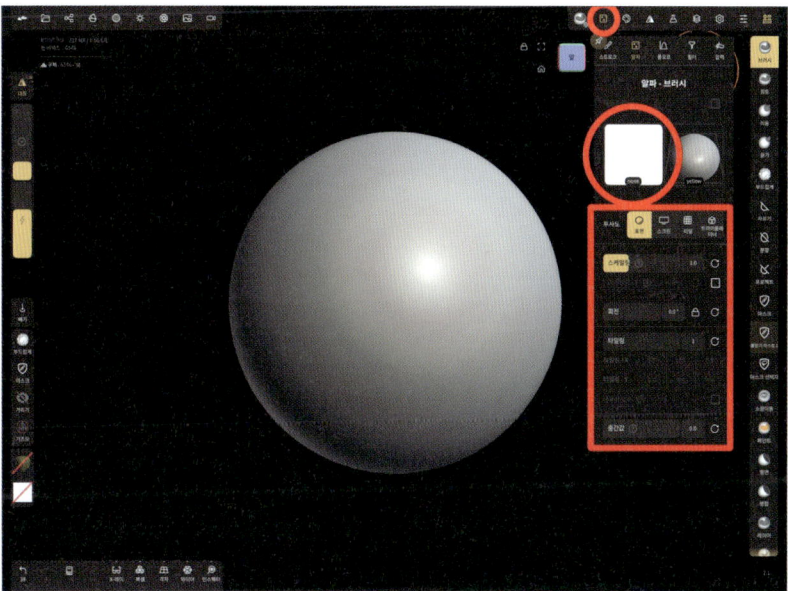

알파 인터페이스

- **풀오프**: 산 같은 아이콘이 하나 있을 것이다. 이것은 바로 펜의 끝부분을 의미한다. 펜의 끝부분이 둥근 형태이기 때문에 그동안 브러시가 부드러운 형태로 나올 수 있었던 것이다. 만약 정확한 형태의 도장 툴을 사용하거나 전체적으로 균일한 두께로 브러시가 적용되길 원한다면 이미지를 클릭한 후 가장 평평한 브러시를 선택해 주면 된다.

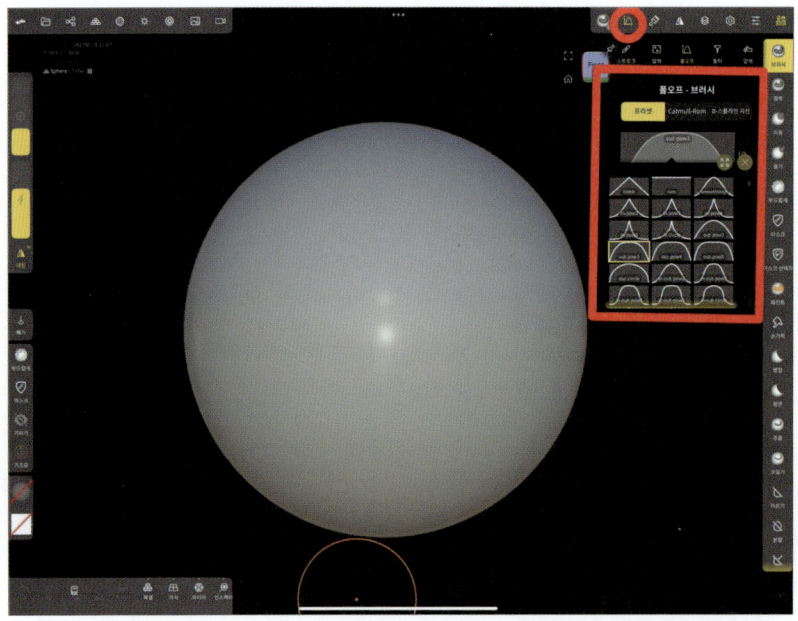

풀오프 인터페이스

- **압력**: 펜을 사용할 때 필압에 따라 브러시가 나오는 정도가 달라지는데 이를 조정해 줄 수 있는 기능이다. 예를 들어 바지의 노란색 스티치 부분을 표현해 주기 위해 스티치 브러시를 만들었는데 압력이 전부 다르게 적용된다면 곤란할 것이다. 이때, 압력에 해당하는 선을 수평으로 맞추면 필압에 따른 변화를 없앨 수 있다.

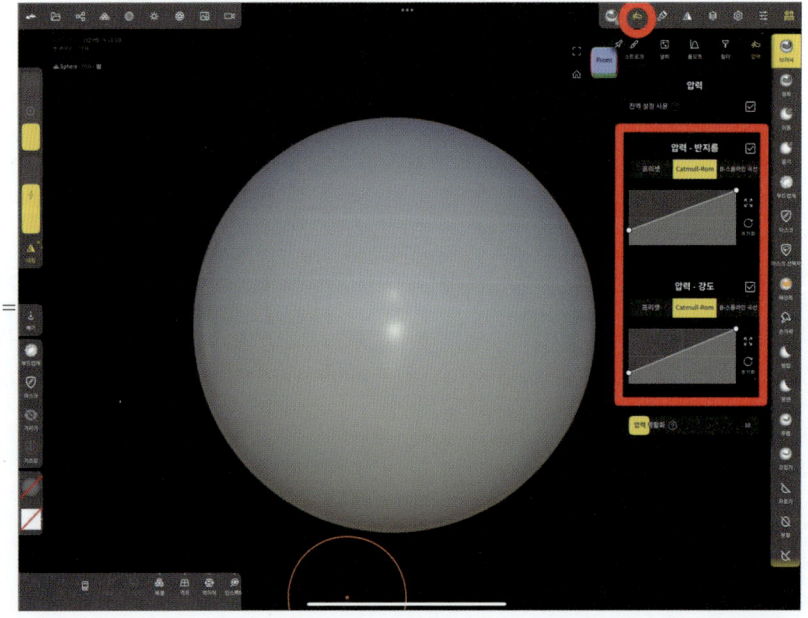

압력 인터페이스

Section 2 작가 김노야가 사용하는 나만의 브러시

본인의 입맛에 맞는 브러시 또한 분명 존재하겠지만 작가가 현재 사용하고 있는 추가적인 브러시들의 설정들을 보고 브러시 설정 변경에 대한 이해도를 높여 보자. 다양한 브러시들을 설정해 보기 이전에 새로운 브러시를 만들고 저장하는 방법에 대해 알아보자.

설정 변경을 통해 새로운 브러시로 제작하고 싶은 브러시를 선택한 후 한 번 더 클릭을 해주면 다음과 같은 인터페이스가 나온다.

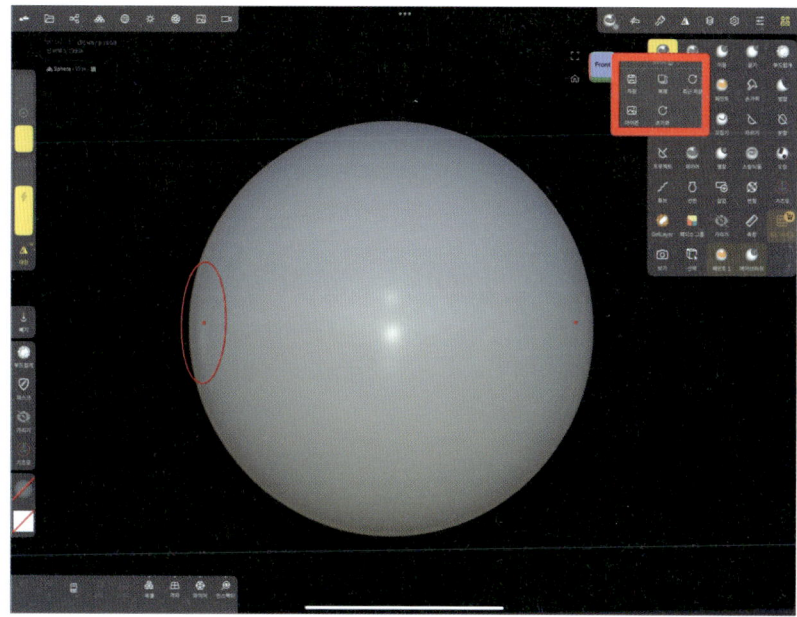

브러시 복제 기능

위 인터페이스에서 복제를 누르면 똑같은 브러시가 툴 칸에 생성된다. 그렇다면 이젠 복제된 브러시의 설정을 앞서 배운 방법들을 통해 변경해 주고 저장하면 된다. 저장을 하지 않으면 노마드 스컬프를 재실행했을 때 복제한 브러시가 사라지니 주의하자.

1. **스티치 브러시**: 다음과 같이 반복되는 형태의 모델링을 넣어야 할 때 사용하기에 좋은 브러시다. 형태보단 디테일을 잡기에 좋은 브러시 중 한 종류이다.

    - 브러시 툴 선택
    - **스트로크 간격**: 170%(취향대로 조절하면 된다.)
    - **알파**: 원하는 이미지 불러오기
    - **압력**: 반지름과 강도의 두 점들을 제일 위로 올려 수평을 만들어 준다.

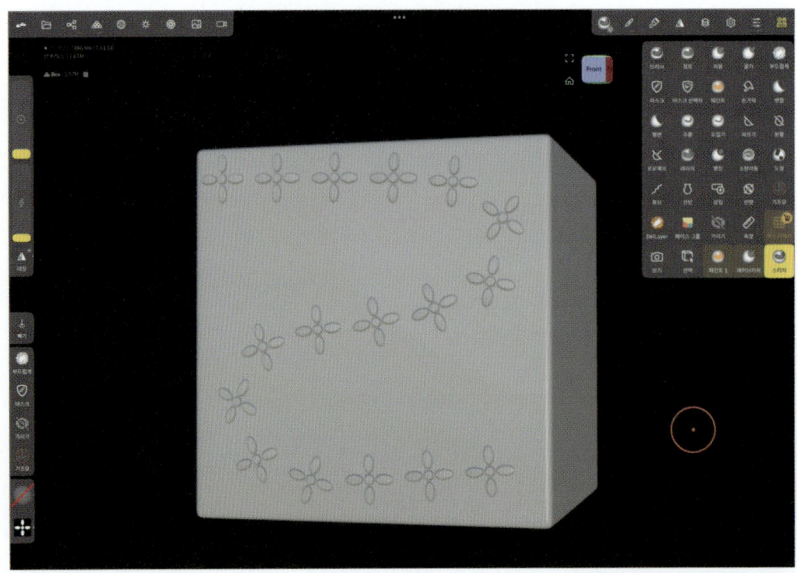

스티치 브러시

2. **붙잡기 마스크**: 마스크를 사용하다 보면 이미지를 불러와 사용해야 할 때가 있다. 예를 들어 마스크 추출 기능을 이용하여 다음 그림과 같이 뽑아내고 싶을 때 사용할 수 있다.

- 마스크 툴 선택
- **스트로크**: 붙잡기·동적 반지름
- **알파**: 원하는 이미지 불러오기
- **풀오프**: 평평하게

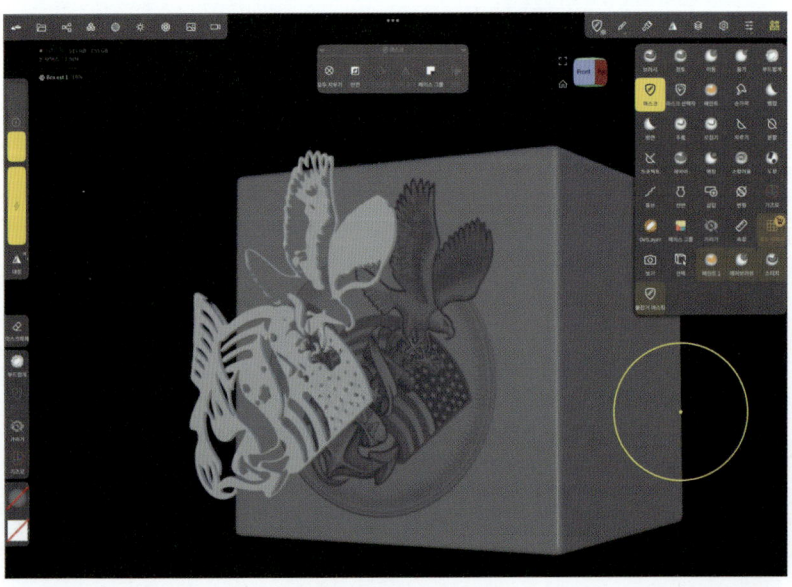

붙잡기 마스킹을 이용한 추출

Part 04

페인팅과 질감 알아보기

01 페인팅 및 머티리얼 설정
02 셰이딩에 대한 이해

페인팅 및 머티리얼 설정

Section 1 페인팅 브러시 사용 방법

페인트 툴은 렌더링으로 넘어가기 이전 최종적인 디테일을 다잡는 역할을 한다. 컬러에 따라 모델링의 분위기와 느낌을 좌우하기에 다양한 컬러를 적용해 최적의 컬러를 찾아주는 것이 좋다.

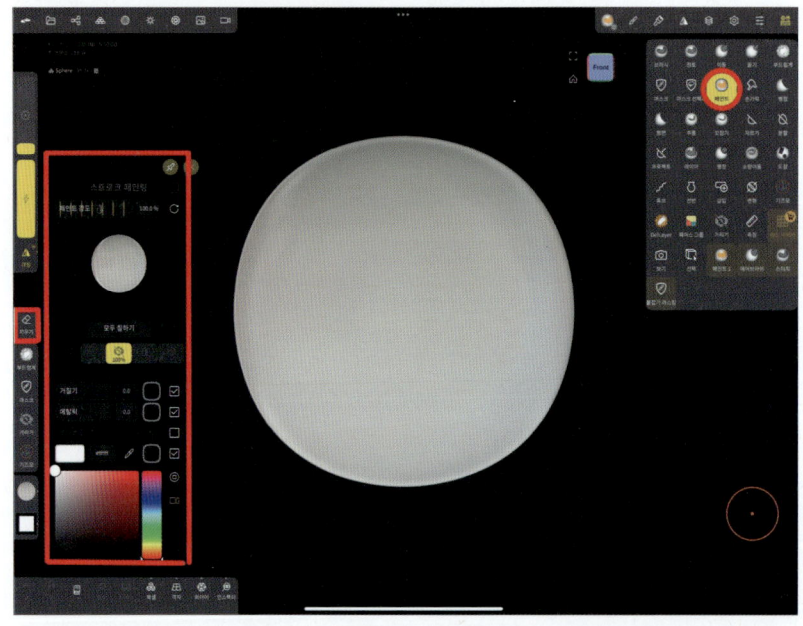

페인트 툴과 색 정하기

페인트 툴을 사용해 보기 이전에 주의 사항이 몇 가지 있다. 첫째로는 현재 선택한 모델링의 용량이 작은 경우 페인트 툴을 이용하여 직접 칠했을 때 깨짐 현상이 발생할 수 있다. 물론 단색의 형태일 경우에는 상관이 없지만 혹여라도 직접 페인팅을 진행할 경우 페인팅이 깨지지 않을 정도의 용량은 미리 확보해 주는 것이 좋다. e.g. 세분화, 복셀 리메시 사용하여 용량 높이기 페인트 툴은 우측에 위치한 툴 박스에 있다. 페인트 툴을 클릭하고 모델링에 그림을 그려 넣어 줄 수 있다. 마찬가지로 좌측 게이지를 조절하여 사이즈와 불투명도를 조절해 줄 수 있다. 지우기를 작동해 페인팅 툴을 지우개로도 사용할 수 있다. 컬러는 좌측 하단에 위치한 '컬러링된 구'를 클릭하면 색을 지정하여 사용할 수 있다. 컬러 지정 상단에 위치한 '모두 칠하기'를 클릭하면 현재 선택된 컬러를 기준으로 모델링 전체에 색을 입힐 수 있다.

둘째로 주의해야 할 점은 모두 칠하기를 적용하면 직접 페인팅한 모든 부분이 덮여 버린다는 것이다.

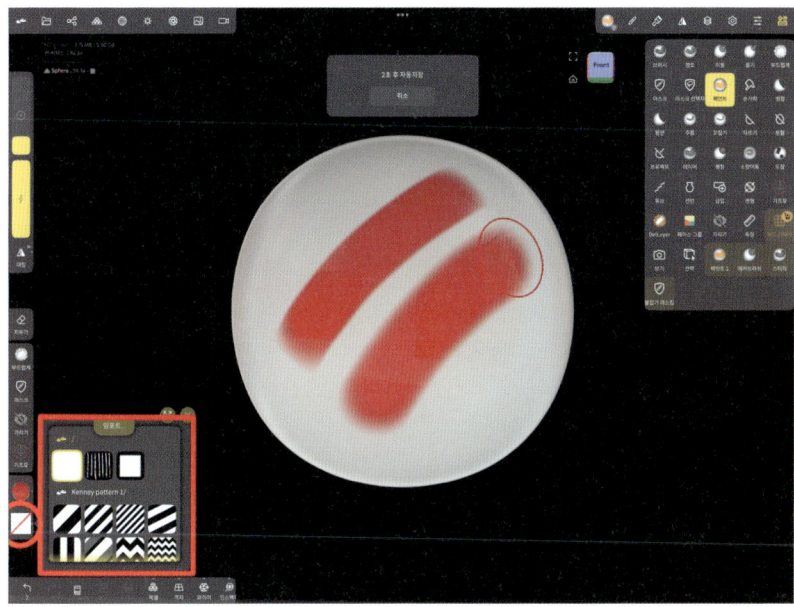

페인팅 알파 브러시

페인팅을 진행하면 때 페인팅이 각진 형태로 나온다. 이유는 좌측 하단에 위치한 알파가 네모난 형태로 설정되어 있기 때문이다. 조금 더 부드러운 채색을 원한다면 알파를 클릭해 준 후 가장 좌측에 위치한 네모 형태를 클릭하면 된다. 네모 모양의 알파 브러시이지만 스케일링 조절로 인하여 동그랗게 잘려 보인다. 이와 같은 방식으로 컬러, 알파 등의 변경을 통해 다양한 방법으로 채색을 진행할 수 있다. 다양한 채색 방법에 대해서는 다음 섹션에서 알아보자.

Section 2 다양한 페인팅 방법 익혀보기

직접 칠해 주기, 모두 칠하기를 제외하고도 다양한 방법의 페인팅을 사용할 수 있다.

1. **붙잡기 페인팅**: 알파 브러시로 이미지를 가져와 그 이미지대로 페인팅을 해주는 것을 의미한다.

   제작 방법
   - 알파 브러시를 원하는 이미지로 변경해 준다.
   - 스트로크를 붙잡기·동적 반지름으로 변경해 준다.
   - 페인팅이 전체적으로 골고루 나올 수 있도록 알파를 스케일링 내에 잘 넣어 준다.
   - 풀오프를 평평하게 만들어 준다.

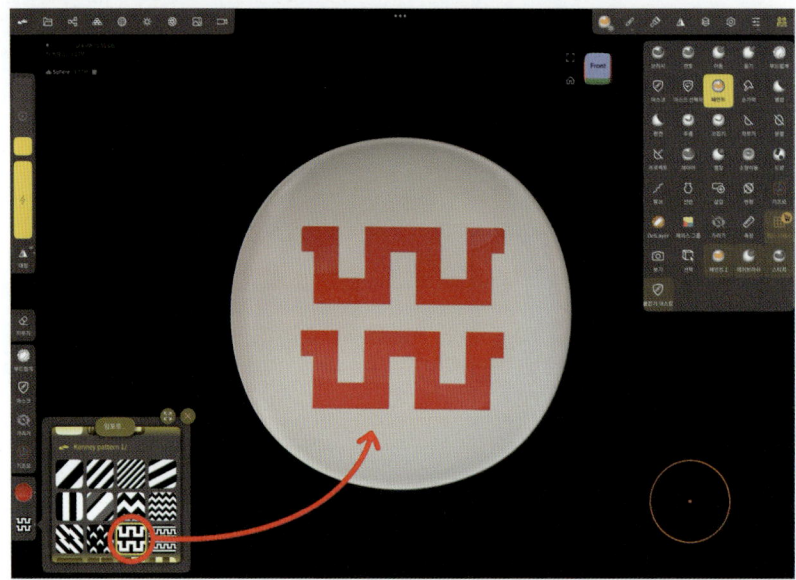

붙잡기 페인팅

2. **에어 브러시**: 마치 에어 브러시처럼 면을 전체적으로 부드럽게 칠해 주는 방법이다. 화장품을 바르듯이 톡톡 찍어주며 그러데이션을 표현해 줄 수 있다. 특히 볼 터치, 귓가에 도는 핏기를 표현해 주기에 매우 좋다. 만드는 방법은 특이하게도 이동 툴을 사용한다.

   제작 방법
   - 이동 툴의 강도를 0%로 만들어 준다.
   - 좌측 하단에 위치한 컬러링된 구를 클릭하여 컬러를 활성화해 준다.
   - 컬러를 설정하고 모델링에 입혀 준다.

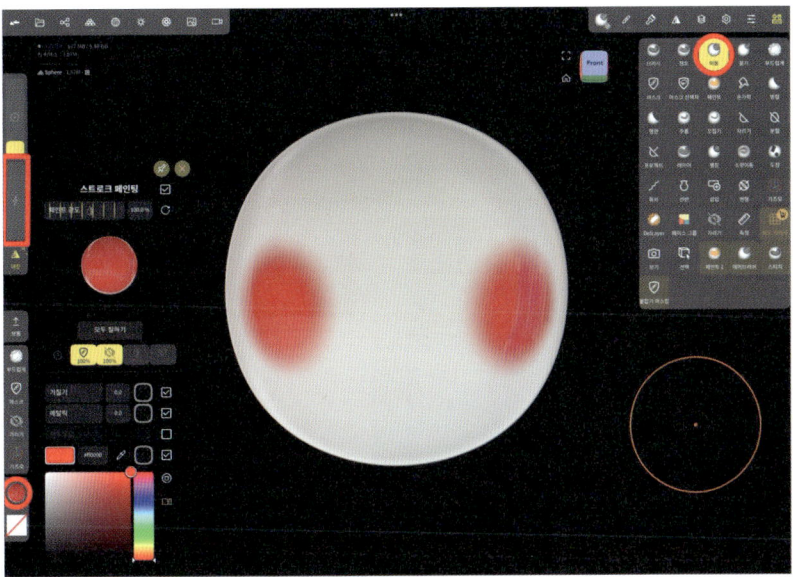

에어 브러시

3. **스티커 브러시**: 존재하는 이미지를 그대로 가져와 모델링에 입힐 수 있는 브러시이다. 페인팅 브러시 중에서 제작 난도가 가장 높지만 그만큼 디테일링에 큰 역할을 하는 브러시이기에 자주 사용하여 적응해 보도록 하자.

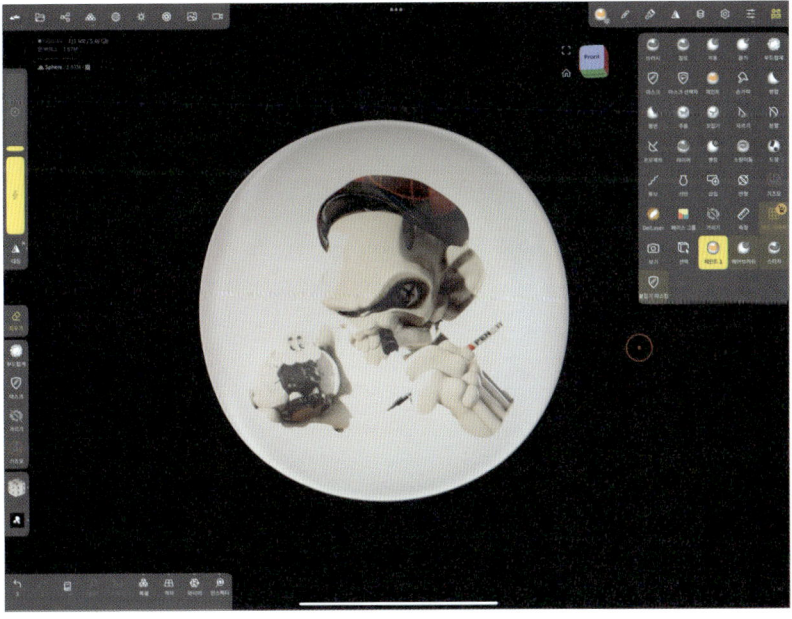

스티커 브러시

제작 방법

- 불러오고 싶은 이미지의 누끼를 따주고 밝기를 최대로 올려 흰색 누끼가 따진 이미지를 생성한다.

스티커 브러시 제작 과정 1

- 생성한 이미지를 임포트를 이용하여 알파 브러시에 넣어 준다.

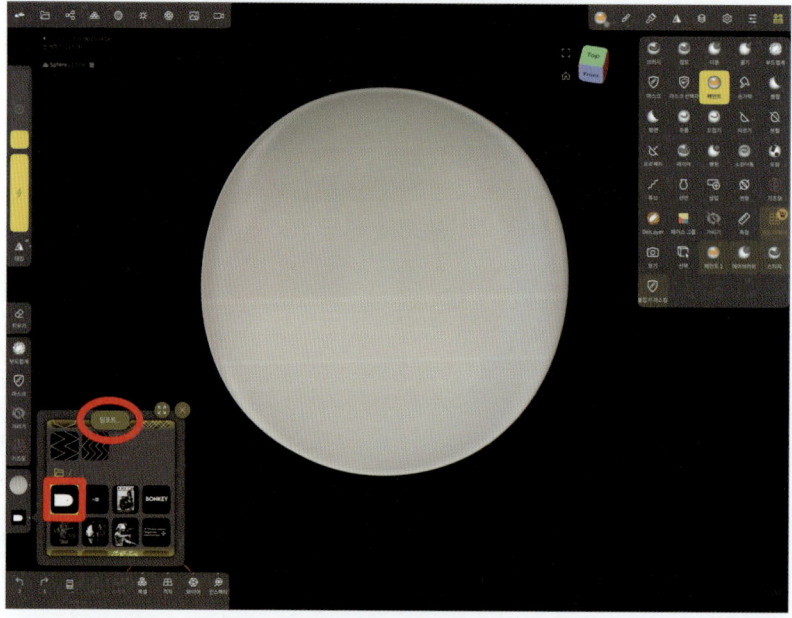

스티커 브러시 제작 과정 2

- 스티커 이미지(누끼가 따진 원본)를 컬러링 칸에 넣어준다.

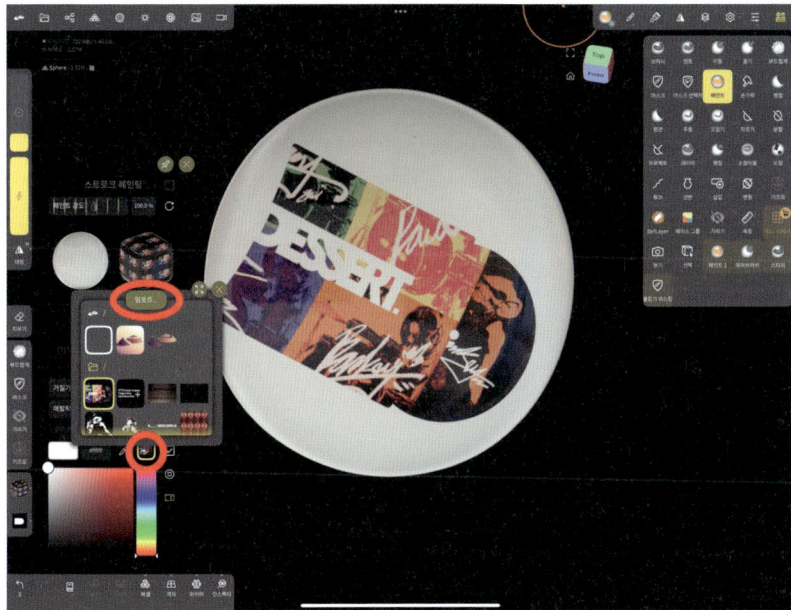

스티커 브러시 제작 과정 3

- 스트로크를 붙잡기·동적 반지름으로 변경해 준다.

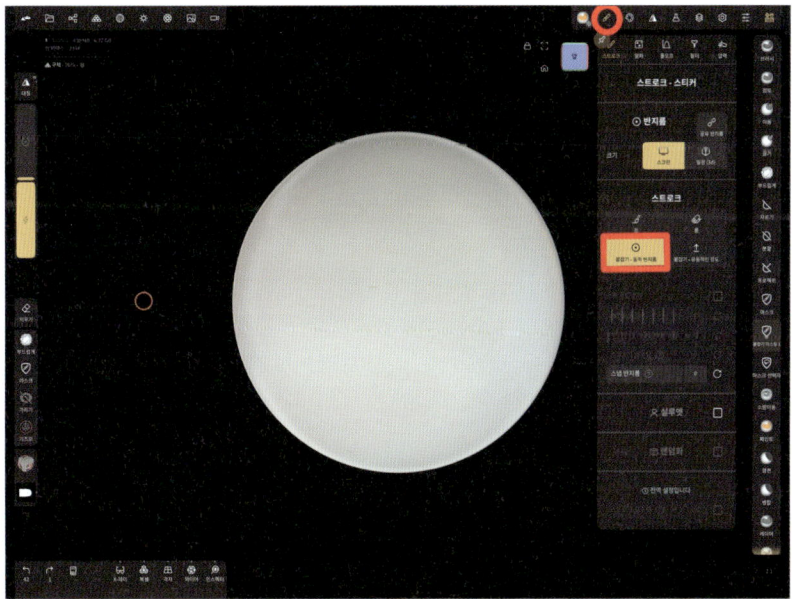

스티커 브러시 제작 과정 4

- 풀오프를 평평하게 바꿔준다.

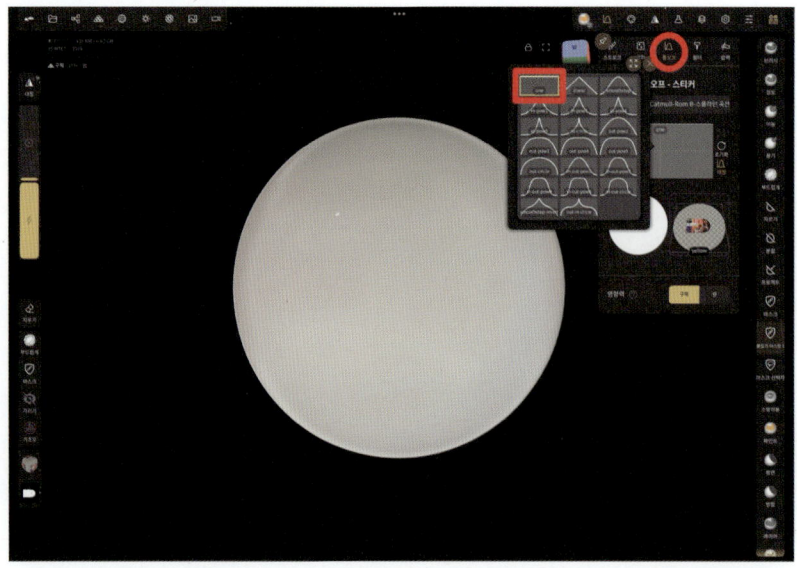

스티커 브러시 제작 과정 5

- 컬러는 흰색으로 지정한다(원본에 색이 섞이지 않기 위함).

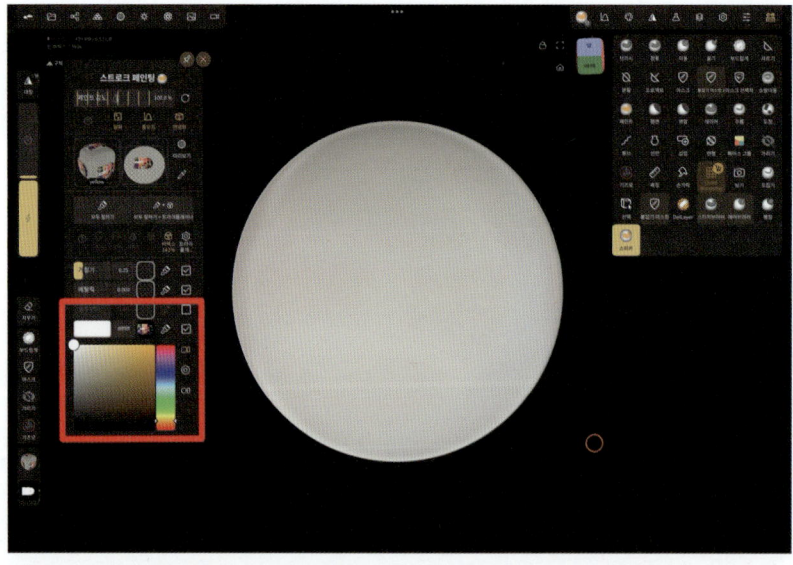

스티커 브러시 제작 과정 6

위와 같은 과정에 걸쳐서 제작하면 모델링 표면에 스티커를 올리듯 페인팅을 해줄 수 있다. 다른 스티커를 사용할 땐 그 스티커에 맞는 알파 브러시로 변경해 줘야 한다. 참고로 설정 변경 중 알파 브러시 이미지의 스케일링을 변경하게 되면 페인팅 이미지와 알파 이미지가 어긋나 원하는 이미지가 제대로 안 나올 가능성이 높기 때문에 스케일링은 건드리지 않는 것이 좋다.

Section 3 거칠기와 메탈릭을 통한 질감 표현

컬러를 지정할 수 있는 스트로크 페인팅 창을 보면 거칠기와 메탈릭이 있다. 이를 이용하여 가장 기본적인 재질을 설정해 줄 수 있다. 유광, 무광, 메탈릭 등등 다양한 설정을 해줄 수 있다.

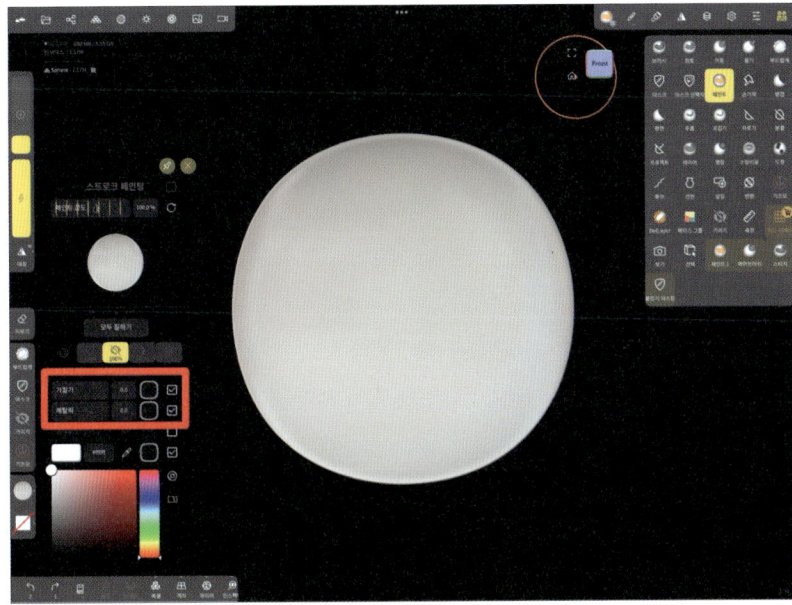

거칠기와 메탈릭

1. **유광**: 거칠기 0, 메탈릭 0

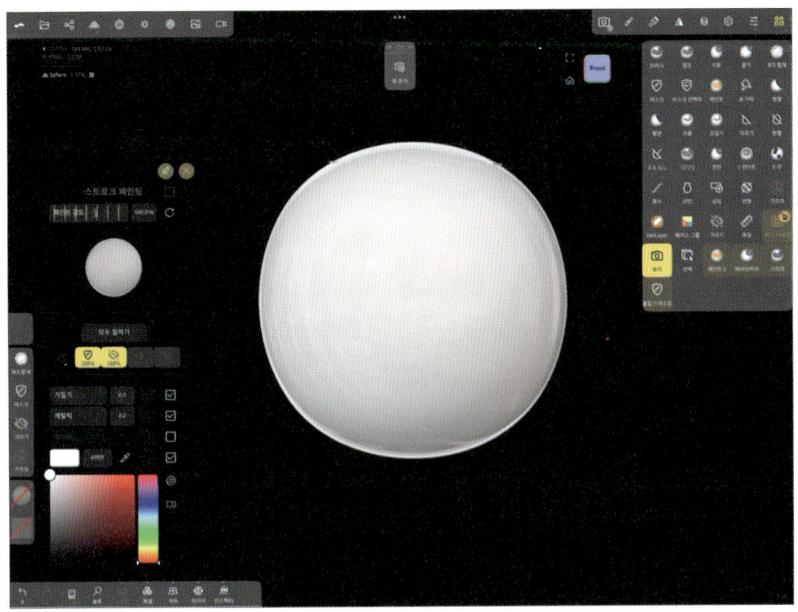

유광

2. **무광**: 거칠기 1, 메탈릭 0

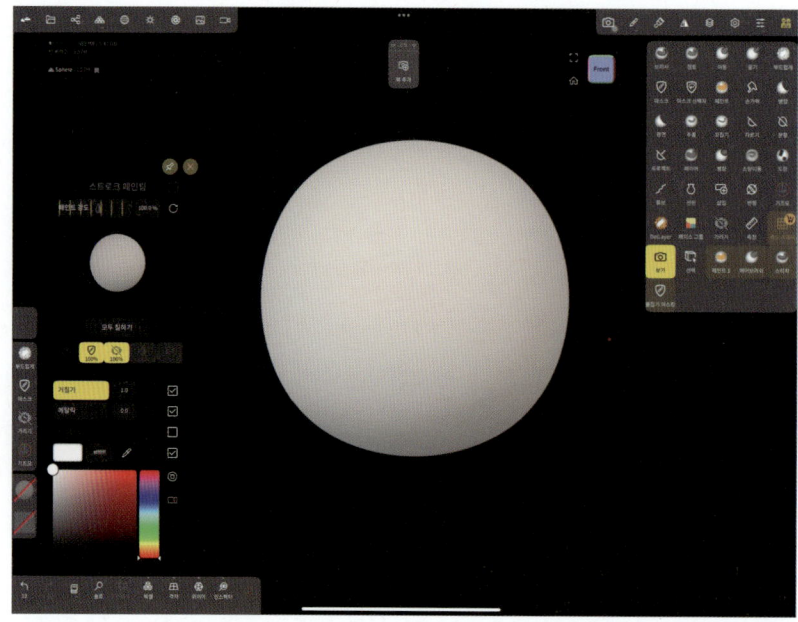

무광

3. **메탈**: 거칠기 0, 메탈릭 1

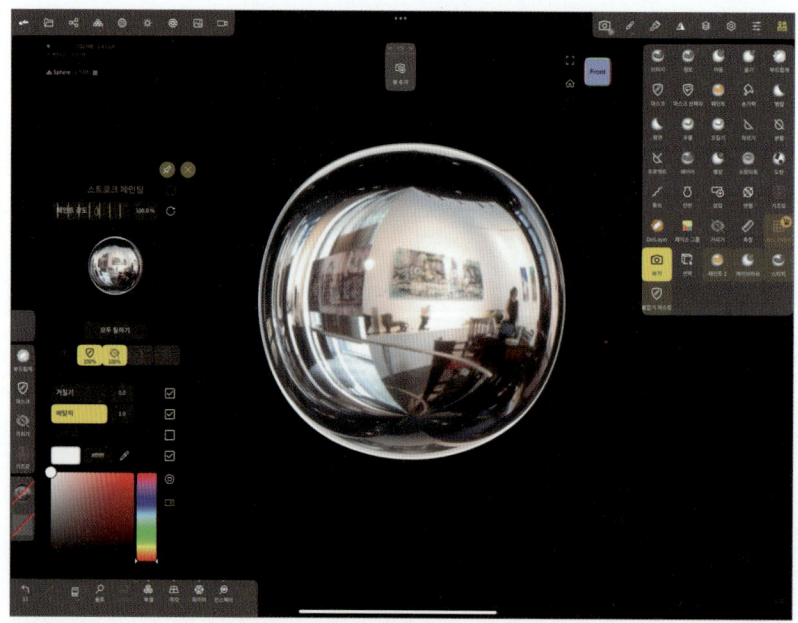

메탈

4. 펄: 거칠기 0.3, 메탈릭 1

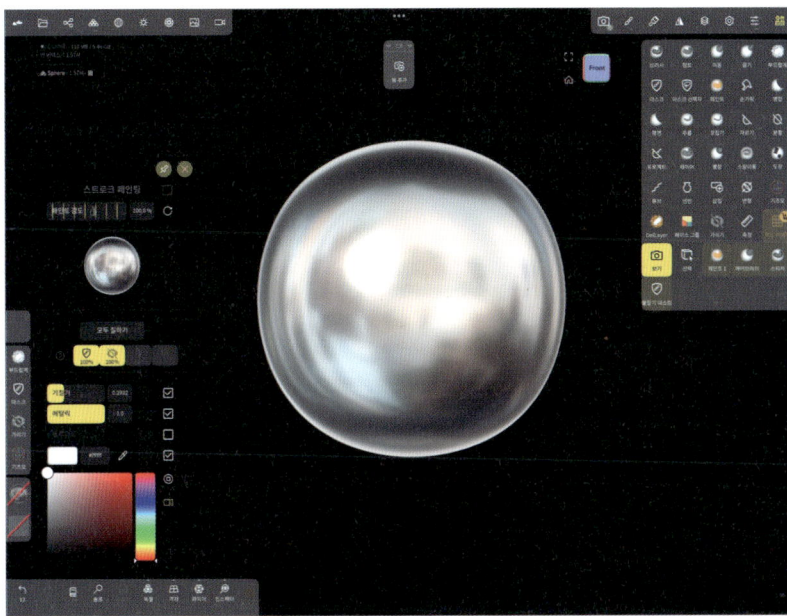

펄

5. 반타: 빛에 큰 영향을 받지 않는 컬러, 거칠기 1, 메탈릭 1

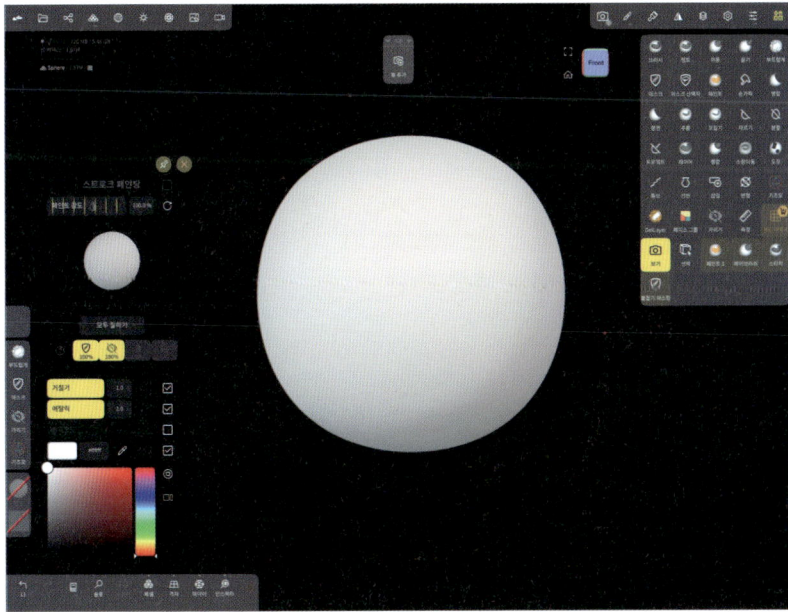

반타

추가로 거칠기와 메탈릭, 컬러 우측에 체크박스가 있는 것을 볼 수 있다. 이를 켜고 끔으로써 페인팅에 대한 설정을 변경할 수 있다. 예를 들어 가끔 브러시 툴들을 사용할 때 원하지 않게 컬러가 같이 입혀지는 경우가 있다. 이러한 경우 모든 체크박스를 전부 꺼주면 해결할 수 있다. 또한 컬러링을 전부 완료한 후 재질만 변경하고 싶다면 컬러의 체크박스를 끄고 재질(거칠기, 메탈릭)만 입혀줄 수도 있다.

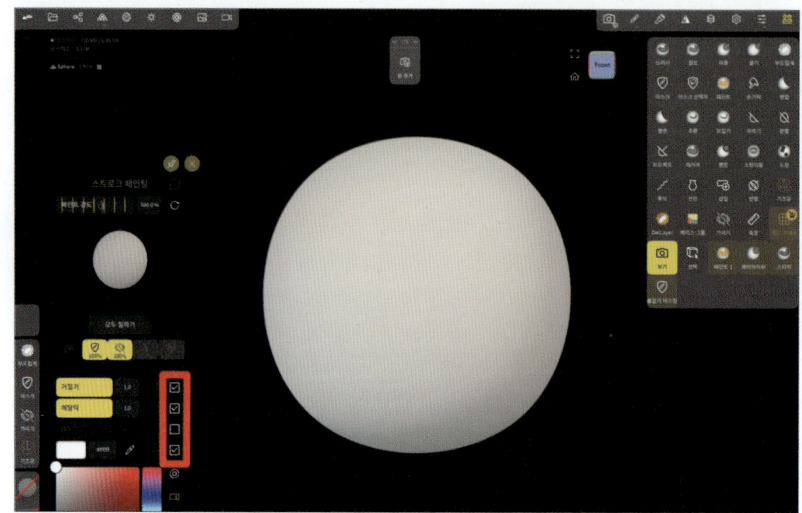

거칠기, 메탈릭, 컬러링 체크박스 이용하기

Section 4 머티리얼 설정을 통한 질감 표현

페인팅을 이용한 설정 외에도 머티리얼(재질) 인터페이스에서 질감을 위한 추가적인 설정을 할 수 있다. 머티리얼 인터페이스 설정은 대체로 페인팅이 마무리되고 진행한다.

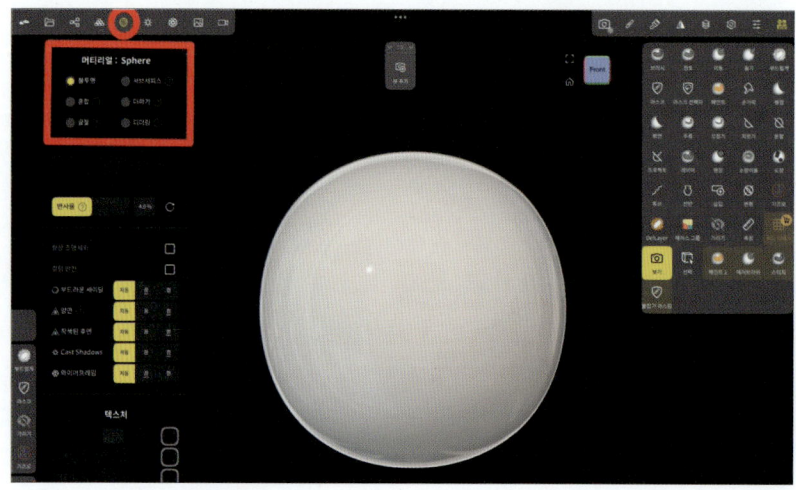

머티리얼 인터페이스

1. **불투명**: 가장 기본적으로 사용하는 재질이다. 말 그대로 불투명한 모든 물체에 적합한 재질이다. 추가로 조절해 줄 부분은 빛에 따른 반사율 정도밖에 없다.

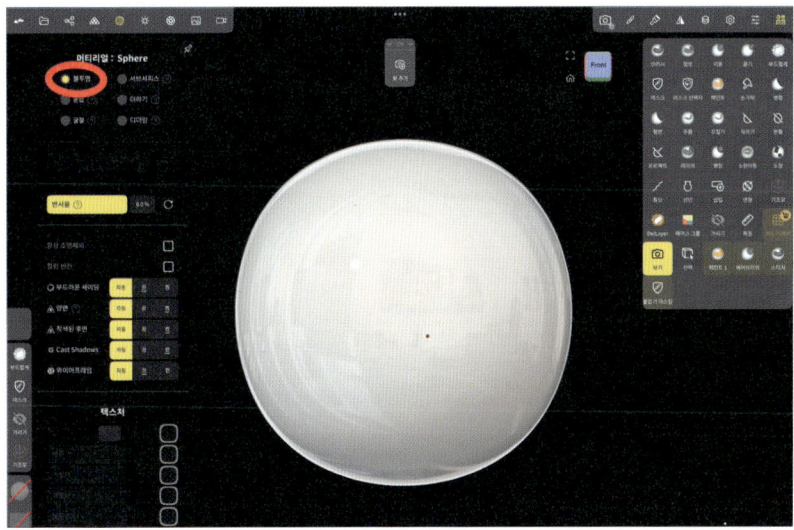

불투명 재질

2. **서브서피스**: 사람의 피부는 사실 반투명이다. 핸드폰의 라이트를 켜서 손가락을 비춰 보면 붉게 빛이 비치는 것을 볼 수 있다. 서브서피스는 이러한 인체의 반투명을 표현해 주기에 적합한 머티리얼이다. 하단 컬러 창에서 비치는 컬러를 지정할 수 있으며 그 컬러가 얼마나 선명할지와 물체가 얼마나 반투명할지를 조절할 수 있다. 인체가 아니더라도 뽀송뽀송한 귀여운 캐릭터의 피부 표현에도 적합하다. 다만 조명을 설치한 이후에 제대로 작동하며 너무 과도할 경우 부자연스러운 부드러움이 느껴지므로 조심하자.

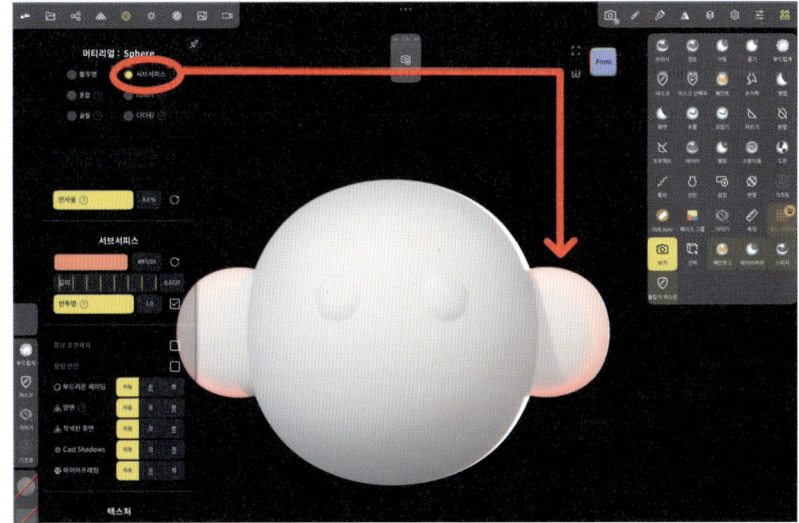

서브서피스

3. 혼합: 불투명과 투명 사이를 오갈 수 있는 재질이며 활용도가 높지는 않다.

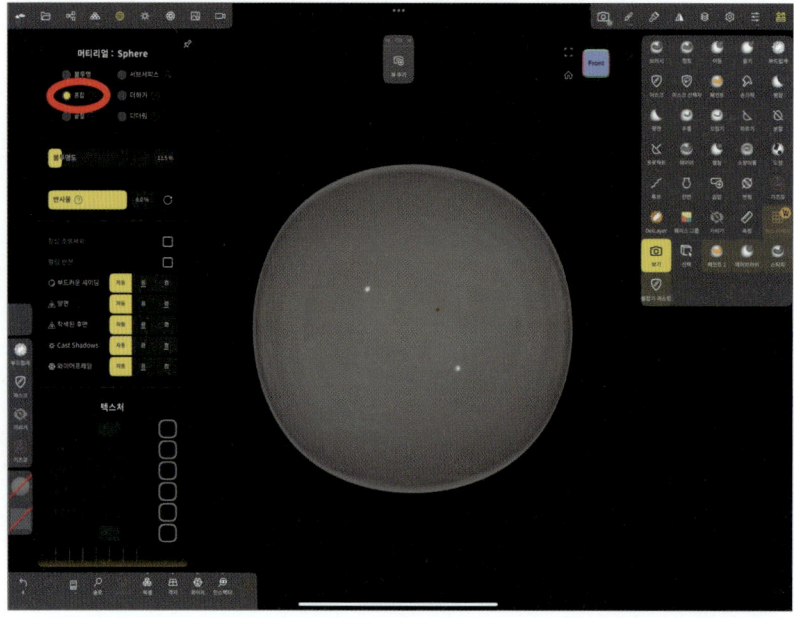

혼합

4. 더하기: 빛이 나는 물체를 표현하기에 적합한 재질이다. 단독으로 사용하기엔 무리가 있다. 추후 배울 포스트 프로세싱의 빛산란과 톤 매핑의 노출도를 높게 적용해야 빛이 나는 물체처럼 보이게 된다. 불투명도를 이용하여 빛의 산란 범위를 조절해 줄 수 있다. 하지만 조명을 표현하고자 굴절 재질이 적용된 도형 안에 더하기가 적용된 도형을 집어넣게 되면 빛산란이 사라지게 되어 조명과도 같은 표현은 되지 않는 아쉬움이 있다.

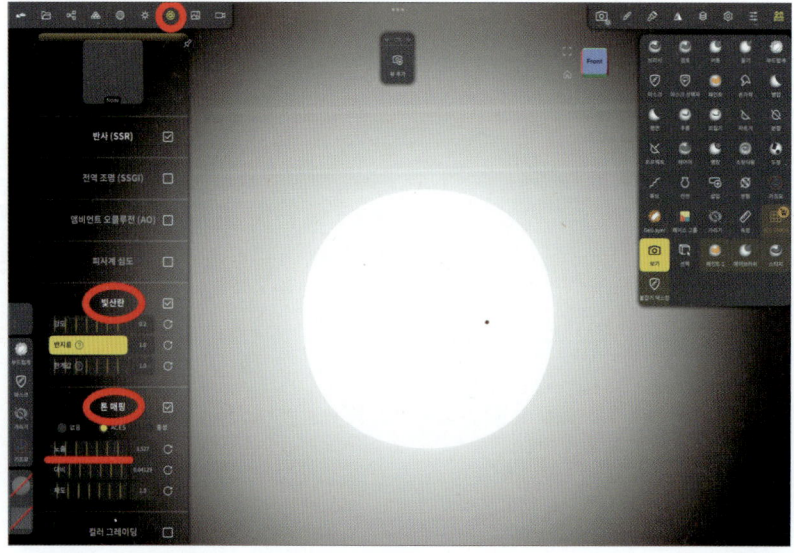

더하기

5. **굴절**: 유리 혹은 투명 플라스틱을 표현해 주기에 적절한 재질이다. 투명 재질로 인한 굴절률을 조절하고 페인트 광택을 적용해 주면 유리와 같이 변한다. 굴절 아래에 위치한 흡수를 이용해 투명 재질로서 어떠한 색의 빛을 가장 많이 흡수할 것인지 결정할 수 있고 페인팅 오버라이드를 활용하여 표면 광택의 정도와 내부 러프니스(투명, 불투명)를 조절해 줄 수 있다.

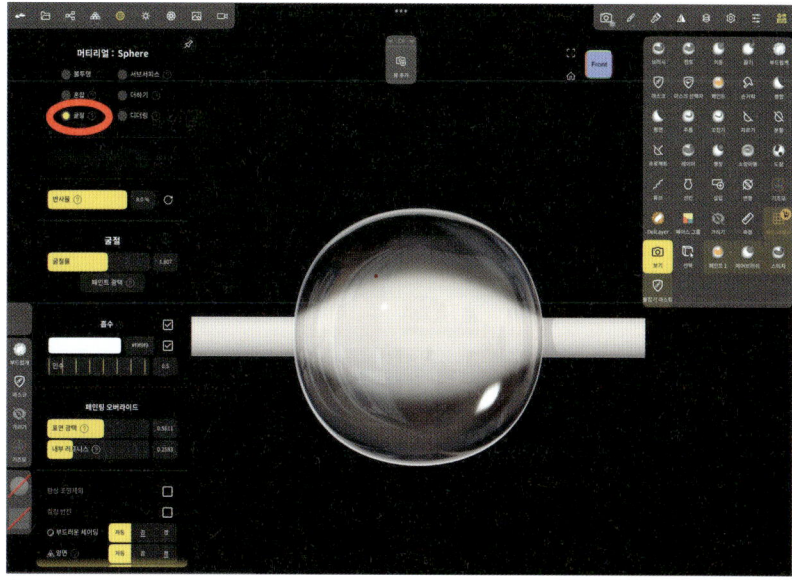

굴절

6. **디더링**: 불투명도를 조절하면 선택되어 있는 모델링이 가루처럼 변한다. 이를 이용하여 연기, 스모그 같은 표현을 해줄 수 있지만 아무래도 부자연스러운 측면이 존재한다.

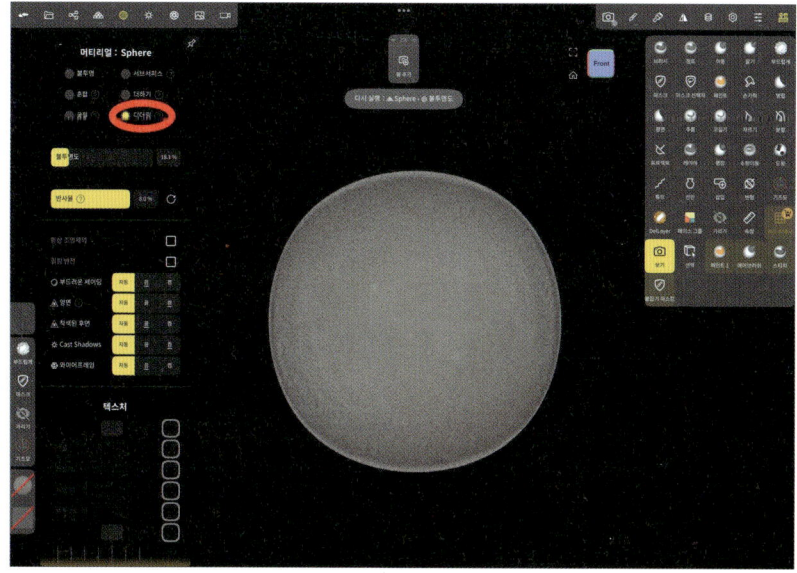

디더링

셰이딩에 대한 이해

Section 1 기본적인 셰이딩 변경 방법

모델링을 마치면 조명을 설치하고 주변 배경을 변경해 주는 등 다양한 방법을 이용하여 다음 단계인 렌더링의 분위기를 설정해 주게 된다. 이때 빛의 조도나 방향 등을 변경하는 모든 것들을 셰이딩이라고 한다.

최상단에 위치한 조명포함(PBR)은 가장 보편적으로 사용되는 셰이딩 공간이라고 생각하면 된다. 말 그대로 조명이 존재하여 빛에 의한 명암도를 조절할 수 있는 공간이다. 웬만한 렌더링은 이 공간에서 진행된다고 생각하면 된다.

셰이딩 인터페이스

MatCap은 주변 공간을 제외하면 조명이 일절 없다. 그림을 클릭하면 다양한 설정값들이 존재하며 그림을 추가해 줄 수도 있다. 다른 그림들을 클릭해 보면 그 톤에 맞게 모델링의 분위기가 변하는 것을 볼 수 있다. 하단에 위치한 자물쇠를 해제하고 회전시키면 주변환경을 회전해 줄 수 있지만 추가적인 조명은 사용 불가능한 공간이다. 사용 불가능한 공간에도 조명을 굳이 사용하는 이유가 있다. 바로 조명이 존재하지 않음으로써 조도 표현을 최소화하기에 램 용량 사용을 최적화하며 작업할 수 있기 때문이다. 그렇기에 MatCap은 PBR에서 모델링을 하다가 램 용량 문제가 발생할 때 사용하면 좋다.

MatCap

조명제외는 MatCap과는 다르게 조명이 완전히 존재하지 않는 공간을 의미한다. 그렇기에 그림자가 지는 부분도 빛을 더 받는 부분도 없다. 오로지 칠해져 있는 컬러만 표현되는 공간이다.

조명제외

ID는 렌더링을 위한 설정은 아니다. 오로지 모델링이 쌓이고 쌓였을 때 수많은 모델링들의 컬러를 전부 다르게 지정해 주는 역할을 한다. 그렇게 되면 모델링의 분리를 조금 더 세세하게 볼 수 있다.

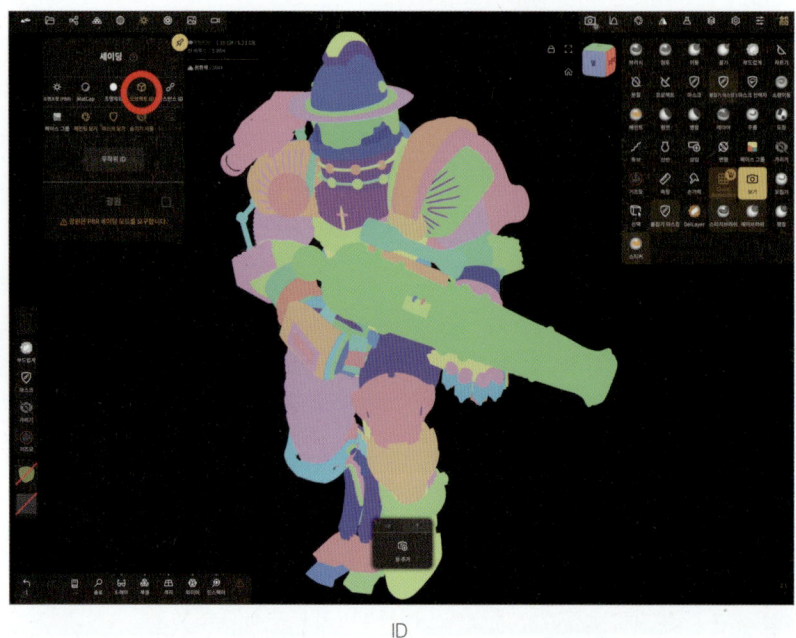

ID

추가로, 인스턴스 ID는 말 그대로 인스턴스로 연결되어 있는 도형들을 컬러별로 표시하는 기능이다.

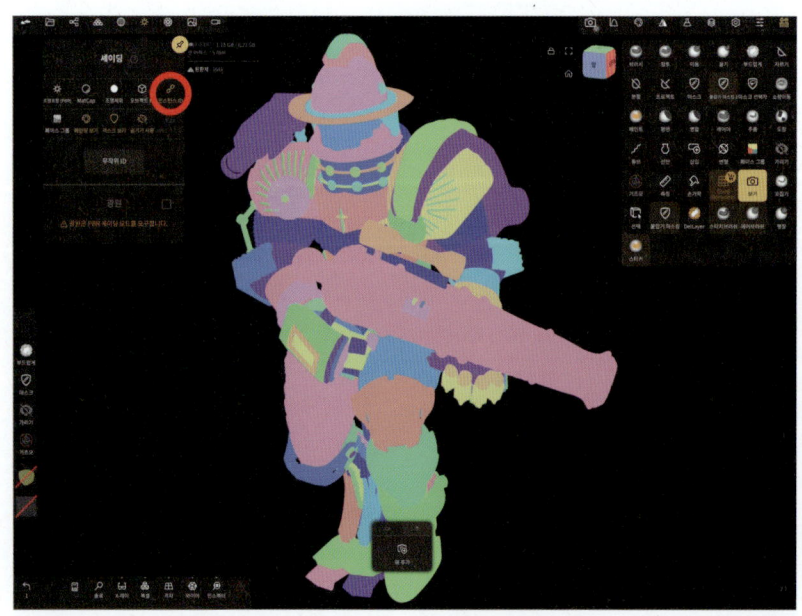

인스턴스 ID

총 다섯 가지의 셰이딩 기본 설정에 대해 배워봤는데 사실 MatCap과 PBR을 제외한 나머지 것들은 대체로 사용되지 않는 편이다. 다음으로 셰이딩에서 변경할 수 있는 주변환경에 대해 알아보자.

Section 2 주변환경 이미지 변경과 환경 회전시키기

주변환경은 말 그대로 우리가 만든 모델링이 놓인 공간을 의미한다. 주변환경에 위치한 그림을 클릭해 보자. 그러면 가장 기본적으로 주어지는 몇 가지 배경 요소들이 있으며 이를 선택하여 주변환경을 변경해 줄 수 있다. 모델링의 반사, 분위기 등 수많은 것들에 영향을 주기에 모델링에 걸맞은 주변환경을 골라주는 것이 좋다.

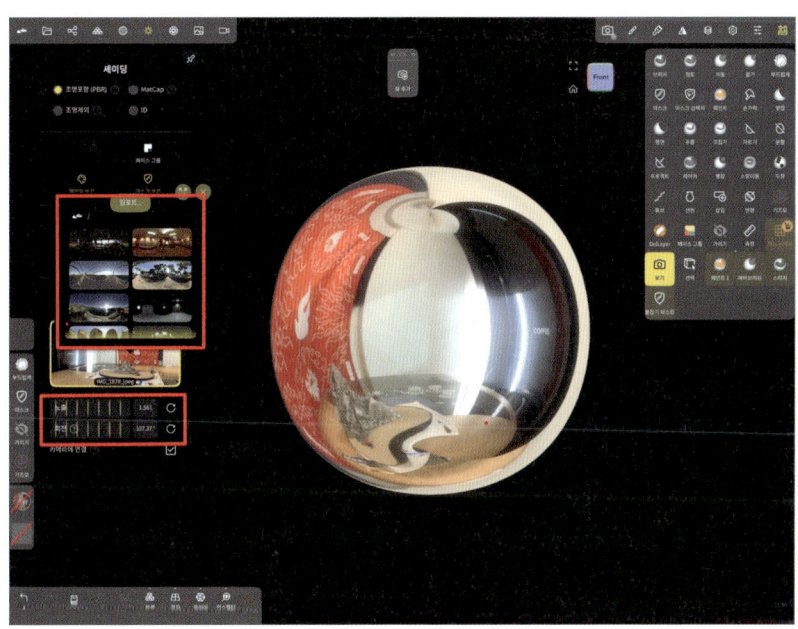

주변환경 이미지와 인터페이스

기본 이미지들로 부족하다면 임포트 기능을 이용하여 다양한 주변환경 이미지들을 불러오자. 주관적으로 추천할 때 귀엽고 둥글둥글한 요소를 포함하고 있다면 흰색 톤에 가까운 배경을 가져오는 것이 좋으며 러프한 이미지의 무언가를 제작하고 있다면 붉은빛이 감도는 이미지를 불러오는 것이 좋다. 물론 다양한 배경들을 변경해 보며 가장 잘 어울리는 것을 찾는 것이 가장 좋은 방법이다.

주변환경의 노출도와 회전은 주변환경 인터페이스에 위치한 노출과 회전의 게이지를 이용하여 조절할 수 있다. 회전은 보통 반사되는 물체(유광, 메탈)가 있을 때 어떠한 면이 반사되어 렌더링 이미지에 보일 것인지를 결정할 때 사용한다. 혹여나 주변환경이 다채로운 경우엔 회전의 정도에 따라 분위기가 좌우되기 때문에 적절한 회전도를 조절하여 배치하는 것이 좋다.

주변환경의 회전과 노출도 조절

지금은 노출도를 약간 어둡게 설정해 주는 것이 좋다. 이유는 다음 장에서 배울 조명을 추가적으로 설치해 줄 예정이기 때문이다. 최종적으로 조명 및 포스트 프로세싱을 설정하게 되면 다시 노출도를 조절해야 하는 상황이 결국 발생하기 때문에 임의로 설정해 놓고 다음 장으로 넘어가면 된다.

라이팅 및 렌더링 알아보기

01 라이팅 설정
02 포스트 프로세싱 관련 설정

Chapter 01 라이팅 설정

Section 1 라이팅의 종류

라이팅은 조명이 어떻게 배치되고 어떤 식으로 빛이 비치는지를 조정하는 기능으로, 렌더링에 있어서 가장 중요한 설정 중 하나이다. 조명은 총 네 개까지 배치가 가능하며 셰이딩에서도 씬의 추가 기능에서 추가해 줄 수 있다. 셰이딩 인터페이스에 위치한 광원 추가를 클릭해 보자. 그러면 가장 기본적인 태양 조명이 하나 배치된다.

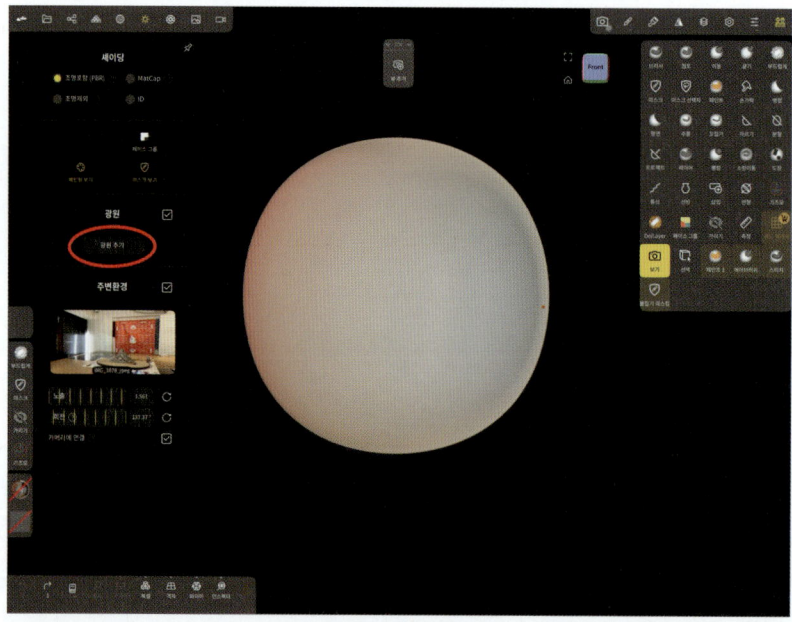

라이팅 인터페이스

중앙 상단에 위치한 광원 인터페이스에서 현재 선택한 조명의 기본적인 설정들을 변경해 줄 수 있다. 강도 부분을 드래그하여 조명의 세기를 조절할 수 있고 컬러박스를 클릭하여 조명의 색상을 변경할 수도 있다. 여기서 태양을 꾹 클릭하면 총 네 가지의 각기 다른 조명들이 나온다.

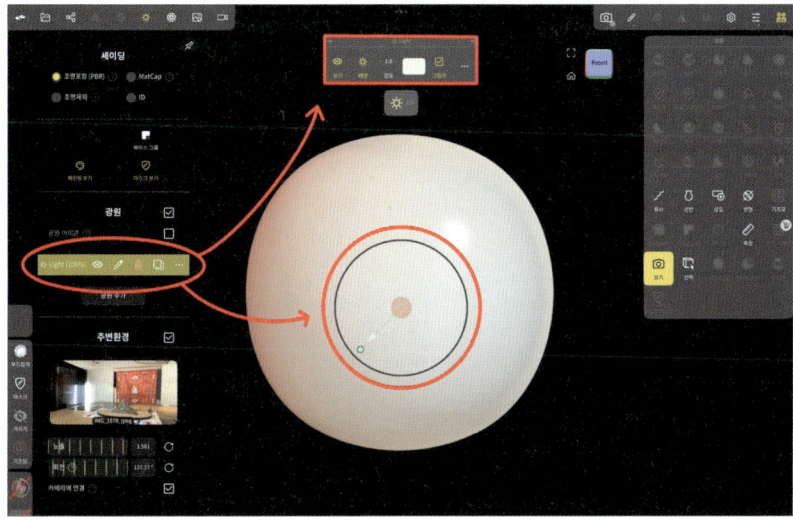

라이팅 설정 변경

태양: 가장 기본적인 조명 중 하나이다. 마치 태양처럼 위치에는 영향을 받지 않고 오로지 배치되어 있는 방향으로 빛을 골고루 비춰준다. 방향은 조명에 위치한 동그란 원을 기준으로 변경해 줄 수 있다. 혹시라도 이 방법으로 방향을 조절하는 게 어렵다면 우측에 위치한 기즈모와 중앙 상단에 위치한 기즈모를 클릭하여 편하게 방향을 배치할 수 있다.

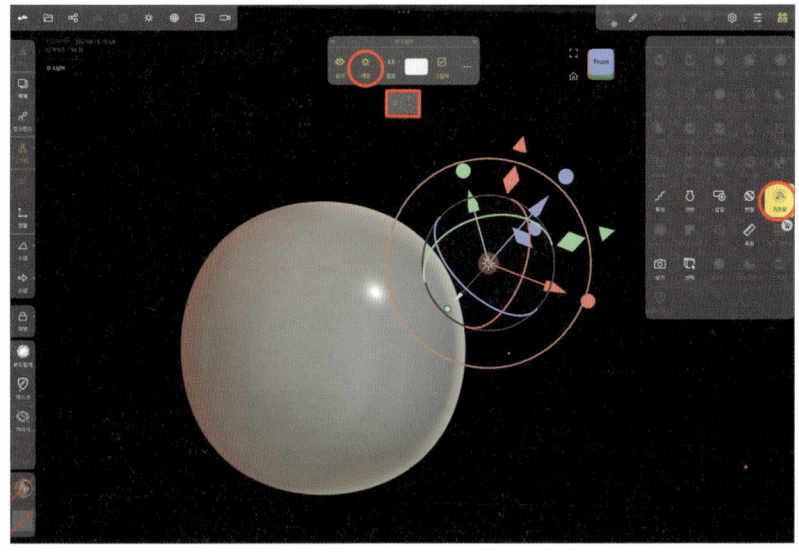

태양

05 라이팅 및 렌더링 알아보기　109

주변환경: 셰이딩을 배울 때 살펴보았던 주변환경이 맞다. 설정해 뒀던 주변환경을 조명과 같이 추가해 줄 수 있는 기능이다. 다만 굳이 추천하지는 않는다. 이유는 셰이딩에서 주변환경의 노출도를 이용하여 조절할 수 있기 때문이다.

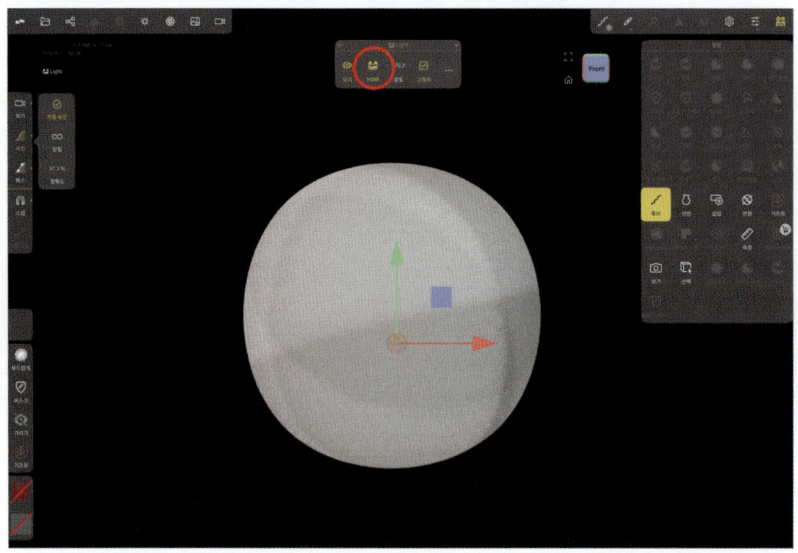

주변환경

스폿: 스포트라이트를 얘기한다. 한정된 위치에 빛을 강하게 비춰 극도의 명암 대비를 주고 싶을 때나 특정 컬러 조명을 국소 부위에 비추고 싶을 때 사용한다. 초록색 점을 이용하여 빛이 비치는 방향을 조절할 수 있고 살구색 점을 이용하여 빛의 반지름을 조절하며 파란색 점으로 빛이 끝나는 부분의 흐림 정도를 조절할 수 있다.

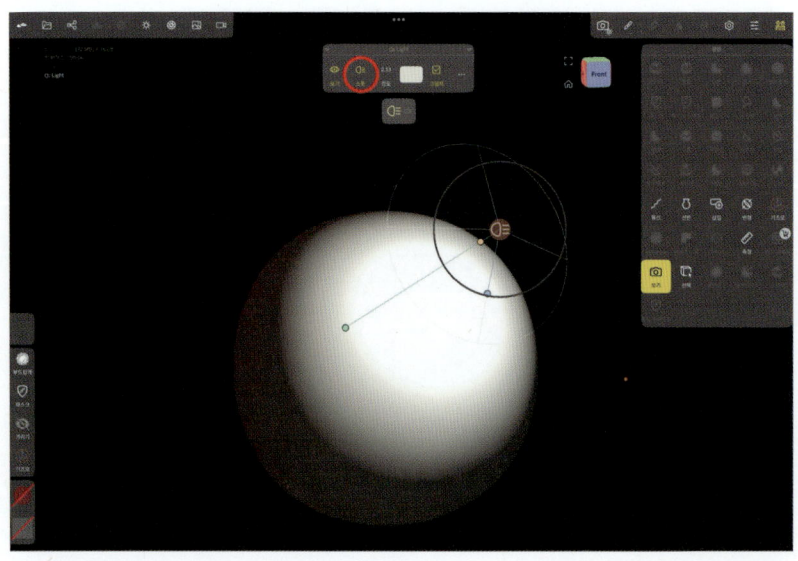

스폿

포인트: 전구와 같은 역할을 한다. 어떻게 보면 태양과 비슷한 성질을 갖췄지만 위치에 영향을 받는다는 차이점이 있다. 실제 사용 시에도 전구를 놓은 것과 같이 작용하므로 전구를 놓는다고 생각하고 사용하면 된다. 방향은 관계없이 오로지 위치만을 조정해 줄 수 있다.

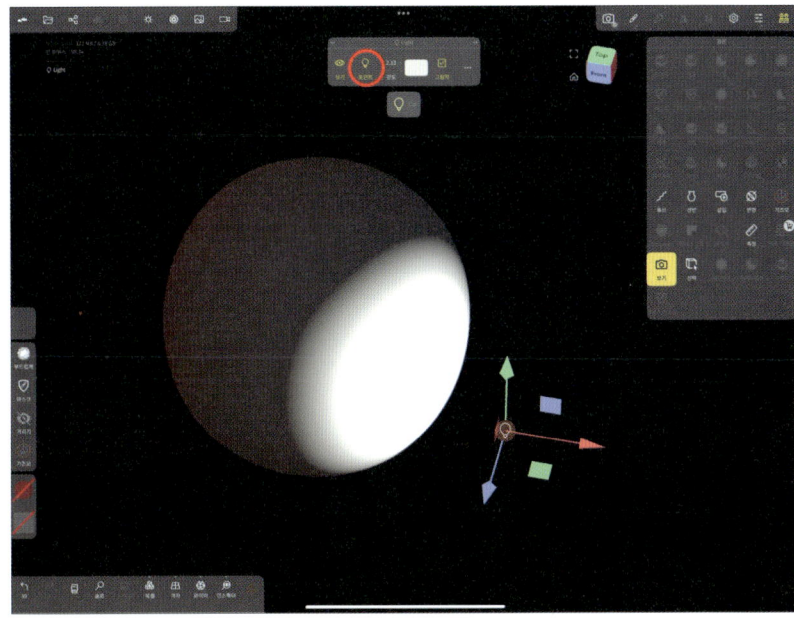

포인트

Section 2 라이팅을 효과적으로 사용하는 방법

라이팅을 배치할 땐 어쩔 수 없이 늘 고민되기 마련이다. 모델링별로 어울리는 특정한 라이팅이 존재하기 때문이다. 하지만 이를 찾는 방법은 매우 간단하다. 라이팅을 추가하고 빼 가며 어떠한 위치에 명암이 지는지 등을 파악하면 된다. 그 전에 조명 설치에 있어 가장 중요한 점은 빛의 세기가 약한 라이팅을 먼저 배치해 줘야 한다는 것이다. 왜냐하면 가장 강한 라이팅을 먼저 추가하고 그다음 조명을 배치하면 두 번째 조명이 묻히기 때문이다.

조명을 배치하다 보면 분명 비추는 위치가 비슷한 조명들이 존재하기 마련이다. 이러한 경우엔 겹쳐 있는 조명 중 하나의 강도를 올리고 또 다른 조명은 다른 위치에 배치해 주는 것이 좋다. 이유는 앞에서 설명했듯이 조명의 개수가 한정되어 있기 때문이다. 총 네 가지 조명이 존재하지만 무엇보다 가장 기본적인 베이스가 되며 가장 강한 라이팅은 태양 조명이다. 이를 인지하고 조명을 배치해 보도록 하자. 물론 셰이딩과 마찬가지로 포스트 프로세싱으로 넘어가게 되면 다시 설정을 변경해 줘야 하니 대략적으로 배치해 두자.

포스트 프로세싱 관련 설정

Section 1 포스트 프로세싱의 기본 설정 이해하기

포스트 프로세싱은 최종적인 렌더링을 위한 모든 설정들을 변경할 수 있는 공간이다. 포스트 프로세싱 설정이 끝나게 되면 노마드 스컬프의 전반적인 워크 플로우는 갖췄다고 생각해도 된다.

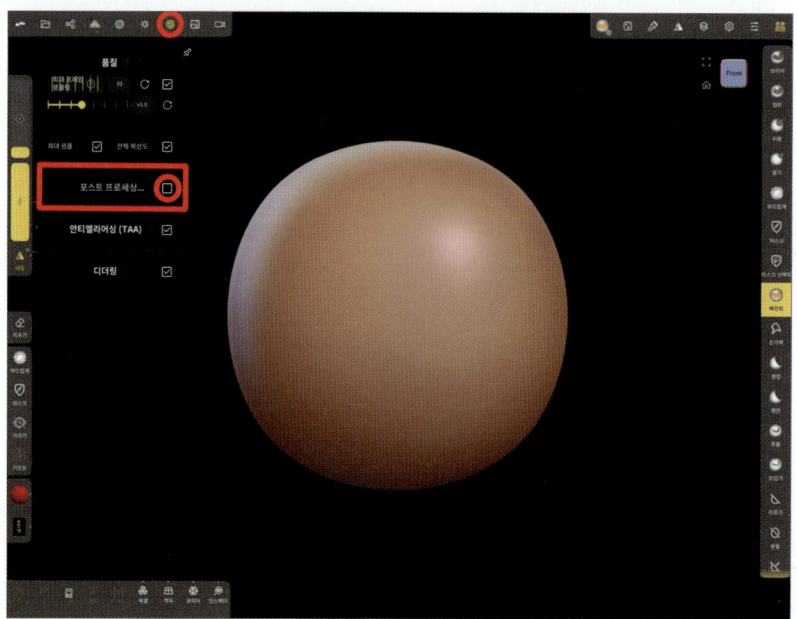

포스트 프로세싱 인터페이스

1. **반사**: 도형들 중 유광 혹은 금속 물체가 있다면 주변의 물체를 반사하여 상이 맺히기 마련이다. 그래서 이 옵션에서 모델링끼리 상이 맺힐 것인지 맺히지 않을 것인지를 결정할 수 있다. 그렇기 때문에 주변환경을 반사하는 것과는 상관이 없고 오로지 모델링 간의 영향을 말하는 것이다.

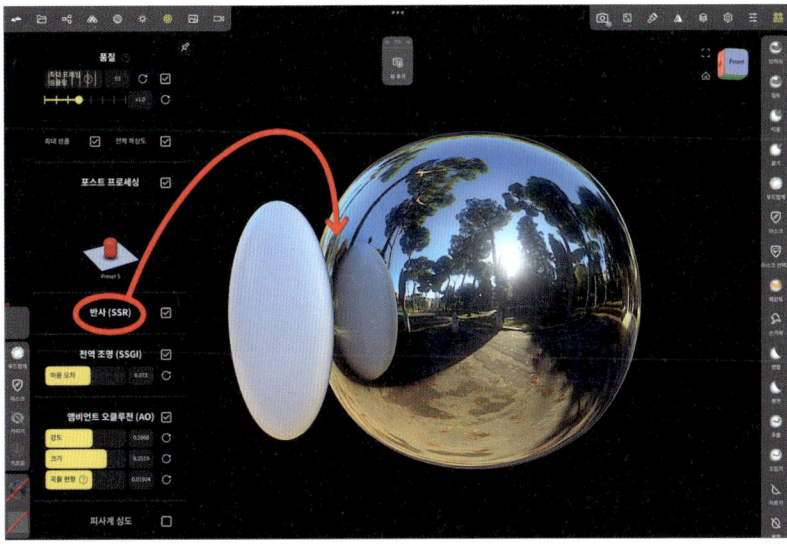

반사

2. **전역 조명**: 전역 조명은 렌더링을 위해 조명을 배치하고 대비도를 조절하다 보면 부자연스럽거나 혹은 과도하게 조명의 대비가 적용되는 경우에 사용한다. 물론 이와 같은 렌더링이 어울린다면 상관없지만 자연스러운 라이팅을 표현하기 위해선 전역 조명을 사용해 주는 것이 좋다. 줄여 말해 자연스러운 라이팅을 추가해 주는 역할이다.

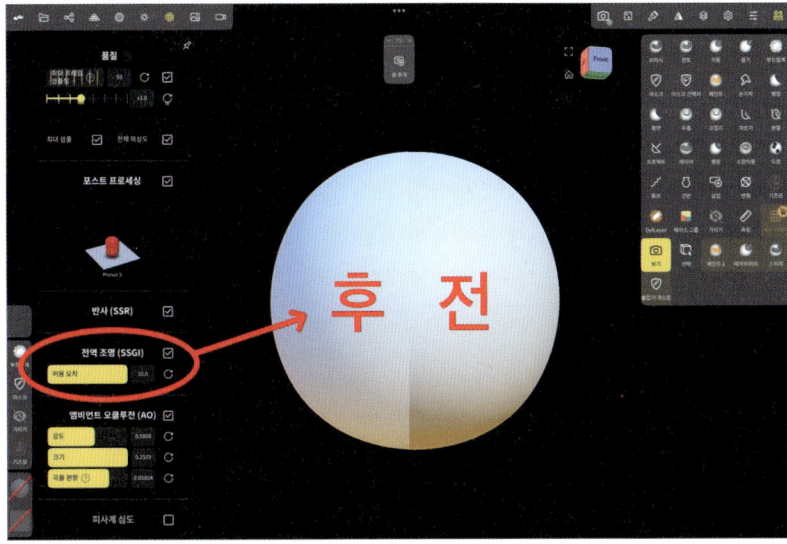

전역 조명

3. **엠비언트 오클루전**: 빛에 의해 생긴 명암의 정도를 조절해 주는 곳이다. 강도를 이용하여 그림자의 강도를 조절할 수 있으며 크기를 이용하여 그림자가 번지는 범위를 조절할 수 있다. 이 두 가지 기능을 조절하다 보면 어두운 부분이 지나쳐 보일 수 있다. 그때 명과 암을 부드럽게 이어주며 중화해 주는 역할이 가장 아래에 위치한 곡률 편향이다. 이 세 가지 기능을 골고루 조절하여 적절한 명암을 찾을 수 있다.

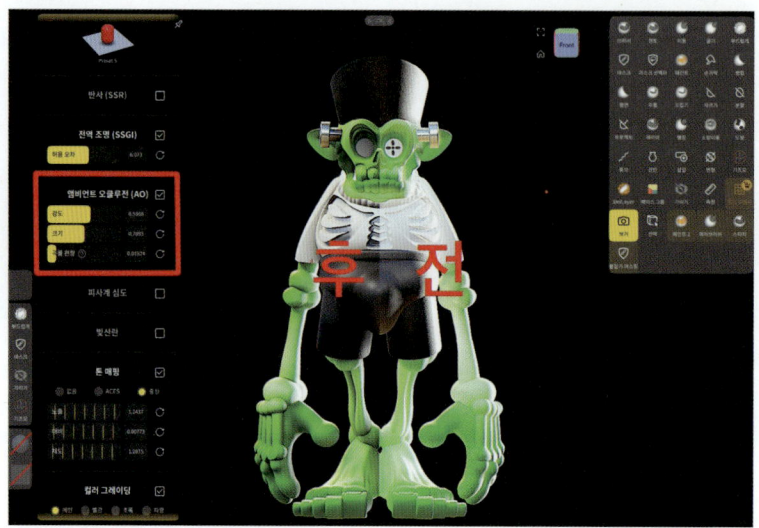

엠비언트 오클루전

4. **피사계 심도**: 피사계 심도는 원근감을 위한 기능이다. 원거리·근거리 블러 효과가 있는데 원거리를 설정하면 터치를 한(선택을 한) 위치를 기준으로 뒤에 있는 것들이 블러 처리가 되면서 원근감을 주게 된다. 근거리 블러 같은 경우엔 멀리 있는 곳을 터치해 기준으로 잡아 주면 가까이 있는 물체가 블러 처리된다.

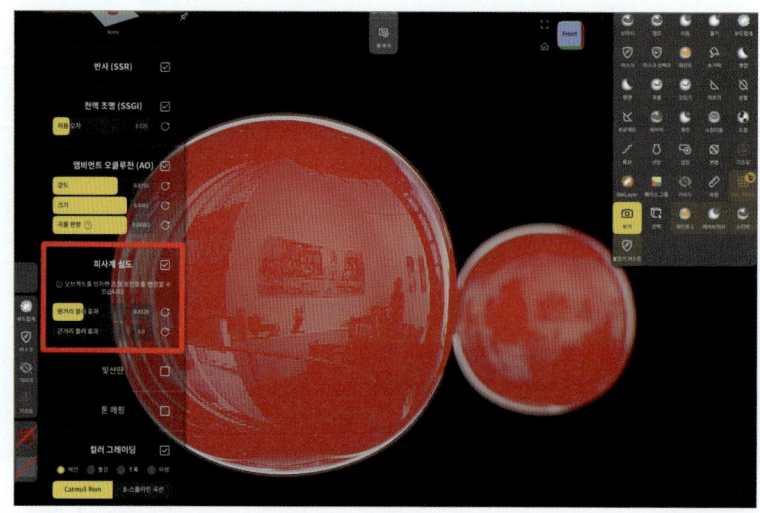

피사계 심도

5. **빛산란**: 물체들은 대부분 빛을 어느 정도 반사하는 성질을 가지고 있다. 특히 금속 혹은 흰색 물체, 마지막으로 머티리얼에서 배웠던 더하기 재질이 적용된 도형들은 더욱 빛나기 마련이다. 이들의 빛산란 정도를 정해줄 수 있는 곳이다. 빛산란의 정도가 너무 지나치면 모델링의 디테일들이 묻힐 수 있으니 과하게 적용되지 않도록 조심하자. 추가로 머티리얼의 더하기 기능을 사용하고 빛산란을 적용해 인과관계를 이해하는 것이 좋다.

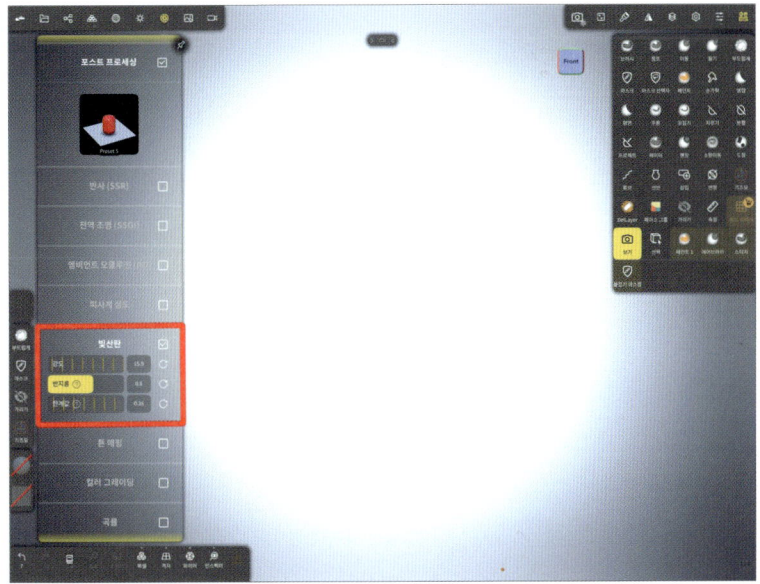

빛산란

6. **톤 매핑**: 모델링의 기본적인 톤 설정을 위한 공간으로 보면 된다. 노출도(빛), 대비도, 채도를 조절할 수 있다. 톤 매핑 인터페이스 상단에 위치한 없음, ACES, 중성은 노출, 대비, 채도의 기본적인 톤을 잡을 수 있는 곳이다. 없음에서 ACES로 갈수록 이 세 가지 값이 더 강하게 적용된 것으로 이해하면 된다. 그렇기에 톤이 강한 이미지가 필요한 렌더링을 위해서는 ACES를 기본값으로 설정하여 조절해 주는 것이 좋고 부드러운 이미지에는 없음 혹은 중성을 기본값으로 설정해 주는 것이 좋다.

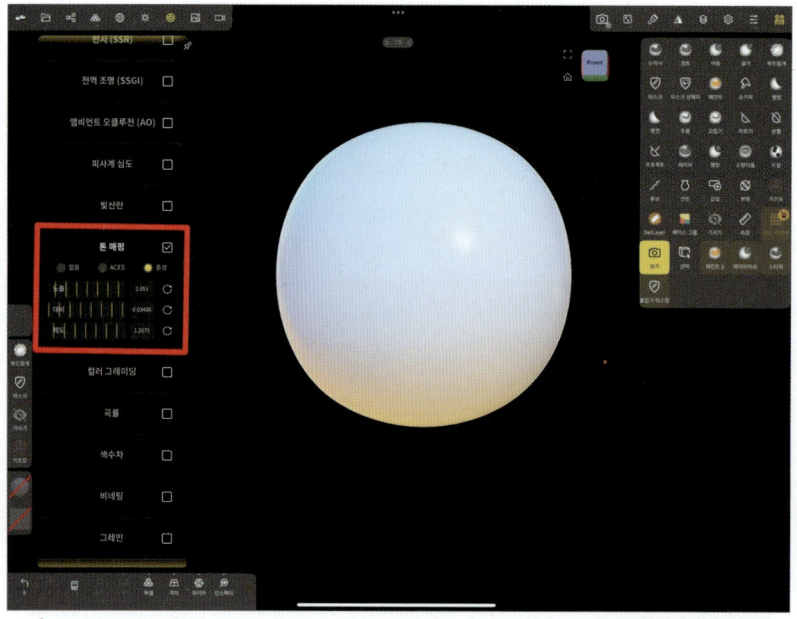

톤 매핑

7. 컬러 그레이딩: 컬러 그레이딩은 색감을 최종적으로 보정해 주는 공간이다. 게이지를 당기고 끌어가며 조절할 수 있고 튜브 툴과 비슷하게 점을 추가하고 점을 클릭하여 검은색(직선), 흰색(곡선)으로 변경해 줄 수 있다. 개인적으로는 직접 이리저리 만져 보며 모델링에 맞는 값을 찾아가는 것이 가장 입문하기 쉬운 방법이라고 생각한다.

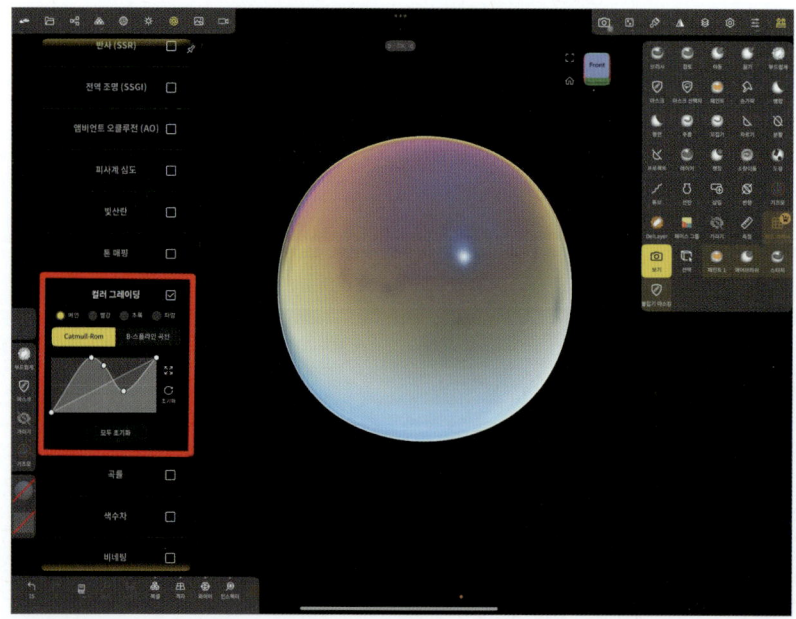

컬러 그레이딩

8. **곡률**: 만화적 표현 혹은 라인을 강조하기 위한 것이다. 주름 툴을 사용하거나 메시의 개수가 적은 곳에 라인을 넣어 주는 범프와 모델링의 바깥을 따라 라인을 넣어주는 캐비티가 있다. 인수를 올리게 되면 더 명확하게 라인이 생성되며 범프와 캐비티 우측에 위치한 박스를 클릭하여 라인의 색상을 변경해 줄 수 있다.

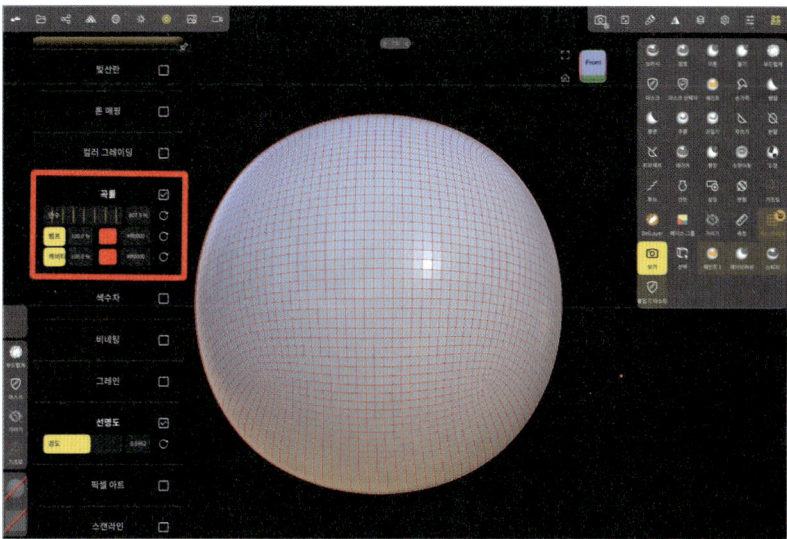

곡률

셰이딩의 MatCap에 위치한 세 가지 색상으로 설정된 이미지를 곡률과 함께 작동시키면 카툰 렌더링과 같은 표현을 해줄 수 있다.

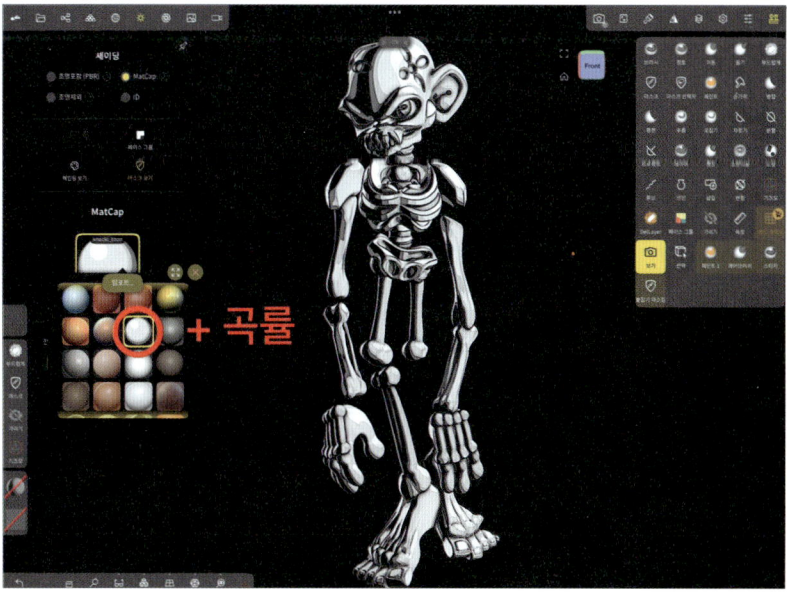

만화적 표현

9. 색수차: 색수차는 모델링의 바깥 부분의 색을 분리하여 역동적인 연출을 할 때 사용한다.

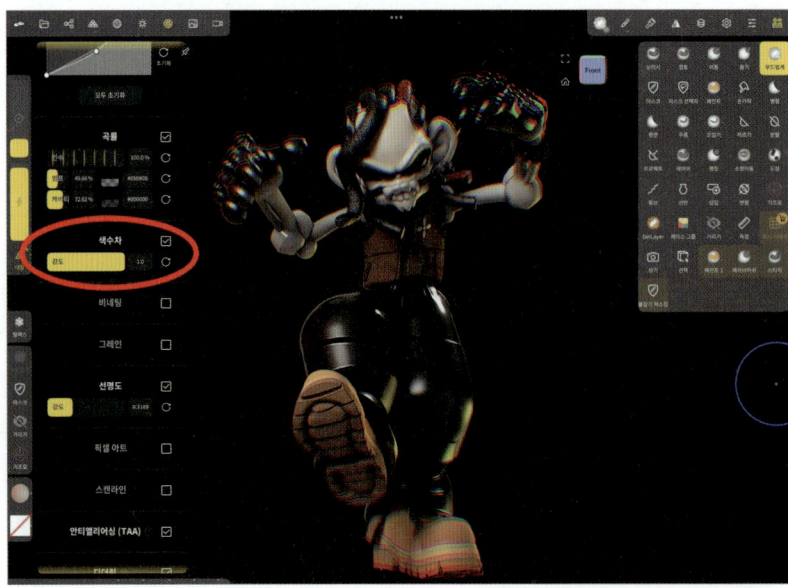

색수차

10. 비네팅: 배경의 사이드 부분에 어둠을 넣어 가운데로 시선을 집중시키고 싶을 때 사용한다. 크기와 경도를 조절할 수 있다.

비네팅

11. **그레인**: 모델링에 노이즈를 넣어 빈티지한 무드와 더티한 무드를 연출해 줄 수 있다. 과할 경우 디테일들이 안 보일 수 있다.

그레인

12. **선명도**: 말 그대로 화면상 모델링의 선명한 정도를 의미한다. 사용해 보면 생각보다 선명함의 차이가 큰 편이라 모델링을 할 때 미리 켜두는 것도 나쁘지 않은 선택이다.

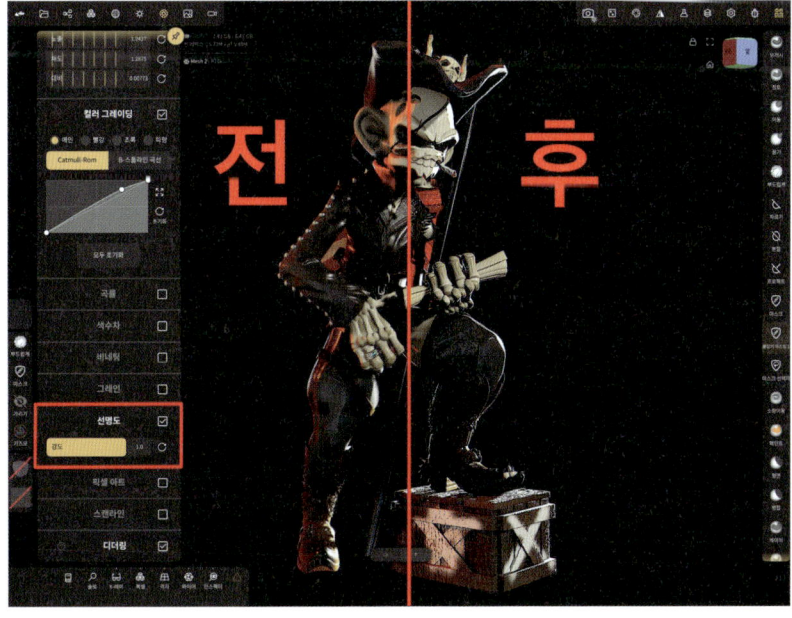

선명도

13. **픽셀 아트**: 제작된 모델링을 픽셀로 만들어주는 것이다. 좌측 상단에 위치한 노마드 스컬프 로고를 클릭하면 턴테이블이 나오는데 이 턴테이블과 매우 잘 어울린다. 턴테이블은 대체로 화면 녹화를 통해 저장할 수 있다.

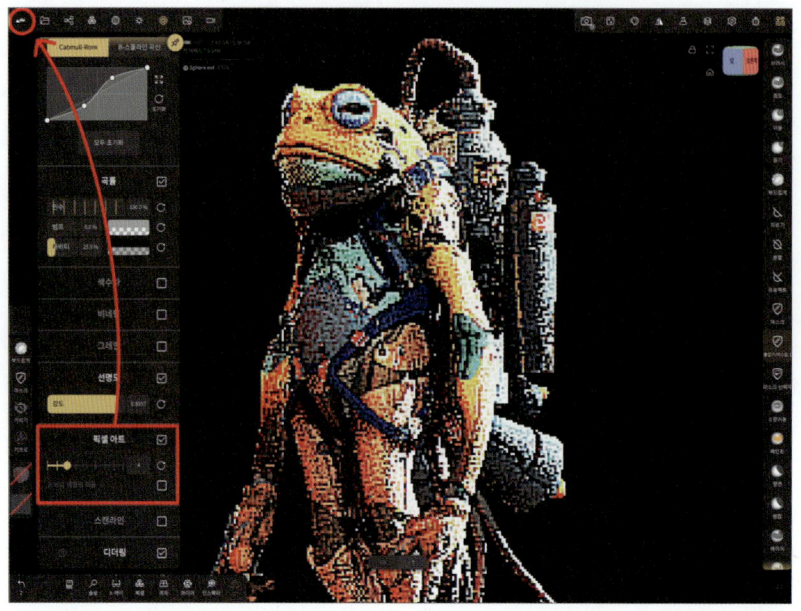

픽셀 아트

14. **스캔라인**: 브라운관 티브이 화면과 같이 색이 분리된 라인을 넣어주는 것이다. 빈티지하거나 사이버펑크적인 요소를 제작할 때 잘 어울리는 편이다.

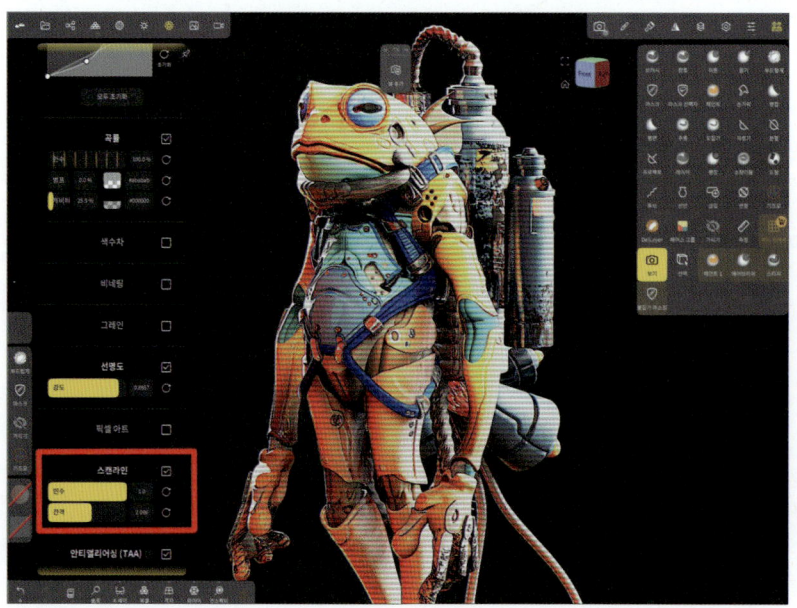

스캔라인

15. **안티엘리어싱(TAA), 디더링**: 노마드의 큰 장점은 렌더링에 대한 설정을 전부 켜 두어도 모델링이 가능하다는 점이다. 하지만 이는 꽤나 큰 램 용량을 차지하는데 특히 화면을 돌릴 때 용량이 극대화된다. 그렇기 때문에 화면을 돌리면 그래픽이 깨지는 것을 볼 수가 있다. 안티엘리어싱과 디더링은 이 깨짐을 최소화해 주는 역할을 해준다. 그러므로 항상 켜두는 것이 좋다.

TIP | 품질

품질은 최대 프레임 샘플링과 가장 마지막에 렌더링을 이용하여 이미지를 추출할 때 그 이미지의 용량을 의미한다. 해상도가 높으면 높을수록 디테일이 좋아지지만 용량은 그만큼 커지며 렌더링 시간도 오래 걸리게 된다. 그 아래 게이지를 조절하여 현재 화면의 해상도를 조절할 수 있으며 0.25부터 2.0까지 조절 가능하다. 평균적으로 모델링 간에 있어서는 1.0 정도가 적당하며 렌더링 시 이미지가 어떻게 나올지를 보기 위해 2.0까지 올려 보기도 한다.

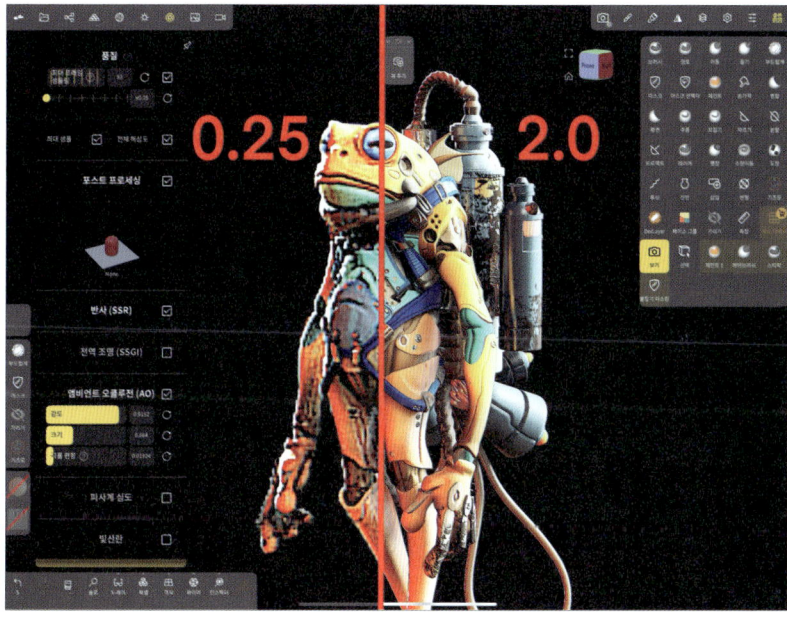

품질

Section 2 나만의 포스트 프로세싱 설정 저장하기

포스트 프로세싱 설정 상태를 나중에 사용할 수 있도록 저장하는 기능도 있다. 다음과 같이 이미지를 클릭하면 노마드 스컬프의 기본 설정이 총 여섯 가지로 나열된다. 이것들을 클릭하면 포스트 프로세싱의 설정들이 그에 맞게 변경된다. 하지만 그만큼 조심해야 한다. 포스트 프로세싱 설정이 전부 끝난 상태에서 클릭하게 되면 설정해 뒀던 모든 설정들이 선택한 이미지에 맞게 변경되며 휘발될 가능성이 있기 때문이다. 물론 뒤로 가기를 하면 웬만해서는 해결되는 편이다.

포스트 프로세싱 저장하기

포스트 프로세싱 설정을 저장하는 방법은 다음과 같다. 포스트 프로세싱에 위치한 이미지를 클릭하고 복제를 눌러준다. 그러면 원기둥 도형을 기준으로 현재의 설정이 그대로 적용된 그림 한 개가 추가로 생성되었을 것이다. 저장이 완료된 것이다. 추후 또 다른 모델링을 했을 때 포스트 프로세싱의 이 위치에 와서 방금 생성한 이미지를 클릭하면 똑같은 포스트 프로세싱 값이 적용된다.

Section 3 머티리얼과 라이팅, 포스트 프로세싱의 인과관계

모든 것들이 렌더링 과정에 영향을 주고 그 영향을 받는 것은 오로지 모델링 하나이기 때문에 서로 영향을 줄 수밖에 없다. 어찌 보면 당연한 얘기이다. 그런 것들 중 가장 특정적인 것들 몇 가지만 짚어 보자.

1. 머티리얼의 더하기와 빛산란

머티리얼의 더하기와 빛산란은 공생 관계이다. 빛산란이 작동을 해야 더하기 기능이 정상적인 조명처럼 작동하게 된다. 더하기의 불투명도와 빛산란의 강도를 조절하며 원하는 세기와 질감을 표현해 줄 수 있다. 다만 주의할 점은 빛산란의 정도가 지나치면 다른 모델링까지 빛산란의 영향을 받아 안 보일 수 있으니 적절하게 정도를 조절하도록 하자.

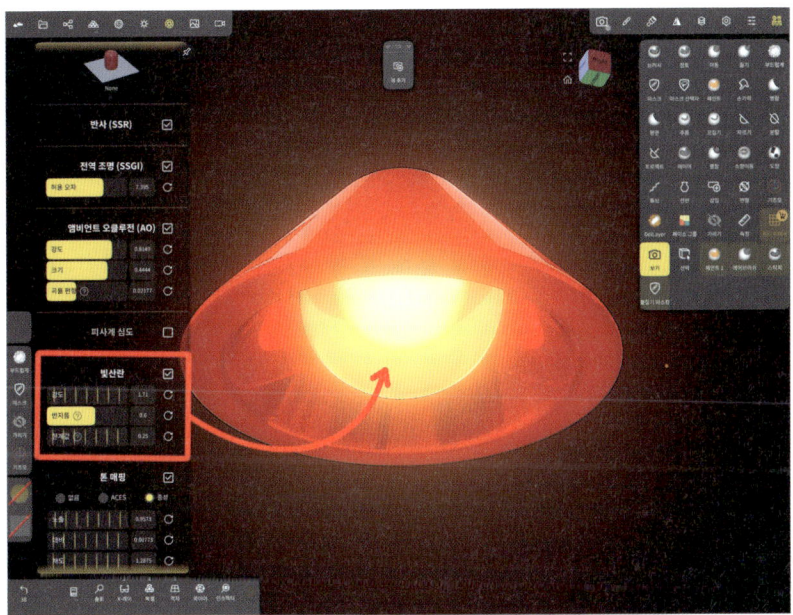

머티리얼의 더하기와 빛산란

2. 머티리얼의 서브서피스와 전역 조명

서브서피스는 인체의 피부를 표현하거나 귀엽고 뽀송뽀송한 조형을 표현할 때 사용한다. 이와 더불어 전역 조명이 같이 작용하게 되면 이와 같은 표현을 극대화할 수 있다. 추가로 이와 같은 분위기에는 선명도가 강하거나 곡률이 적용된 이미지가 안 어울릴 가능성이 높다는 점과 페인팅으로 그려 넣은 그림들이 흐리게 보일 수 있다는 점을 참고하여 작업해야 한다.

서브서피스와 전역 조명

3. 조명과 엠비언트 오클루전, 톤 매핑

이 세 가지는 명암을 표현할 때 필요한 모든 것들이다. 이 말인즉슨, 이들 중 한 가지 설정을 변경할 때마다 나머지들을 같이 변경해 줘야 할 가능성이 있다는 것이다. 예를 들어 엠비언트 오클루전의 강도를 세게 적용하면 어두운 부분이 극대화되므로 이에 맞게 조명을 더 강하게 하여 대비도를 올려주거나 톤 매핑의 대비를 줄여서 극대화된 어두운 부분을 중화해 줄 수도 있다. 렌더링에서 약 70%는 조명에 의한 명암이기 때문에 복합적으로 조절해 주는 것이 좋다.

이렇게 렌더링을 위한 설정들은 대부분 서로 연결되어 있고 그만큼 같이 조절해야 하는 부분들이 존재한다. 이러한 부분을 너무 어렵게 생각할 필요는 없다. 단순히 생각해서 각자 조절해 가며 모델링에 어울리는 렌더링을 찾는다면 그게 정답일 확률이 높다. 많은 것에 연연하지 말고 본인만의 렌더링 방법을 구축해 보자.

조명과 엠비언트 오클루전, 톤 매핑

Section 4 렌더링해서 이미지 추출하기

렌더링 방법에는 총 두 가지가 있다. 첫째로는 이미지 추출을 위한 렌더를 진행하는 것이고 둘째로는 화면 녹화를 이용하는 방법이다. 그 사용 방법은 다음과 같다.

1. 렌더(PNG 내보내기)

- 렌더를 위한 PNG 내보내기는 다음과 같이 파일 아이콘의 하단부에 있다.
- 투명한 배경을 설정하면 배경을 제외한 모델링만 이미지로 추출이 된다.
- 하단에 위치한 최종 크기와 포스트 프로세싱에 있던 최대 프레임 샘플링을 이용하여 PNG 이미지의 사이즈를 조절할 수 있다.
- 이미지들은 화면의 픽셀 수에도 영향을 받기 때문에 최대한 화면에 채운 상태로 렌더링을 진행하는 것이 좋다. 예를 들어 세로로 긴 물체를 렌더링할 예정이라면 기기를 세로로 세워 렌더링을 진행하라는 뜻이다.
- 카메라를 확인하고 원근으로 설정되어 있는지 확인하는 것이 좋다. 직교로 설정되어 있는 경우 원근감이 무시된 상태로 렌더가 진행되기 때문에 이미지가 어색해 보일 수 있다.
- 렌더가 완료됐을 때 이미지를 꼭 저장해야 한다. 그냥 완료를 누르게 되면 이미지가 저장되지 않기 때문이다.

렌더

2. 화면 녹화(턴테이블)

동영상을 추출하기 위한 과정이다.

- 화면 녹화 기능을 켠다.

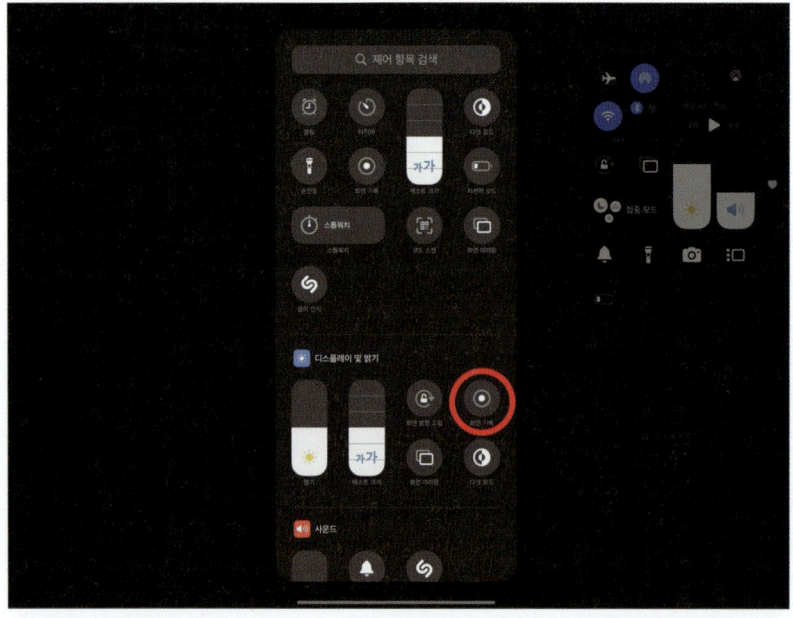

화면 녹화 1

- 좌측 최상단에 위치한 노마드 스컬프 로고를 클릭한다.

화면 녹화 2

- 턴테이블 속도를 조정한다.

화면 녹화 3

- 턴테이블 글자를 클릭하면 회전이 시작된다.

화면 녹화 4

- 초점이 이상하게 잡혀 있을 경우 모델링의 중심을 더블클릭하여 초점을 모델링의 중심으로 변경해 주면 된다.

화면 녹화 5

Part 06

다양한 소품 만들어 보기

01 빼기 모델링을 활용한 컵 만들기
02 선반 툴과 튜브 툴을 활용한 도자기 만들기
03 부가 기능으로 각종 소품 만들기

Chapter 01 빼기 모델링을 활용한 컵 만들기

기본적인 머그잔의 형태를 만들기 위해 어떤 도형을 사용하고 어떤 방법을 이용해야 할지 생각해 보자. 원통 도형이 필요할 것이고 가운데가 비어 있되 하단은 막혀 있는 형태로 작업을 해 줘야 할 것이다. 물론 원통 도형을 추가하고 기본 설정인 구멍을 통해 구멍을 뚫어 준 뒤 아래를 막아 주는 것도 방법이 되겠지만 합쳐진 면을 다시 정리하는 등의 수고로움이 발생한다. 이처럼 모델링을 할 때 어떤 도형을 사용할 것인지도 매우 중요하지만 어떠한 방법을 이용하여 작업을 진행할지를 결정하는 것도 매우 중요하다. 우리는 원통 내부에 새로운 원통을 복사해서 더 작게 배치하고, 빼기 모델링을 통해 빠르고 쉽게 형태를 잡아줄 예정이다.

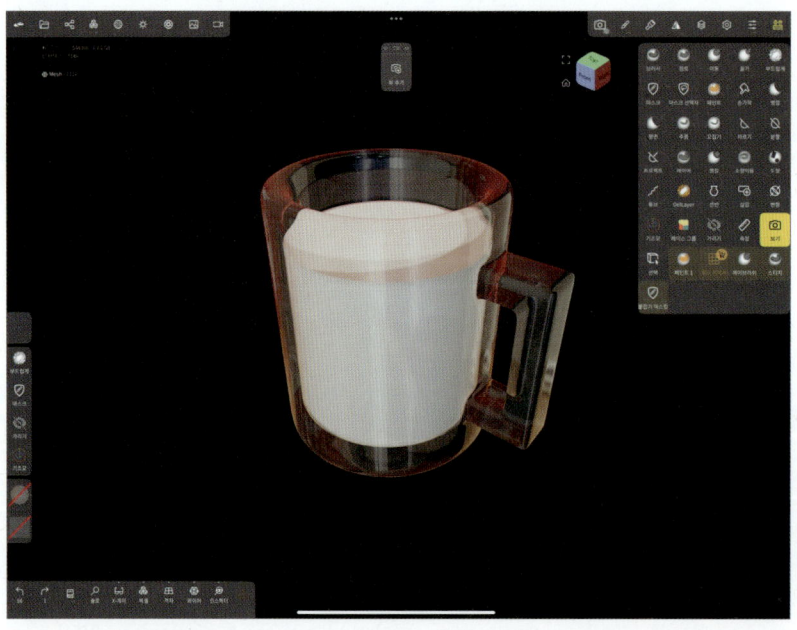

컵

01 원통을 불러온 뒤 기즈모를 클릭하고 좌측에 위치한 기즈모의 부가 기능인 복제 기능을 활용하여 사이즈를 줄임과 동시에 원통을 복제해 준다. 기즈모의 복제 기능은 누르는 즉시 복제가 되는 것이 아니라 이동 혹은 방향의 변경이 생길 시에 복제가 되는 것이다.

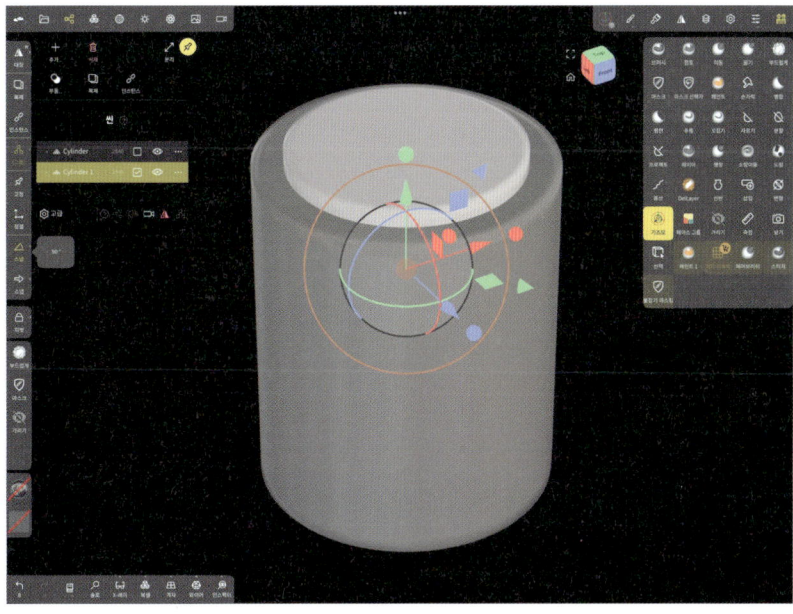

컵 만들기 1

02 다음 그림과 같이 배치를 한 뒤 씬으로 이동한다. 방금 복제한 더 작은 원통을 선택해 준 뒤 눈을 클릭하여 꺼 준다.

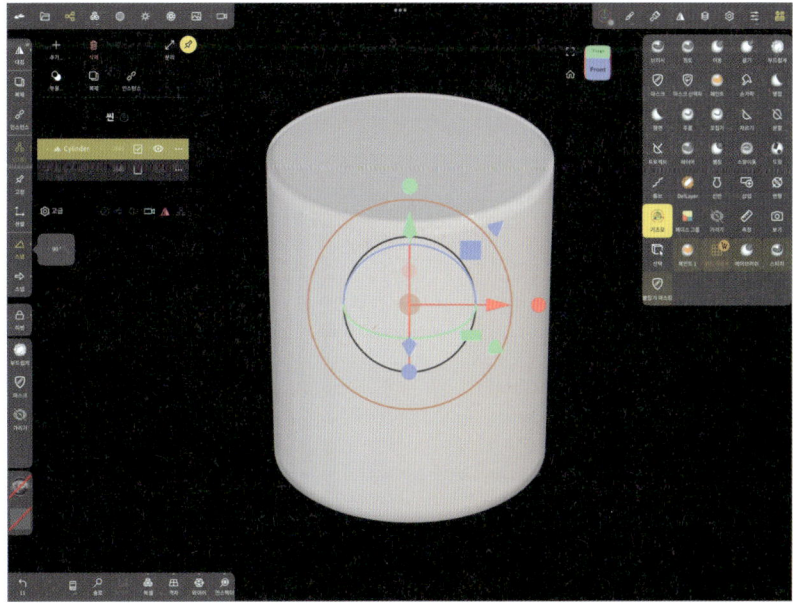

컵 만들기 2

03 눈을 끈 원통과 눈이 켜져 있는 원통을 같이 클릭한다. 눈이 꺼진 도형은 빠져서 사라질 도형이고 켜진 도형은 남게 될 도형이다.

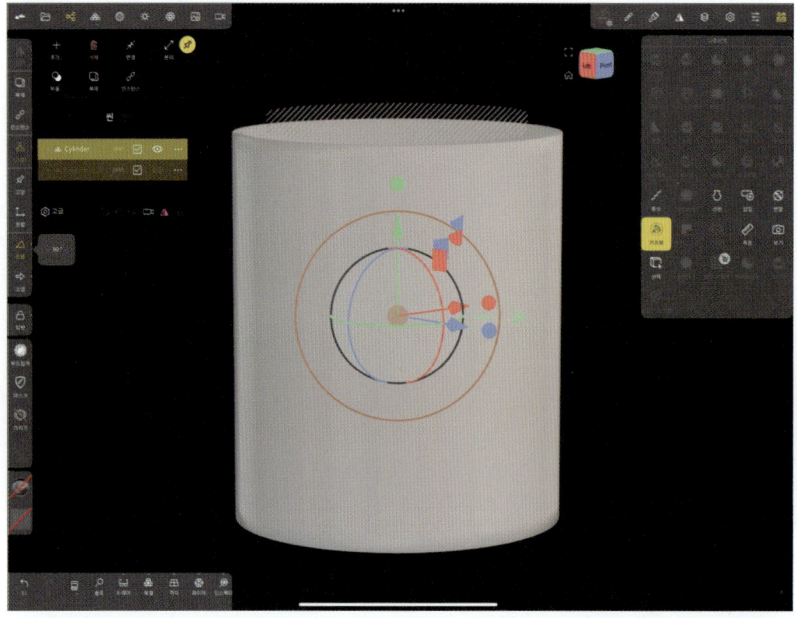

컵 만들기 3

04 두 원통을 같이 선택한 채로 복셀 리메시를 돌려준다. 리메시값이 높을수록 면이 많아진다는 점을 참고하여 적당히 300 정도로 돌려준다.

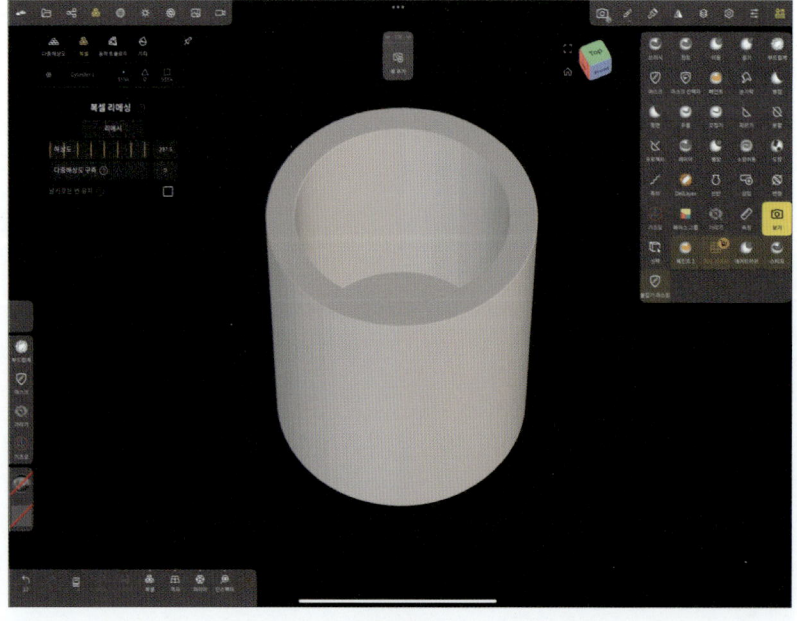

컵 만들기 4

05 부드럽게 툴을 사용하여 면을 정리해 준다. 이때 골고루 면을 정리하는 게 어렵다면 대칭 기능 중 방사성 Y축을 작동시켜 축의 개수를 늘리고 정리해 주는 것도 하나의 방법이다. 그리고 부드럽게가 잘 적용되지 않는다면 대체로 면이 너무 많은 경우이므로 복셀 리메시를 낮게 한 번 더 돌려 주거나 부드럽게 툴의 강도를 올려 주면 해결할 수 있다.

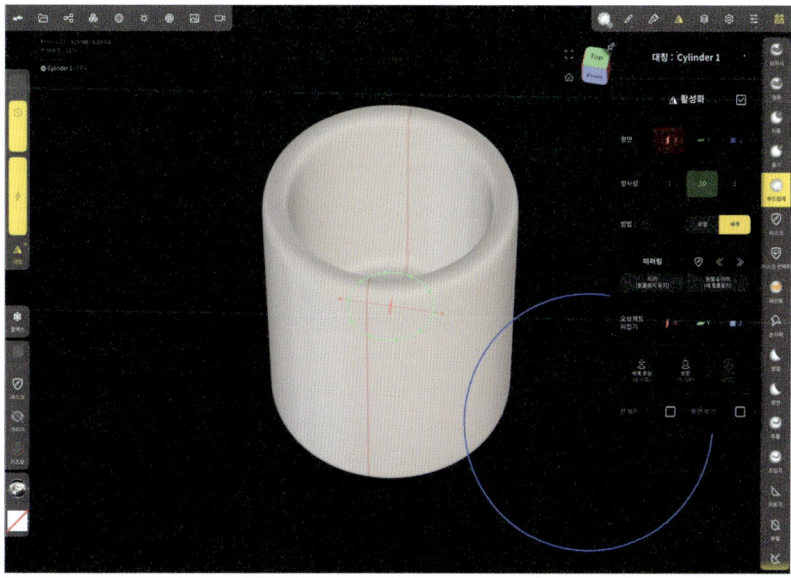

컵 만들기 5

06 원통을 눕혀서 손잡이를 만들어 볼 것이다. 컵을 만들던 방식과 같이 빼기 모델링을 위해 다음과 같이 도형을 배치해 준다.

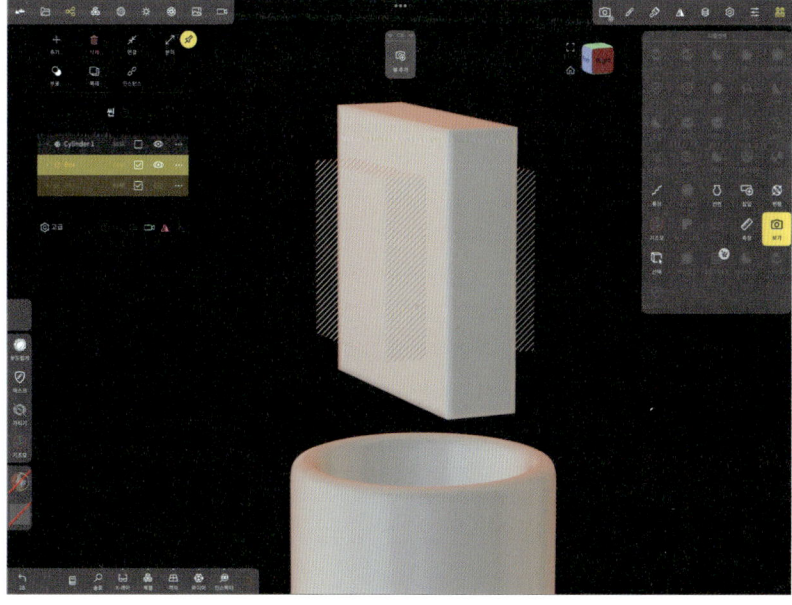

컵 만들기 6

07 복셀 리메시를 이용해 빼기 모델링을 진행한 후 자르기를 활용하여 절반을 잘라 준다.

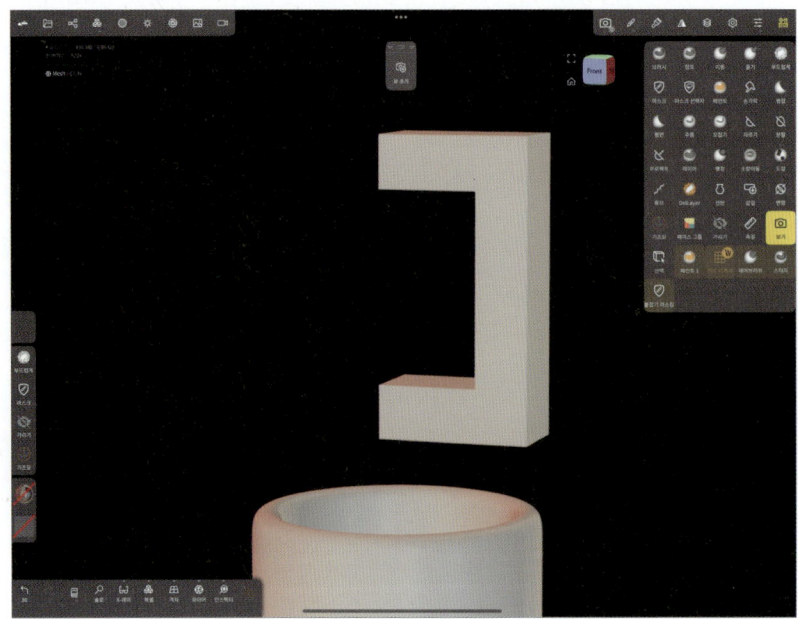

컵 만들기 7

08 위치에 맞게 배치해 주고 만들어 둔 컵과 함께 복셀 리메시를 돌려 결합한 후 부드럽게를 적용한다.

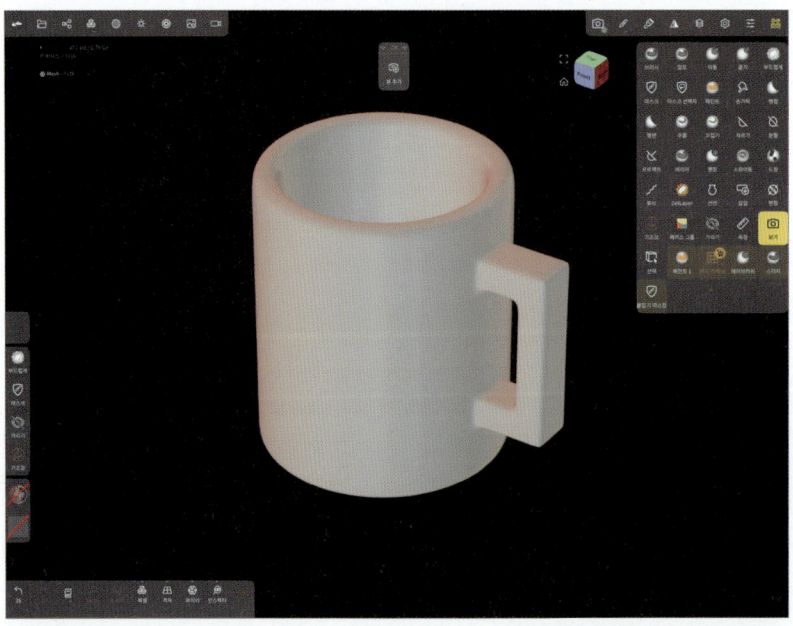

컵 만들기 8

09 컬러링과 조명, 머티리얼과 포스트 프로세싱을 입맛에 맞게 적용해 마무리한다. 굴절 머티리얼을 적용하고, 가운데 음료를 위한 도형을 배치해 주면 다음과 같은 느낌을 내줄 수 있다.

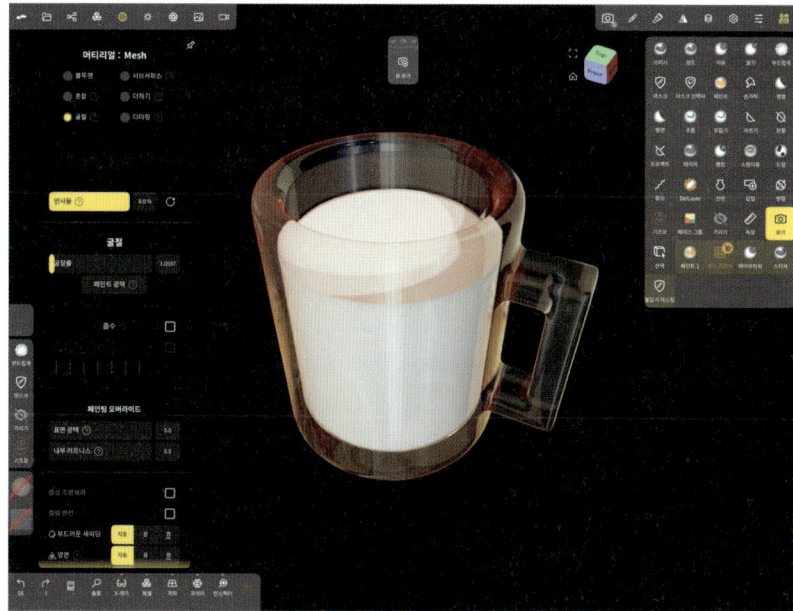

컵 만들기 9

Chapter 02 선반 툴과 튜브 툴을 활용한 도자기 만들기

선반 툴은 Y축을 기준으로 형태가 일정한 도형을 생성하기에 매우 편리한 툴이다. 우측에 위치한 선반 툴을 클릭한 뒤 좌측에 있는 곡선을 클릭해 보자.

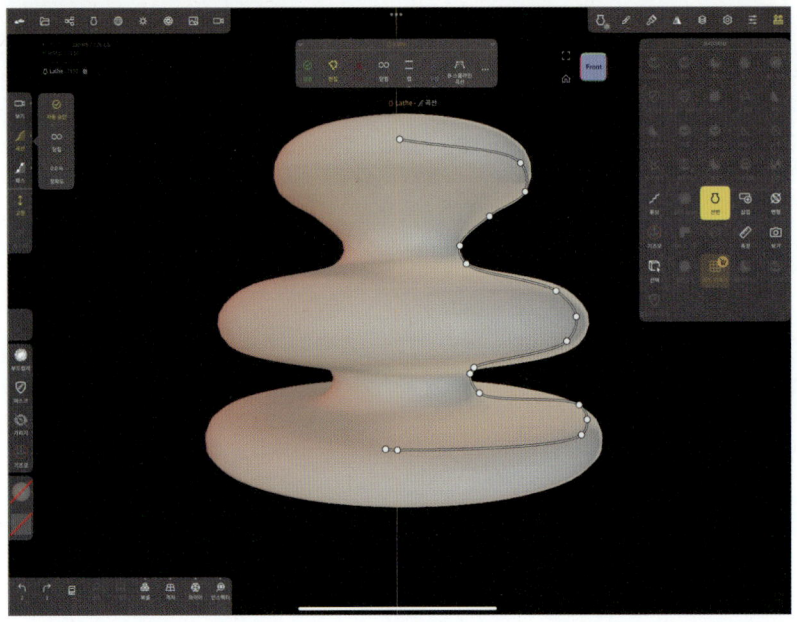

선반 툴

그림 가운데에 아이보리색 선이 생긴다. 이 선이 중심축이 되는 기준이라고 생각하면 된다. 마치 튜브 툴을 사용하듯이 그린 곡선을 따라 Y축을 기준으로 둥근 형태의 도형이 생성되는 것을 볼 수 있다. 형태의 변형은 튜브 툴과 유사하게 작동하므로 자유롭게 잡을 수 있다. 형태가 완성이 되어 검증을 누르면 한 가지 꼭 해줘야 할 작업이 있다. 바로 세계의 중심축으로 도형을 이동시켜 중심을 바로잡아 주는 것이다. 선반 툴 같은 경우엔 현재 바라보고 있는 화면을 기준으로 도형이 생성되기 때문이다. 방법은 다음과 같다. 기즈모를 클릭한 뒤 좌측에 위치한 피벗을 클릭한다. 이후 기즈모를 가운데 정렬하면 기즈모는 무조건 도형의 가장 중심으로 이동하게 된다. 이후 피벗을 다시 클릭하여 피벗 기능을 꺼준다.

이후 해줄 작업은 기즈모의 원점 이동이다. 기즈모를 클릭한 뒤 기즈모의 추가 기능을 클릭하면 원점 이동이 있다. 이를 클릭하면 도형의 중심에 위치한 기즈모를 기준으로 세계의 중심인 (0, 0, 0) 지점으로 이동하게 된다. 이와 같은 방법으로 선반 툴을 제외한 다른 도형들도 중심점을 바로잡아 줄 수 있다.

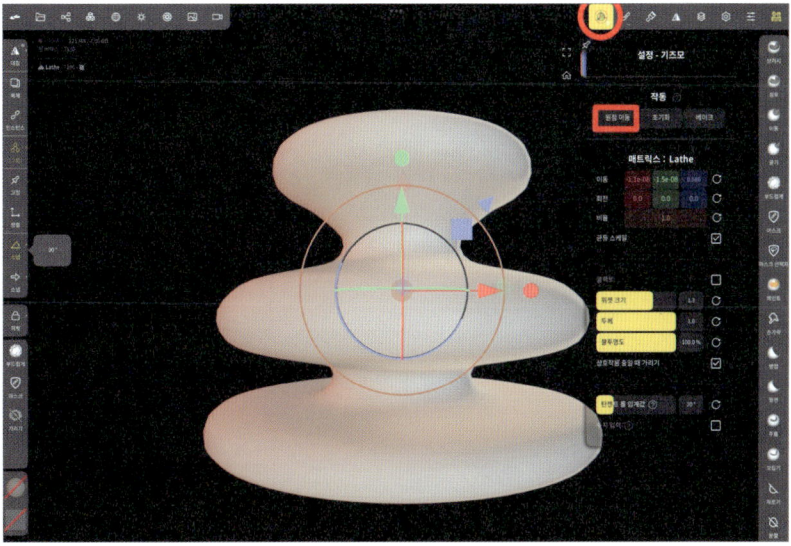

기즈모의 원점 이동

01 방금 배운 선반 툴을 활용해 원하는 형태의 도자기 몸통부를 만들어 준다. 윗부분의 끝점을 그림과 같이 안쪽으로 넣어주게 되면 안쪽이 비어 있는 도자기의 느낌을 줄 수 있다. 도형이 검증되었다면 중심으로 이동시키는 것은 잊지 말자.

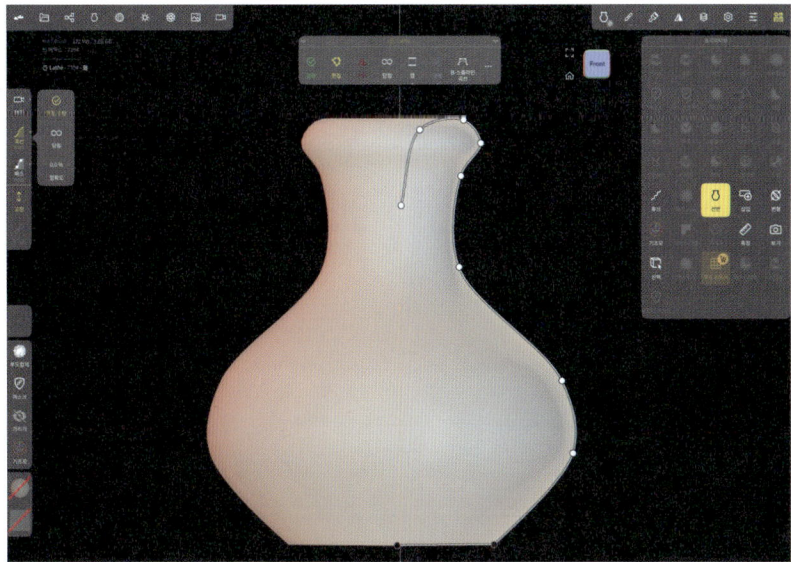

도자기 만들기 1

02 튜브 툴을 사용하여 손잡이 부분을 만들어 준다. 이럴 땐 완벽한 정면을 바라보고 빈 공간에 그려주는 것이 추후 가공을 하고 배치하기에 가장 좋다.

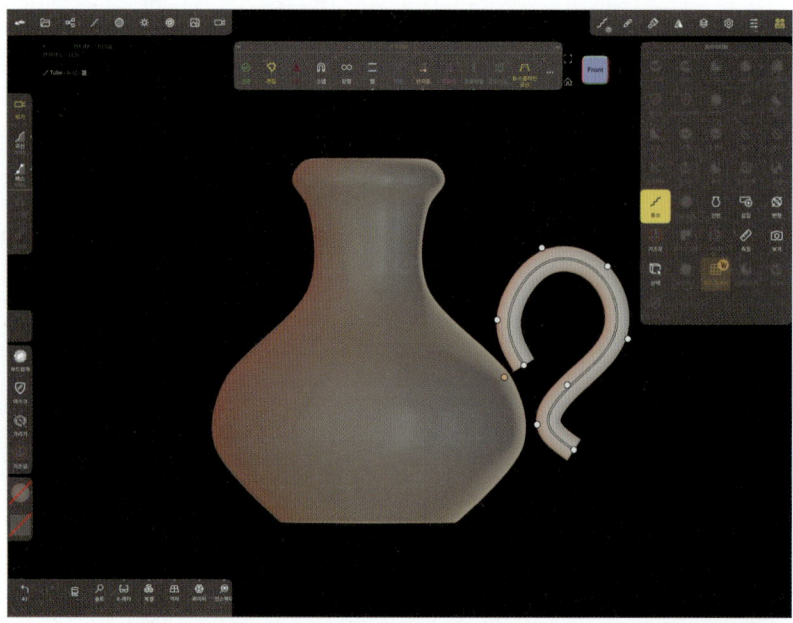

도자기 만들기 2

03 튜브의 배치가 끝나면 대칭 기능의 미러링 기능을 활용하여 좌우가 같게 배치한다. 두께는 튜브 내에서도 설정 가능하지만 검증을 누른 경우엔 팽창 툴을 활용하여 조절할 수 있다.

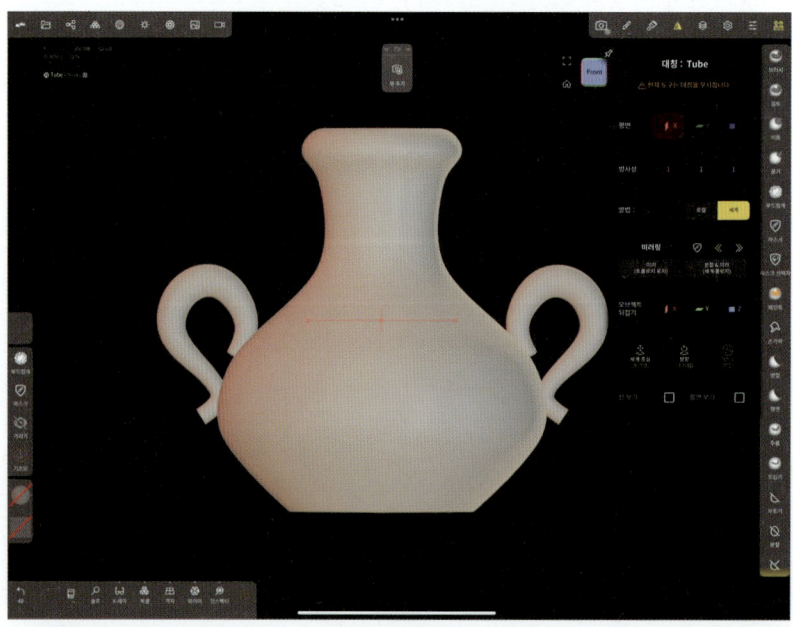

도자기 만들기 3

04 몸통부와 손잡이의 형태 혹은 디테일을 변형하고 싶다면 따로 복셀 리메시를 400 정도로 돌려 주고 부드럽게 툴로 면 정리를 한 후에 디테일 브러시들로 디테일을 넣어 준다. 형태 변형이 필요하다면 Y축 방사성을 켜고 이동 툴을 이용해 조절해 주면 된다. 선반 툴은 기본적으로 Y축의 방사성을 기준으로 만들어지기 때문이다.

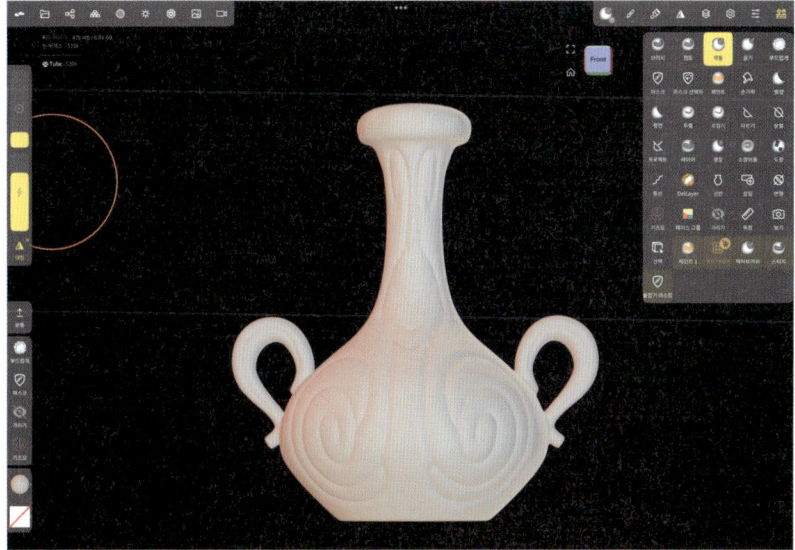

도자기 만들기 4

05 컬러를 넣어 주고 라이팅 포스트 프로세싱을 마무리해 준다. 특히나 이런 유리나 도자의 질감은 광택이 중요하니 컬러를 넣을 때 재질 설정과 라이팅의 강도를 조화롭게 넣어 주는 것이 중요하다.

도자기 만들기 5

Chapter 03 부가 기능으로 각종 소품 만들기

Section 1 식물 만들기

식물과 화분을 만들어 볼 것이다. 전형적인 기본 형태의 화분과 비정형적이고 유기적인 식물을 함께 만들어보며 모델링에 대한 이해도를 높이고 툴 사용법을 익히자. 다양하고 재미있는 형태감을 표현하며 여러 가지 툴을 활용해볼 수 있도록 몬스테라라는 식물을 만들어 볼 것이다.

몬스테라 이미지

01 사각형을 불러온 뒤 좌우 대칭을 유지한 채로 정면을 바라보고 자르기를 활용하여 다음과 같이 잘라 준다. 자르기를 사용할 때 한 번에 다 자르는 것보다 하나씩 천천히 자르는 게 좋다.

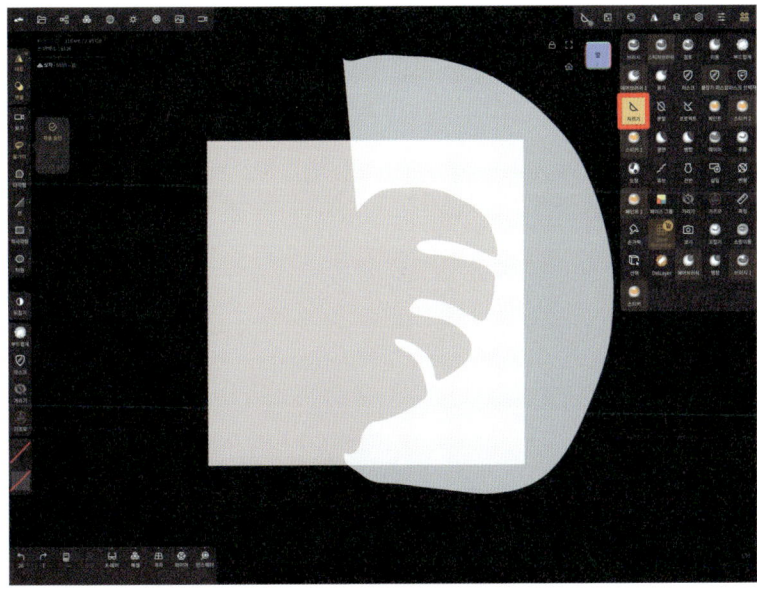

몬스테라 만들기 1

02 복셀 리메싱을 진행하고 부드럽게 툴로 문질러 준 후 주름을 활용하여 무늬를 내 준다.

몬스테라 만들기 2

03 우측 상단 큐브를 활용하여 정확한 옆면을 바라봐 준다. 이후 이동 브러시를 굉장히 크게 잡아주고 앞으로 살짝 밀어 구부러진 형태를 만들어 준다.

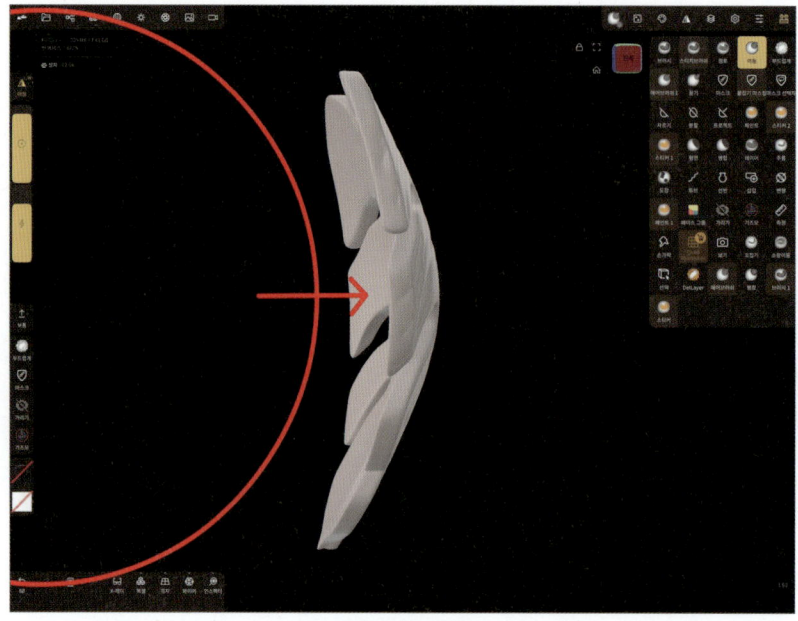

몬스테라 만들기 3

04 이제 화분을 제작해 보자. 원통을 불러온 후 중앙 상단 인터페이스에 위치한 구멍을 활용하여 구멍을 뚫고 위치에 맞게 배치한다.

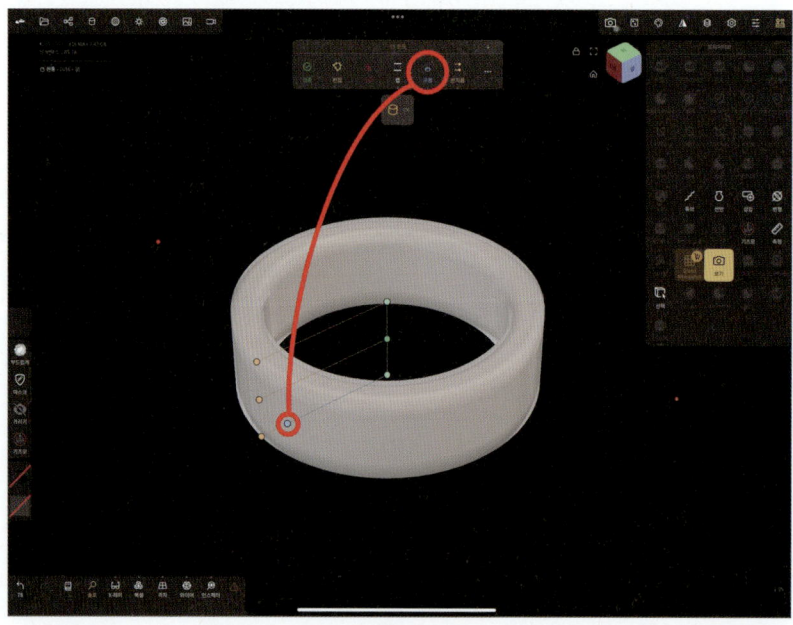

몬스테라 만들기 4

05 검증을 누르지 말고 복제를 눌러 아랫부분도 만들어 준다. 반지름을 활용하여 위아래 지름을 다르게 조절해 줄 수 있다.

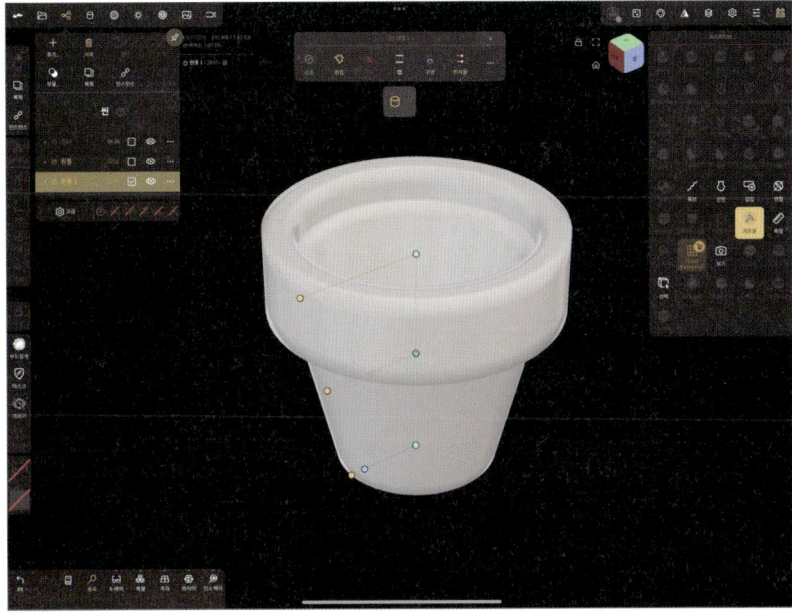

몬스테라 만들기 5

06 새로운 원통을 추가하여 화분의 바닥 면을 만들어 준다. 이때 복셀 리메싱을 200~300 정도로 높게 돌려 준 후 도장 툴을 활용해 바닥 면에 로고 음각을 넣어 주면 조금 더 느낌이 산다.

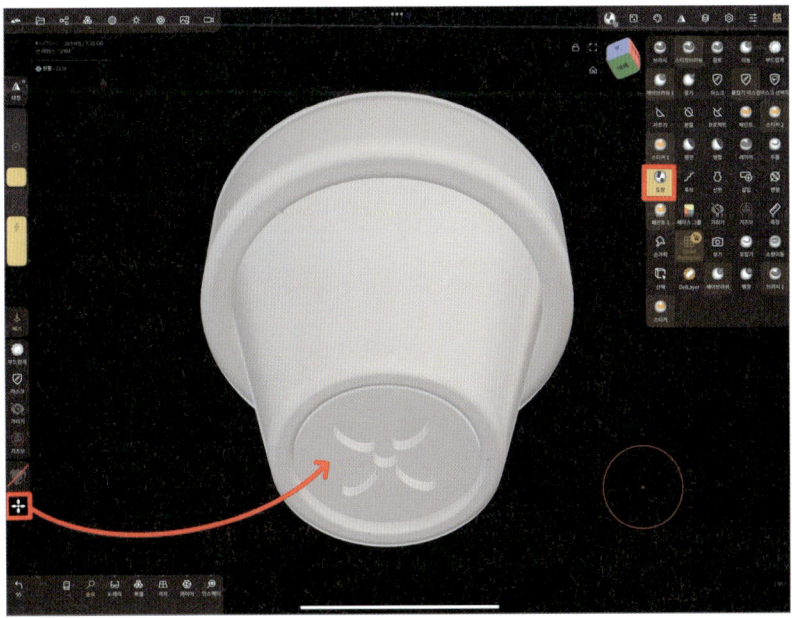

몬스테라 만들기 6

07 새로운 원통을 추가하여 화분 안에 맞게 배치해 준다.

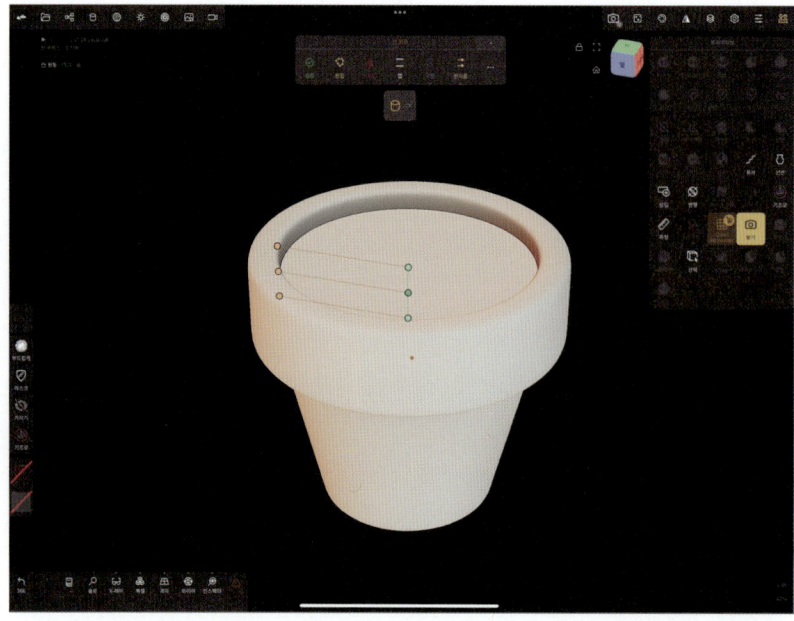

몬스테라 만들기 7

08 새로운 원통에 250 정도로 복셀 리메싱을 돌려 준다. 이후 브러시의 알파 브러시를 어지러운 이미지로 변경해 준 뒤 브러시의 강도를 낮춰 마구잡이로 그려 준다. 그러면 흙과 같이 표현이 된다.

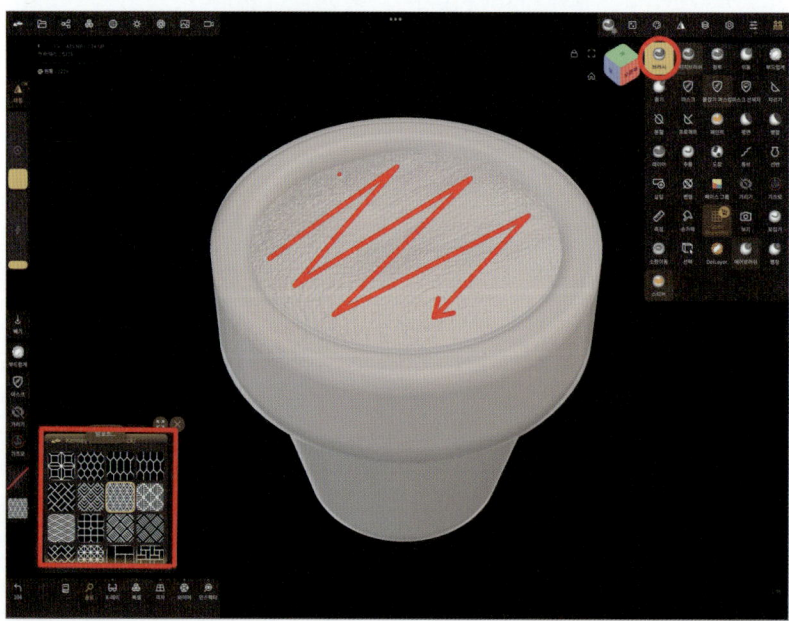

몬스테라 만들기 8

09 흙과 이파리를 제외한 나머지 도형(화분)을 전부 선택하고 복셀 리메싱을 돌려 결합한다. 부드럽게 툴로 마무리해 준 후 배치하고 싶은 위치에 몬스테라 이파리를 복제하여 배치한다. 이때 크기와 각도를 다르게 배치해 주는 것이 더 자연스럽다.

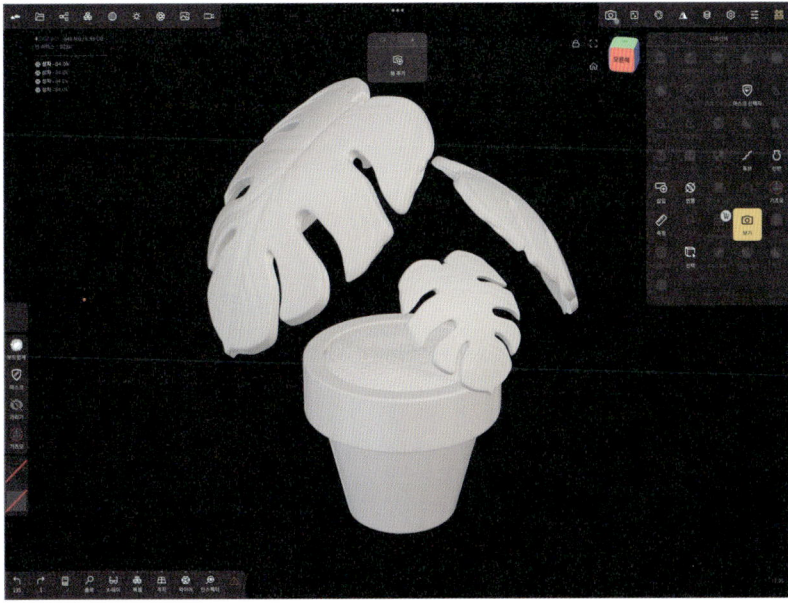

몬스테라 만들기 9

10 이파리에 걸맞은 줄기를 배치한다. 튜브 툴을 활용하여 배치해 주면 되고 위에서 아래로 갈수록 줄기가 두꺼워지게 배치해 주면 된다.

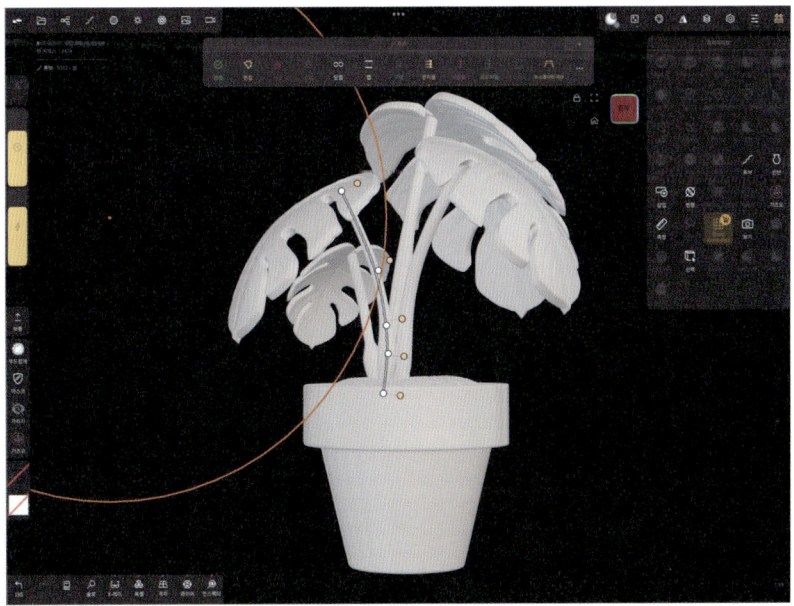

몬스테라 만들기 10

⓫ 조명과 주변환경 포스트 프로세싱을 먼저 설정해 준다. 먼저 설정하는 이유는 나중에 컬러가 원하는 것과 다르게 입혀질 수 있기 때문이다.

몬스테라 만들기 11

⓬ 컬러링을 진행한다. 가장 기본이 되는 베이스 색을 칠한 뒤에 이동으로 칠하기를 활용하여 그러데이션을 넣어 주면 조금 더 입체감 있는 느낌이 들 것이다.

몬스테라 만들기 12

Section 2 추억의 핸드폰 만들기

핸드폰은 다양한 도형으로 이루어져 있어 모델링을 연습하기에 아주 적합한 사물이다. 기본 도형의 변형 및 결합과 기즈모를 통한 배치에 집중하며 작업을 진행해 보도록 하자.

01 사각형과 원기둥을 불러와 위아래로 연결해 준다. 기즈모를 사용해 앞뒤로 눌러준 후 복셀 리메시를 활용하여 합치고 부드럽게 만든다.

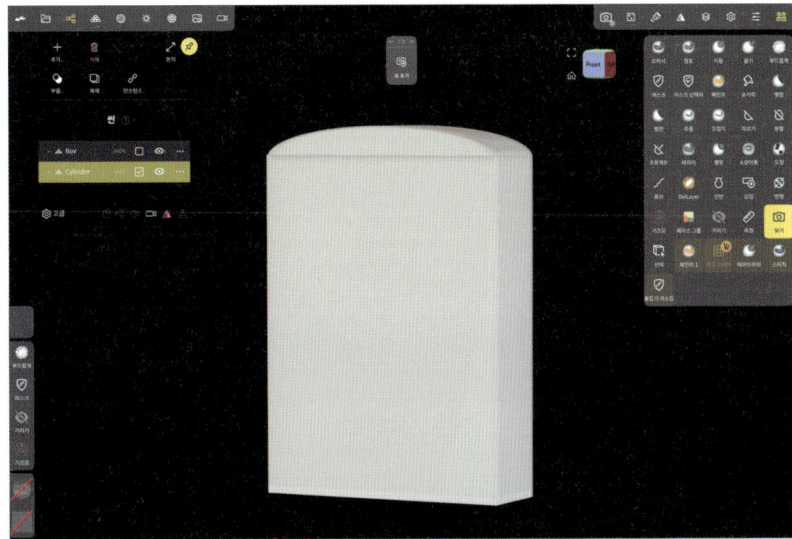

핸드폰 만들기 1

02 만든 도형을 복사해서 아래로 가져와 핸드폰 하단부의 기반으로 배치해 준다. 이후 그 사이에 원기둥을 작게 좌우로 배치해 연결부를 만들어 준다.

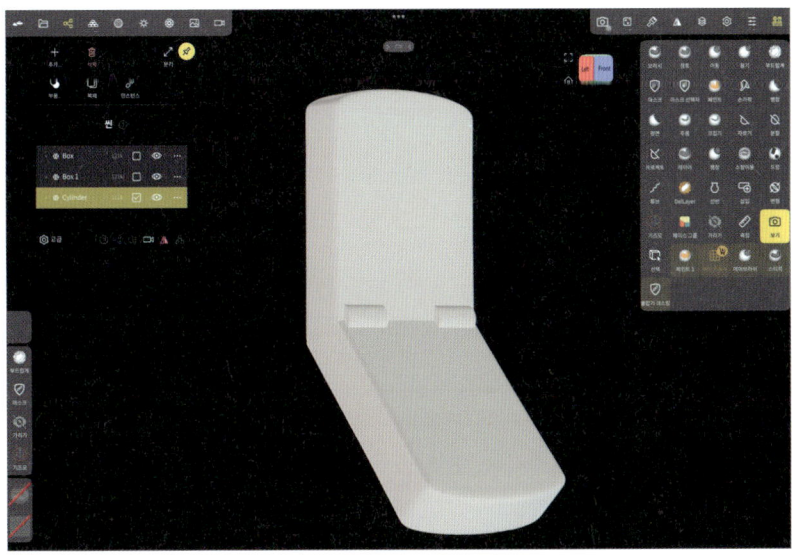

핸드폰 만들기 2

03 사각형을 가져와 화면을 만들어 준다. 이후 마찬가지로 사각형과 원통을 활용하여 버튼을 만들어 준다. 삽입 기능을 활용한다면 조금 더 쉽게 배치할 수 있다.

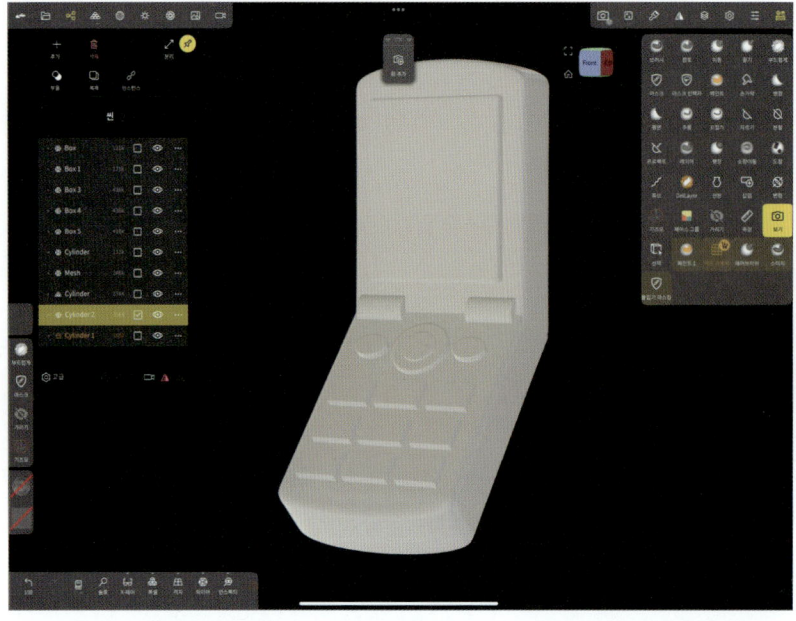

핸드폰 만들기 3

04 원기둥을 활용하여 다음과 같은 형태로 안테나 부분을 만들어 준다.

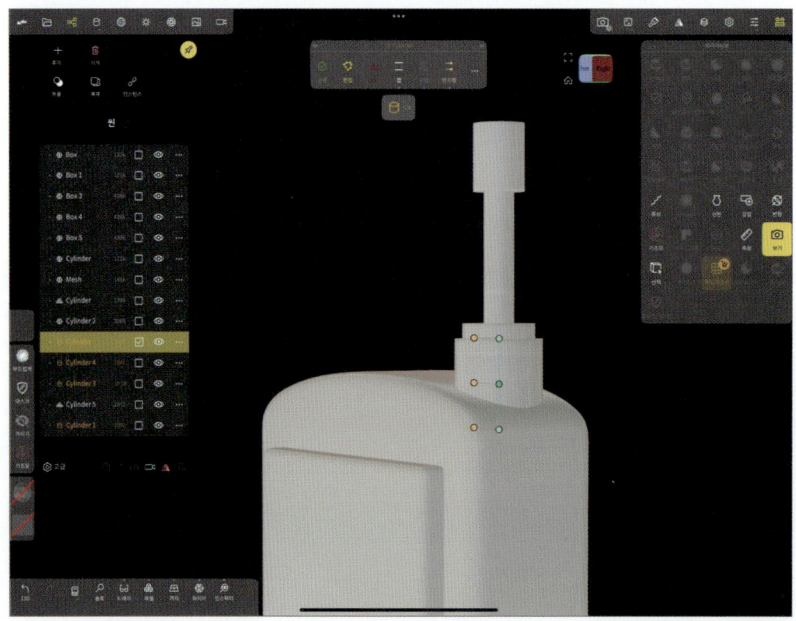

핸드폰 만들기 4

05 컬러링 및 포스트 프로세싱 설정과 라이팅 설정을 완료한다.

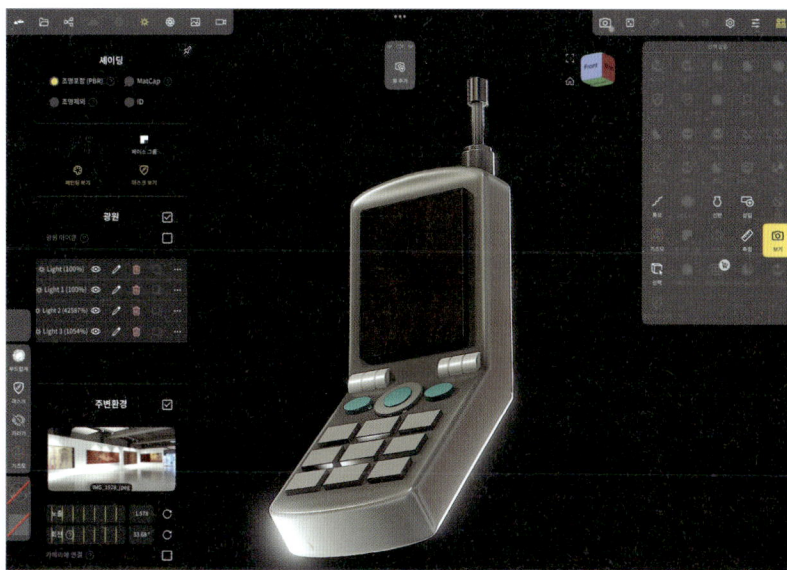

핸드폰 만들기 5

Section 3 복고풍 전화기 만들기

복고풍 전화기에는 다양한 형태감들이 공존한다. 이를 마지막으로 연습한다면 모델링적으로 웬만한 사물들은 쉽게 연상하고 제작할 수 있을 것이다.

01 전화기의 수화기를 먼저 제작해 볼 것이다. 사각형을 불러온 뒤 다음과 같이 잘라 준다. 좌, 우, 위, 아래에서 잘라 줘야 이러한 형태를 만들 수 있다.

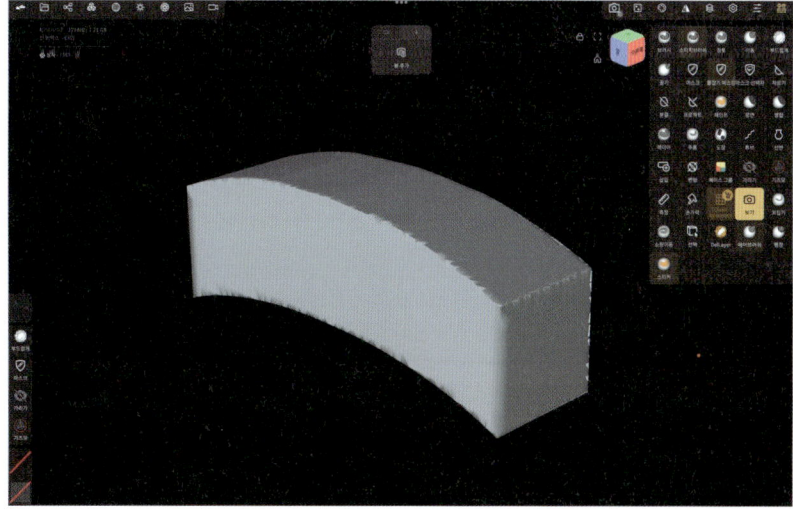

복고풍 전화기 만들기 1

02 구체를 가져와 다음과 같이 아래 부분을 잘라 준다.

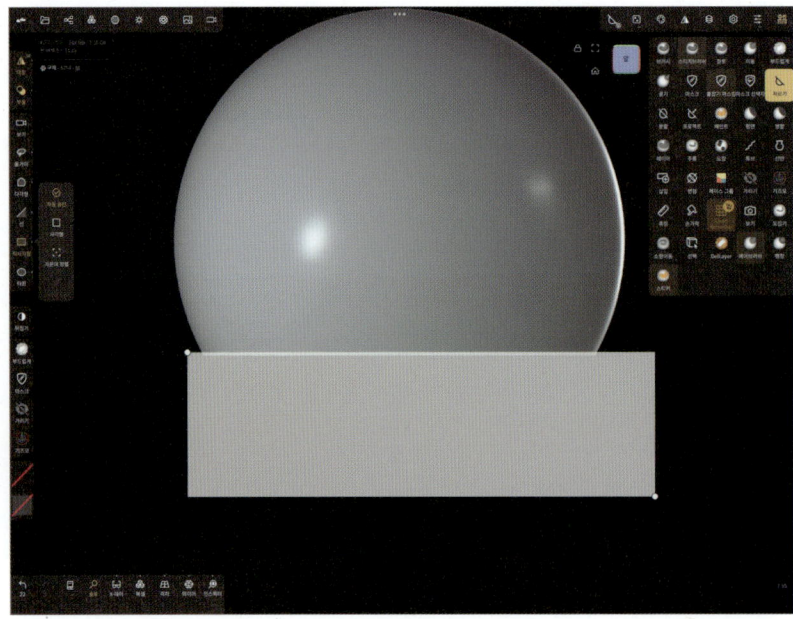

복고풍 전화기 만들기 2

03 잘린 구체를 다음과 같이 배치한다. 이후 미러링 기능을 활용해 반대편에도 똑같이 배치해 준다. 이후 전체를 복셀 리메싱을 활용하여 연결하고 부드럽게 툴로 마무리해 준다.

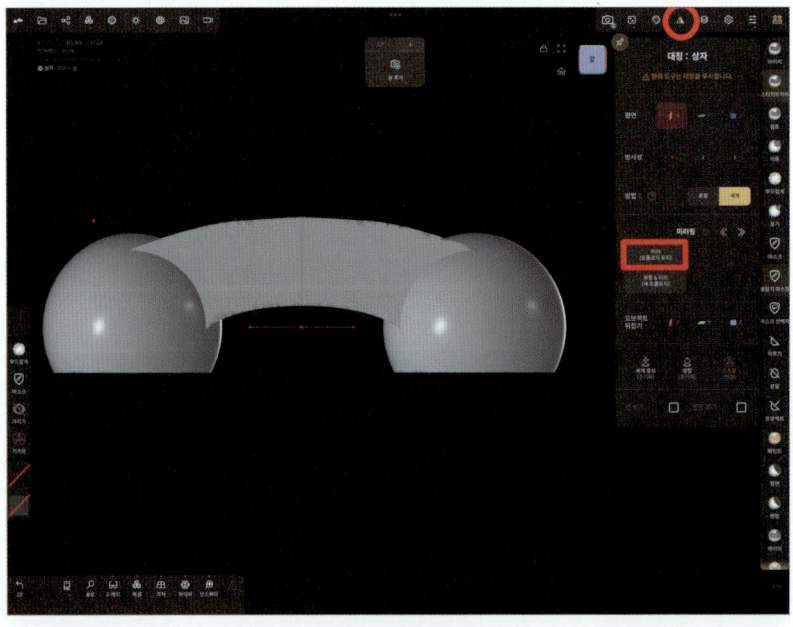

복고풍 전화기 만들기 3

04 이번엔 송화기(입이 닿는 부분)와 수화기(귀가 닿는 부분)를 제작해 보자. 원통을 불러온 뒤 복제하여 다음과 같이 두 개의 원통을 배치한다.

복고풍 전화기 만들기 4

05 새로운 원통을 불러와 작은 삼각형을 이루게끔 배치한다. 방사성을 활용하면 쉽게 배치할 수 있다. 방사성을 활용해도 도형이 한 개밖에 없다면 그것은 세계의 중심에 도형이 위치해 있기 때문이다. 그렇기 때문에 하나의 도형을 선택하고 옆으로 이동시키면 서로 간의 거리가 벌어지는 것을 볼 수 있다.

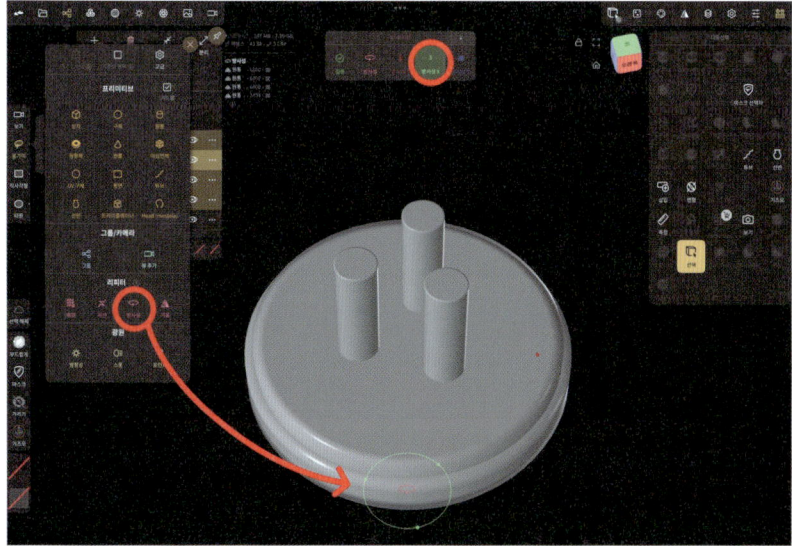

복고풍 전화기 만들기 5

06 다양한 소품 만들어 보기

06 빼기 모델링을 활용하여 구멍을 내 준다. 이후 복셀 리메싱과 부드럽게 툴을 활용하여 면을 정리해준다.

복고풍 전화기 만들기 6

07 제작한 것을 위치에 맞게 배치해 주고 마찬가지로 미러링을 활용하여 반대편에도 배치해 준다.

복고풍 전화기 만들기 7

08 선이 연결될 부분을 제작해 줄 것이다. 원통을 불러와 한 곳에 배치해 주고 하나를 더 복제하여 구멍을 뚫어 준다. 조금 더 현실감 있게 하고 싶다면 원통의 반복적인 배치로 다음과 같이 제작하면 된다.

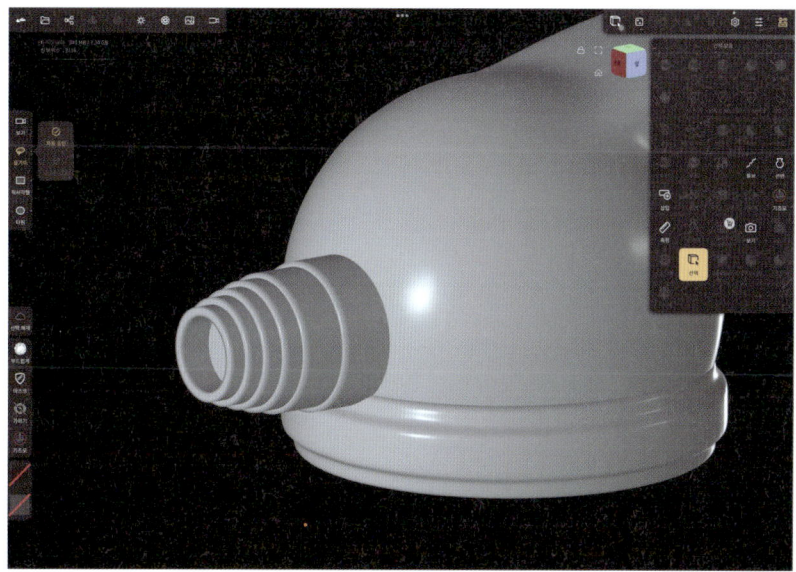

복고풍 전화기 만들기 8

09 몸통 부분을 제작할 것이다. 사각형을 불러와 다음과 같이 잘라 준다. 자를 때 꼭 정면 혹은 측면을 바라보고 잘라 주는 것이 중요하다. 우측 상단에 위치한 큐브를 참고하자.

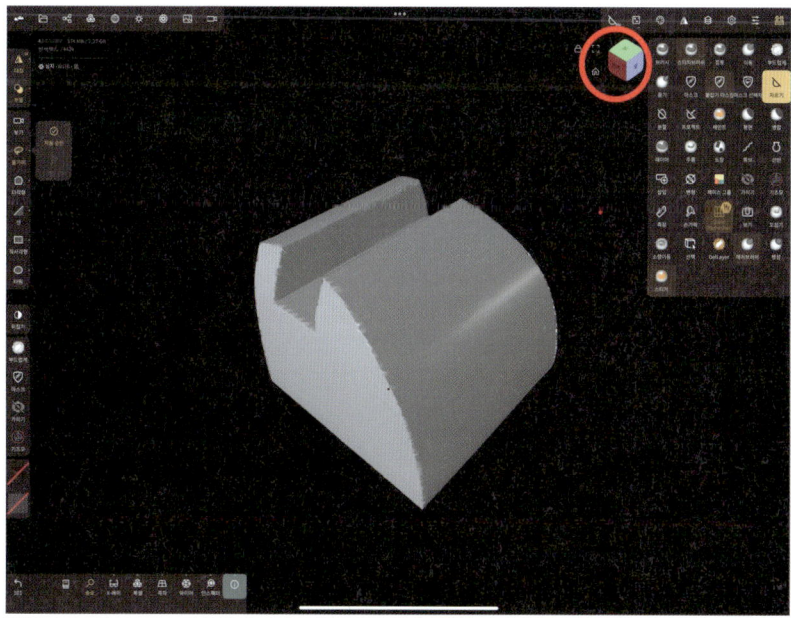

복고풍 전화기 만들기 9

⑩ 복셀 리메싱을 돌려 준 후에 부드럽게 툴로 면을 정리한다.

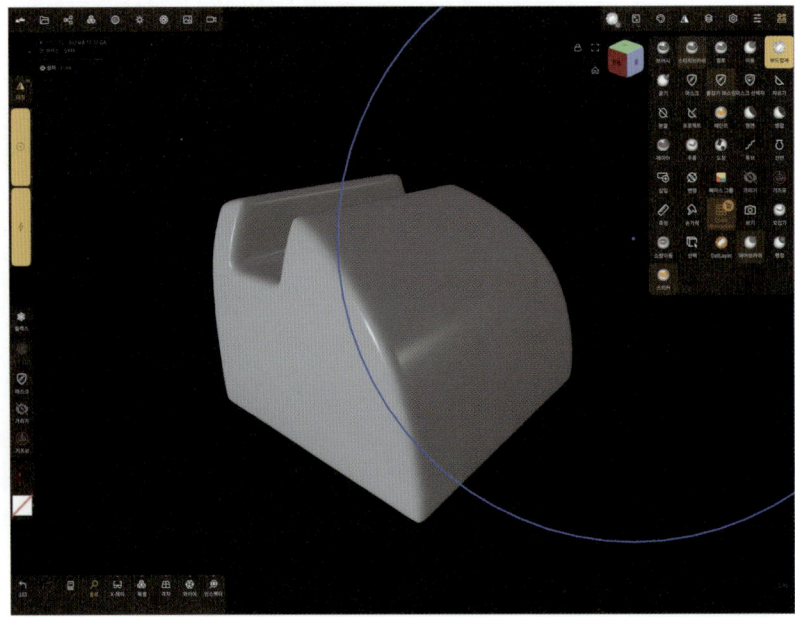

복고풍 전화기 만들기 10

⑪ 원통을 불러온다. 이후 우측에 원통을 작게 하나를 배치해 주고 방사성을 적용해 10개의 원을 둘러 준다.

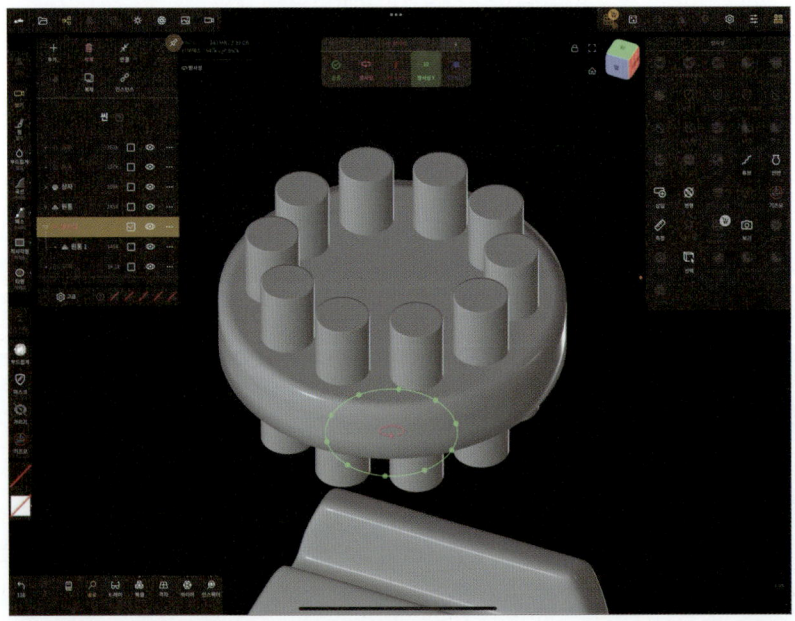

복고풍 전화기 만들기 11

⑫ 빼기 모델링을 진행한 후 가운데 작게 새로운 원통을 두 개 정도 배치한다.

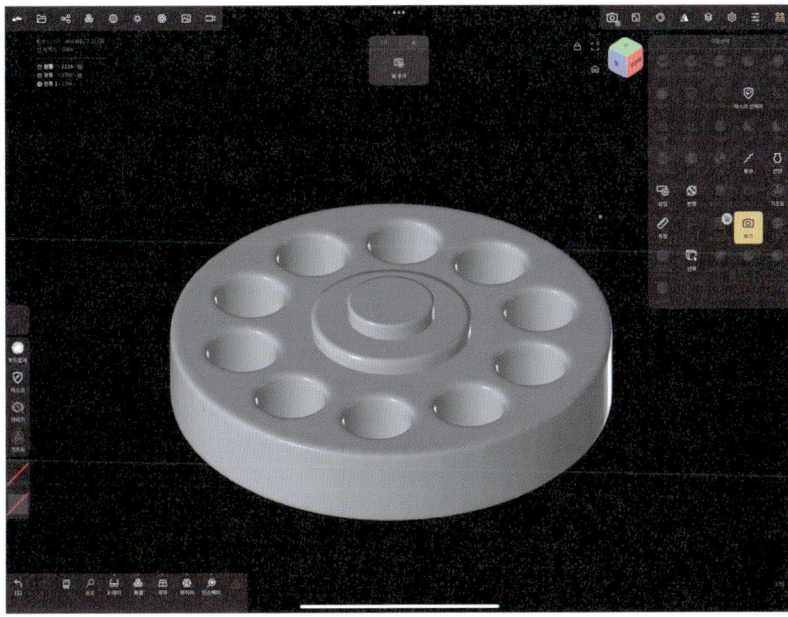

복고풍 전화기 만들기 12

⑬ 제작한 다이얼(원통)을 몸통 부분에 알맞게 배치한다.

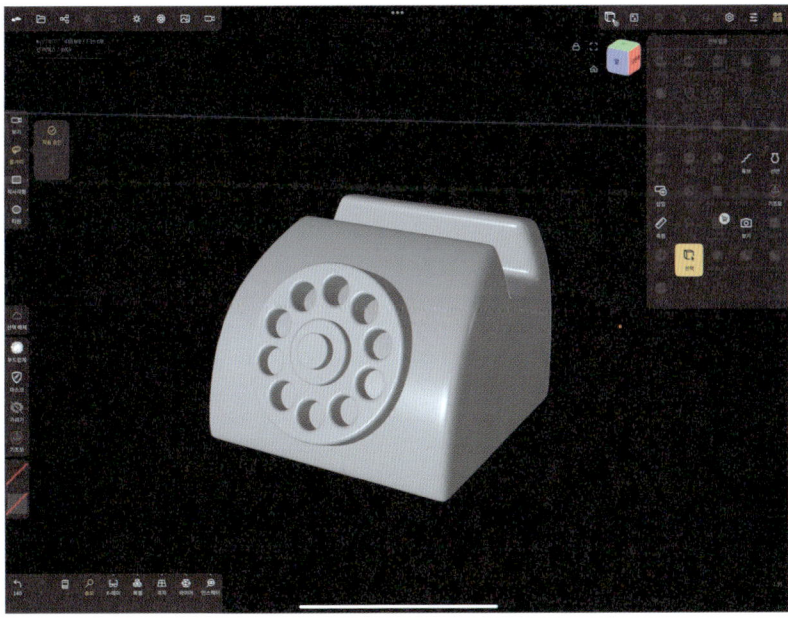

복고풍 전화기 만들기 13

⑭ 몸통부의 다리 부분에 사각형을 총 네 개 배치해 준다. 미러링 기능을 활용하면 빠르고 정확하게 배치할 수 있다.

복고풍 전화기 만들기 14

⑮ 수화기가 거치되는 부분에 사각형들을 배치하여 그림과 같이 제작해 준다. 이후 몸통부와 함께 복셀 리메싱을 돌려 결합하고 부드럽게 툴로 결합된 면을 정리한다.

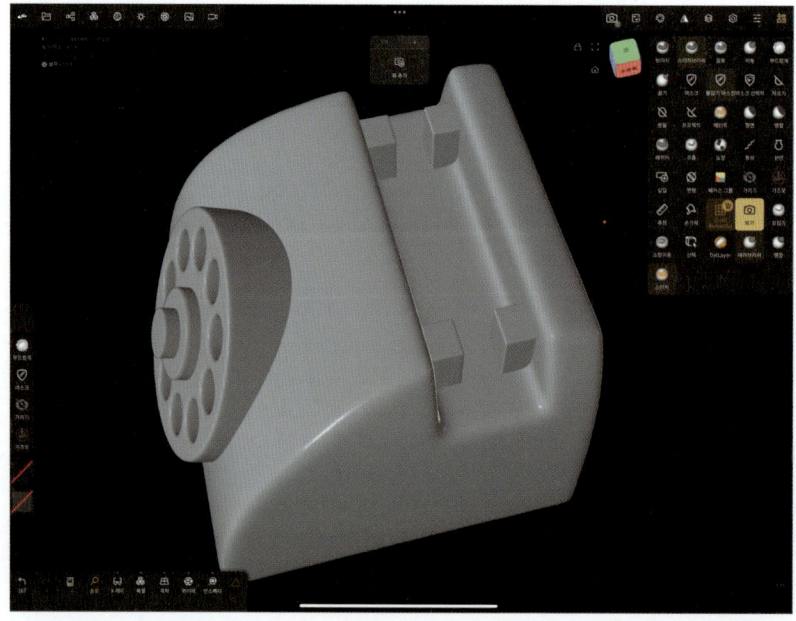

복고풍 전화기 만들기 15

⑯ 원통을 활용하여 선이 빠져나올 구멍을 수화기와 마찬가지로 제작한다.

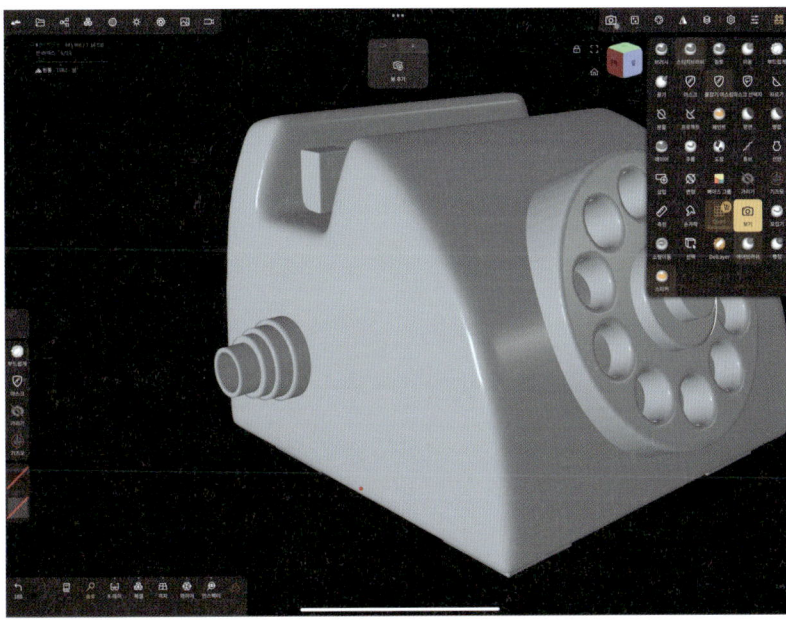

복고풍 전화기 만들기 16

⑰ 선을 제작할 때는 튜브 툴을 활용할 것이다. 튜브를 활용하여 그림과 같이 배치해 준다.

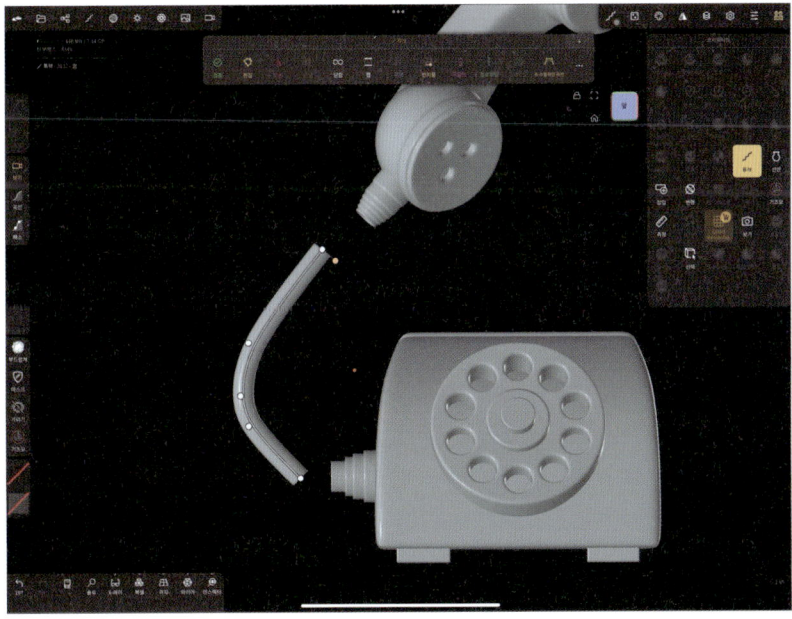

복고풍 전화기 만들기 17

18 이제 스파이럴 기능을 활용하여 튜브를 꼬아준다. 이후 두께감을 자연스럽게 조절해 주면 더욱 더 실제와 비슷한 선이 나올 것이다. 스파이럴은 곡선 인터페이스의 가장 우측 세 개의 점에 위치해 있다.

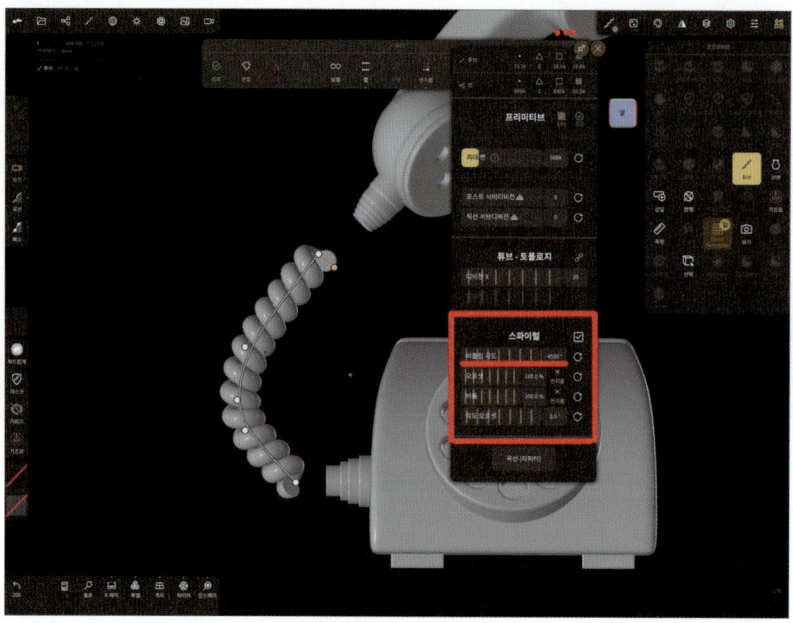

복고풍 전화기 만들기 18

19 선을 끝까지 연결하지 않은 부분에 새로운 일반 튜브를 추가하여 양쪽 다 연결한다.

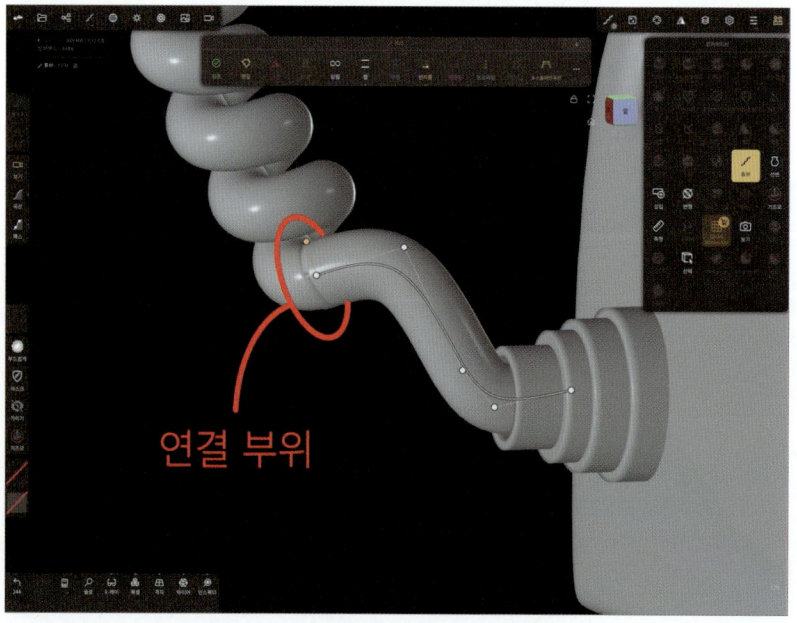

복고풍 전화기 만들기 19

20 복셀 리메싱을 활용하여 선들을 연결한다. 혹시라도 부드럽게 툴로 마무리하는 과정에서 두께가 많이 얇아졌다면 우측 툴 박스에 위치한 팽창 브러시를 활용하여 두께감을 키워주면 된다.

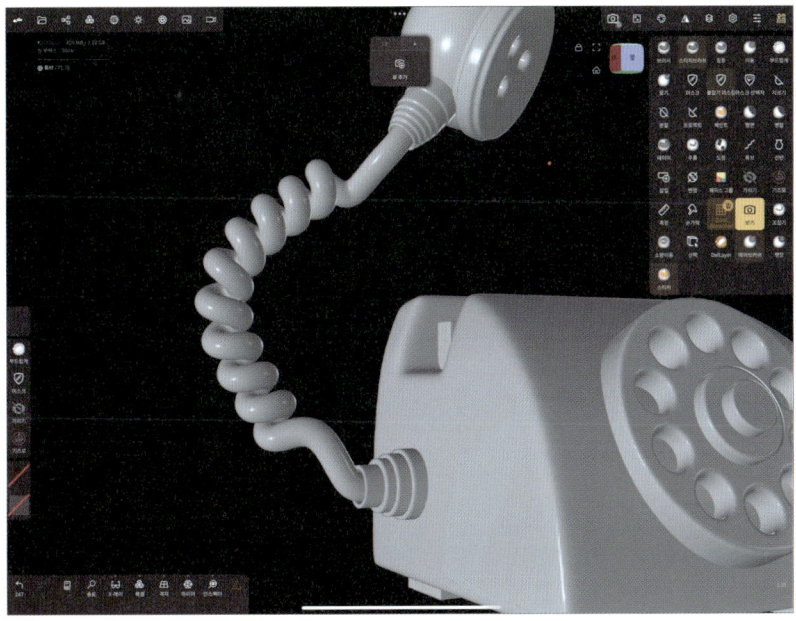

복고풍 전화기 만들기 20

21 컬러링과 라이팅, 포스트 프로세싱 설정을 마무리한다.

복고풍 전화기 만들기 21

Section 4 선반 만들기

선반 제작은 여기저기에서 많이 사용된다. 선반에 우리가 만든 전화기와 화분을 올려 보자.

01 사각형을 불러와 다음과 같이 배치한다.

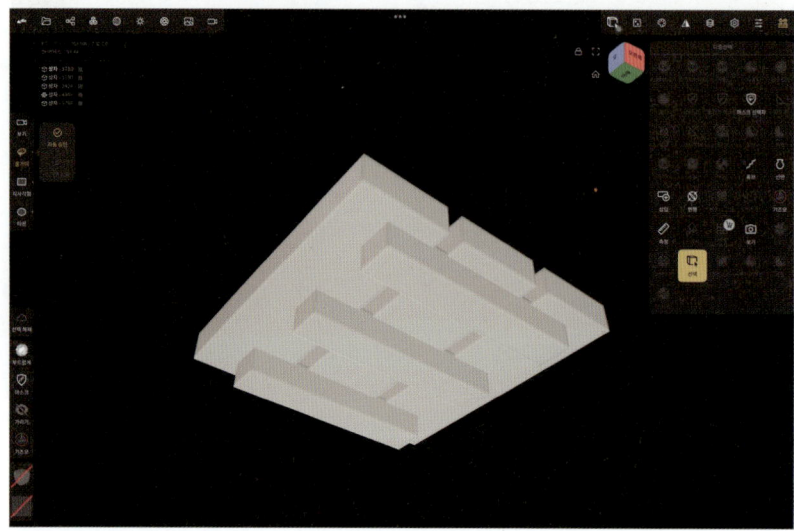

선반 만들기 1

02 세로 형태의 사각형들을 네 개 배치한다.

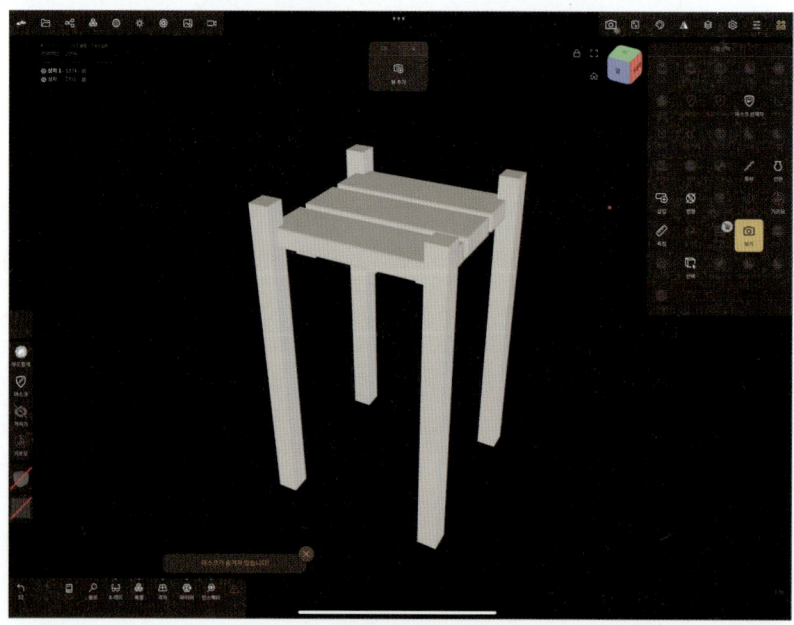

선반 만들기 2

03 앞서 제작한 사각형들을 복제하여 아래에 배치한다.

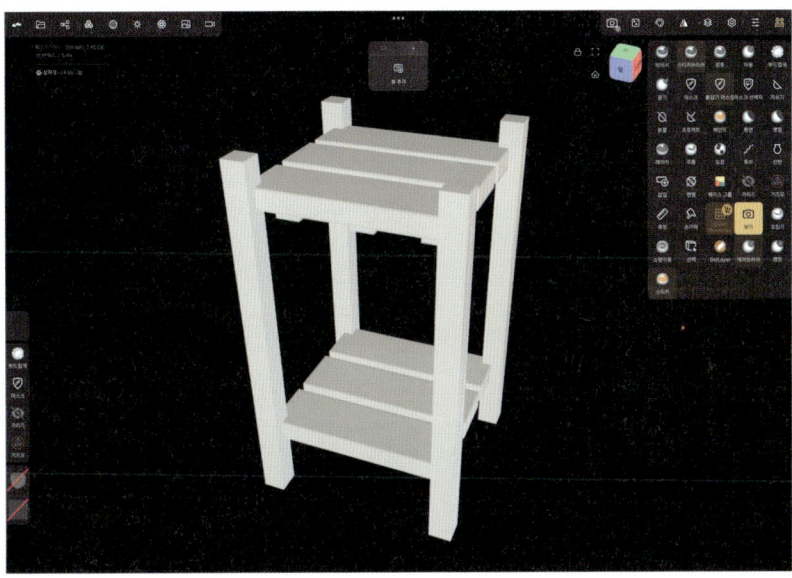

선반 만들기 3

04 도장 툴을 활용하여 나무 느낌을 내줄 것이다. 복셀 리메싱을 위, 중간, 아래 각각 300 정도로 적용한다. 이후 도장 툴 클릭 후 알파 브러시를 나무 질감으로 변형해 준다. 나무 질감은 어디서든 찾기 쉽기에 이미지를 가져오면 쉽게 진행할 수 있다. 이때 도장 툴이 너무 강하게 설정되어 있으면 폴리곤들이 많이 깨지기 때문에 강도는 10% 이하로 설정하는 것이 좋다. 이후 컬러링을 마무리한다.

선반 만들기 4

05 만들어 뒀던 화분과 전화기를 가져올 것이다. 좌측 상단에 위치한 파일에 들어가 씬에 추가를 클릭하면 클릭한 대상이 현재의 화면으로 추가된다.

선반 만들기 5

06 추가된 화분과 전화기를 배치하고 마무리한다.

선반 만들기 6

Part 07

귀여운 동물 캐릭터 만들기

01 기본 모델링
02 세부 영역 조정
03 질감과 빛 효과
04 마무리 및 렌더링

Chapter 01 기본 모델링

Section 1 기본적인 얼굴 모델링

기본적인 동물 형상을 띤 귀여운 얼굴을 만들어 볼 것이다. 하마, 사자, 기린 등 어떠한 동물도 좋다. 이렇게 수많은 동물들을 선택하고 가장 먼저 해줘야 하는 것은 동물의 특징을 잡아내는 것이다. 예를 들어 하마 같은 경우에는 큰 입과 거대한 이빨, 사자는 갈기와 긴 중안부 등이 될 것이다. 이러한 매력적인 부분들을 미리 골라내고 작업을 진행하면 밋밋한 모델링에 확실한 임팩트를 줄 수 있으며 특정 동물을 선택하여 작업을 했다는 것을 쉽게 전달할 수 있다.

기본적인 얼굴

특색을 잡아냈다면 그 특색을 자연스럽게 살려가기 위한 스케치 작업을 진행하게 된다. 3D 업계에선 보편적으로 삼면도(정면, 측면, 후면) 스케치를 진행하고 작업을 진행한다.

동물 스케치

물론 간단하게 얼굴 같은 부분만 스케치하고 작업하는 경우도 있다. 스케치가 있으면 모델링에서 조금 더 수월하게 작업이 되는 것은 사실이다. 하지만 여기서 약간 반기를 들어보고 싶다. 예를 들어 삼면도 스케치가 있다고 했을 때 모델링은 스케치 따라 만들기가 되어 버린다. 물론 정확한 모델링을 위해서는 이 방법이 맞겠지만 상상력을 배제하고 스케치만을 온전히 따라가는 것이 최선의 방법이라고 생각하지 않는다. 스케치가 이미 완벽했다면 그 디자인은 3D로 굳이 변형하지 않았더라도 성공적인 디자인이었을 것이다. 그렇기에 특히나 3D에 입문하는 사람들에게는 스케치 없이, 혹은 대략적인 참고용 러프 스케치 정도만 하는 것을 추천한다. 물론 이 말이 정답이 될 순 없겠지만 스케치를 아예 진행하지 않으면 스케치에 의존하지 않은 2D에서 완전히 벗어난 3D 작업물을 만들어 낼 수 있다고 생각한다. 마지막으로 책을 너무 신뢰하여 스케치와 똑같은 모델링을 목표로 잡지는 말 것을 추천한다. 그럼 본격적인 모델링으로 들어가 보도록 하자.

01 선택한 동물의 형태에 걸맞은 도형을 불러와 이동 툴을 이용하여 형태감을 잡아 준다. 이때 이동 툴의 사이즈를 크게 하여 형태감을 잡는 것이 깔끔한 모델링을 하기에 좋다. 둥근 형태가 더 필요하다면 굳이 브러시를 이용하지는 말고 새로 도형을 불러와 붙여 주자.

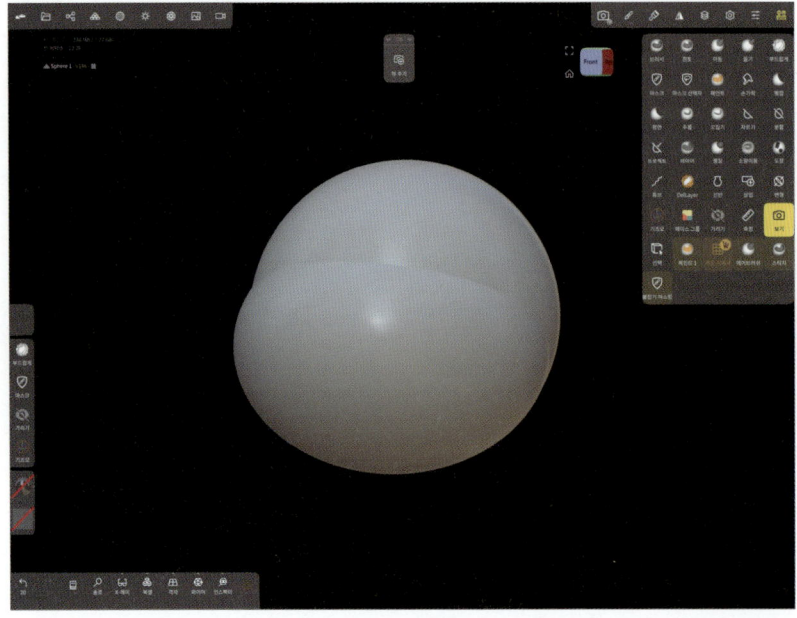

얼굴 모델링 1

02 브러시 툴, 점토 툴을 이용하여 들어가고 나올 부분의 형태를 잡아 주고 부드럽게 툴을 이용하여 문질러 준다. 무엇보다 중요한 것은 전체적으로 둘러보면서 작업을 이어 나가야 한다는 점이다.

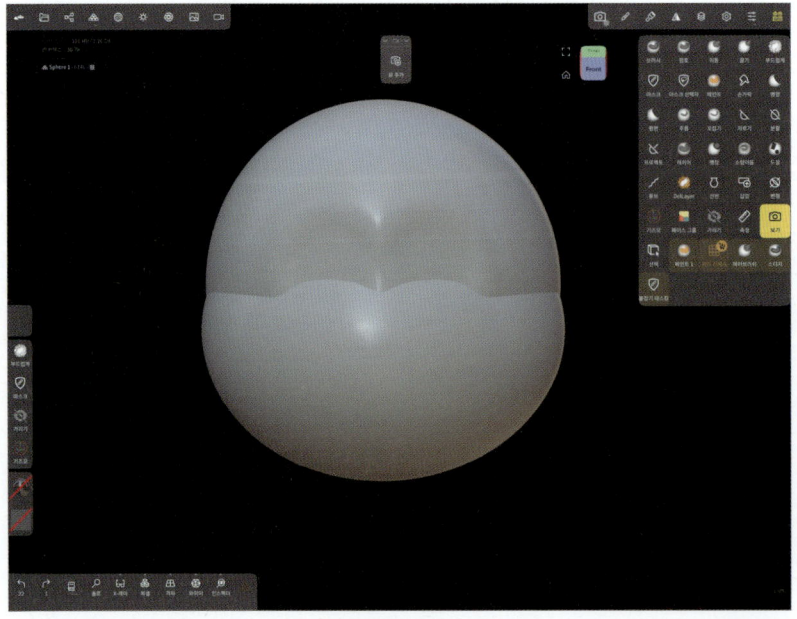

얼굴 모델링 2

03 귀와 같이 추가적인 디테일이 필요한 부분에 도형을 배치하고 이동 툴을 사용하여 형태를 변형해 준 후 브러시(빼기)를 활용해 파낸다. 이후 대칭 기능을 활용하여 양쪽에 귀를 배치해 준다.

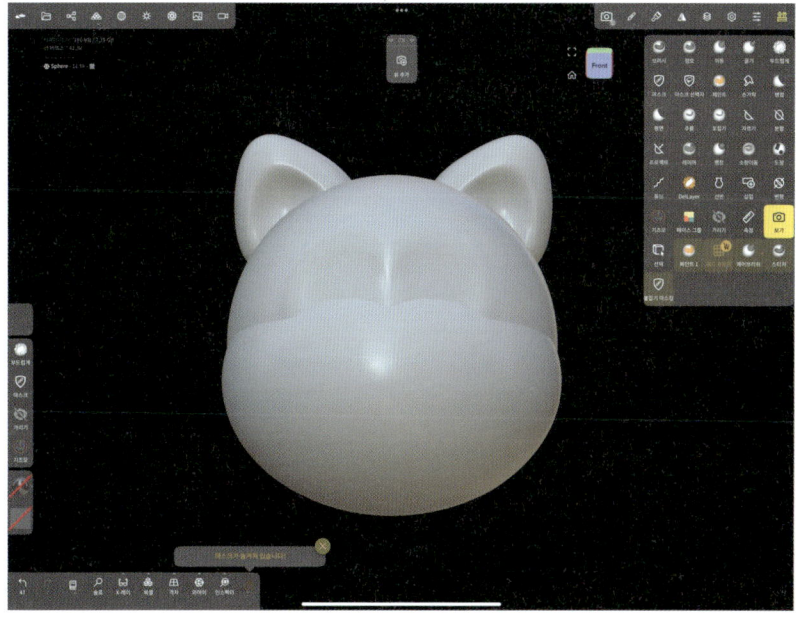

얼굴 모델링 3

04 귀와 얼굴을 같이 선택하고 복셀 리메싱(300 정도가 적당)을 돌려서 결합한다. 이후 부드럽게 툴을 사용하여 정리해 준다.

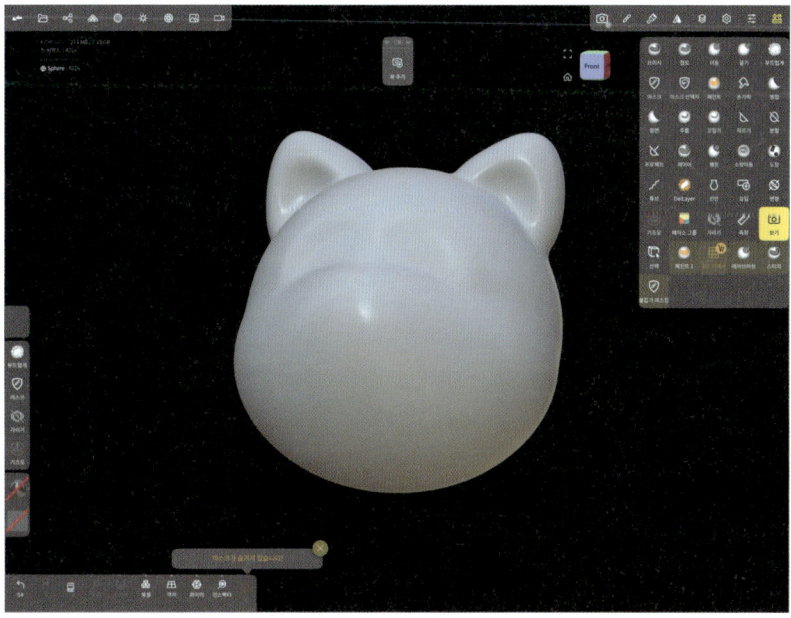

얼굴 모델링 4

05 도형을 추가하여 눈을 배치하고 그에 맞는 눈두덩이를 브러시를 이용하여 추가해 준다. 눈에는 나중에 그림을 그려 넣을 예정이니 다중해상도 단계를 세분화하여 미리 올려 주는 것도 좋다.

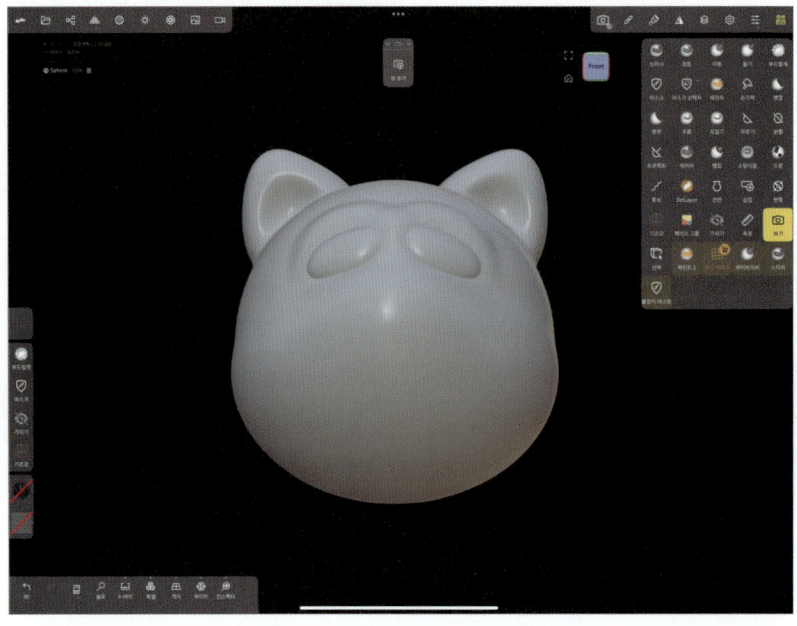

얼굴 모델링 5

06 디테일을 추가할 수 있는 브러시(마스킹, 주름, 병합, 팽창 등)들을 이용하여 디테일을 추가한다. 튜브 툴을 사용하여 수염 같은 부분을 표현해 줄 수도 있고 마스킹의 추출 기능을 활용하여 눈썹, 머리카락, 복면, 모자와 같은 표현도 해줄 수 있다.

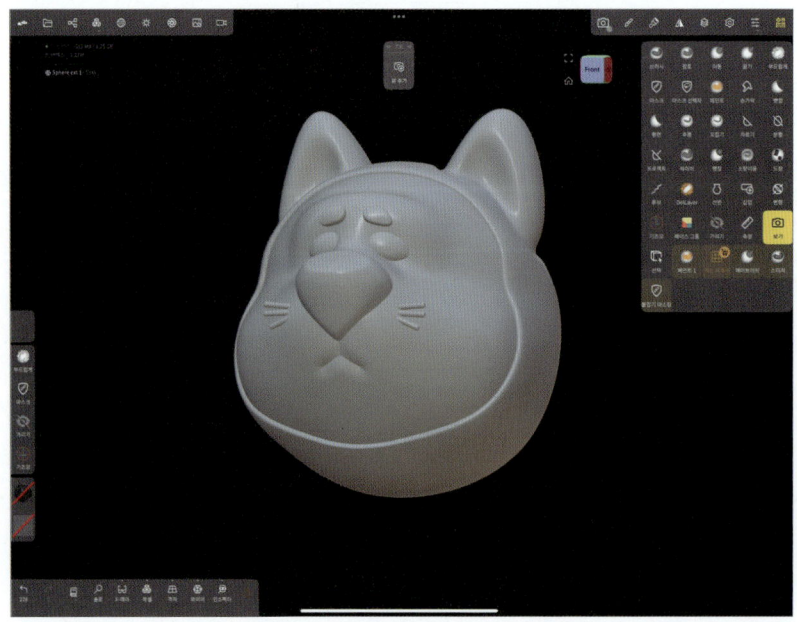

얼굴 모델링 6

Section 2 몸통과 팔다리를 만들며 비율 조정하기

몸통과 팔다리는 결국 비율의 싸움이다. 비율에 따라서 모델링의 분위기에 큰 영향을 주기 때문에 기존에 있는 캐릭터를 레퍼런스로 참고하여 작업을 진행하는 것도 좋은 방법이다.

01 몸통을 만들기에 알맞은 도형을 불러온 후 얼굴과 마찬가지로 이동 툴을 이용하여 형태를 잡아 준다. 목은 원통을 이용하였고 몸통 또한 상체와 허리, 하체를 다른 도형으로 배치하여 추후 변형에 용이하게 한다(상체 회전).

몸통 모델링

02 어깨와 손을 구체 도형으로 배치하고 튜브 툴을 이용하여 기본적인 팔의 형태를 잡아 주었다. 튜브의 검증을 누르지 않은 상태로 둔다면 추후 포징을 잡기에 용이하다. 손가락은 구체를 위아래로 늘린 후 위치에 맞게 배치한다.

팔 모델링

03 팔과 마찬가지로 관절부와 발에 구 도형을 배치하고 튜브 툴을 이용하여 전체적인 형태를 만들어 준다.

다리 모델링

04 배치한 대로 자세 설정이 완료됐으면 팔, 몸통, 다리별로 선택하여 복셀 리메싱으로 합친다. 물론 복셀 리메싱을 진행하기 이전에 비율을 확실하게 점검하는 것이 좋다. 합친 후 수정할 사항이 생겼을 경우에는 팽창 툴 브러시를 크게 잡아 비율 수정을 해주는 것도 방법이다. 이후 부드럽게로 면을 정리해 주고 디테일 브러시들을 이용하여 디테일을 추가해 준다.

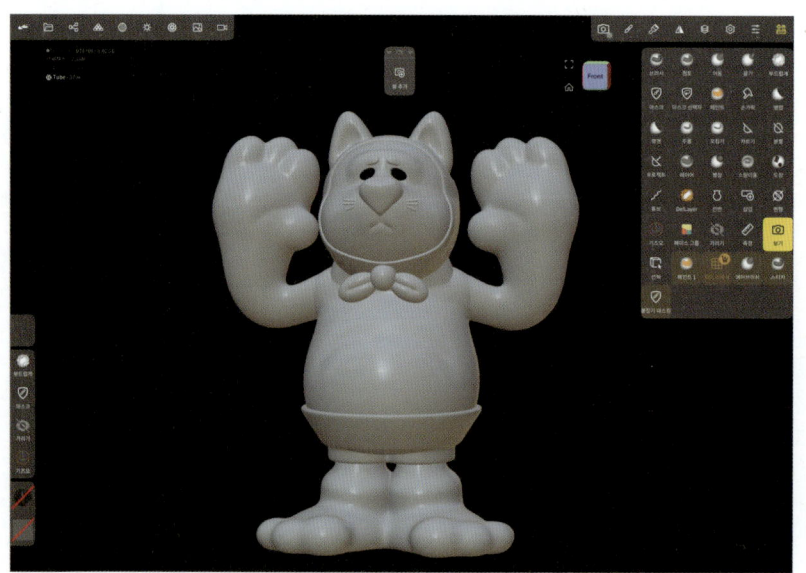

포징 후 합치기

 세부 영역 조정

Section 1 마스킹 심화 기능을 활용한 귀여운 발바닥 만들기

발 부분을 표현하기에 앞서 되짚어 봐야 하는 부분이 있다. 바로 마스킹의 추출 기능이다.

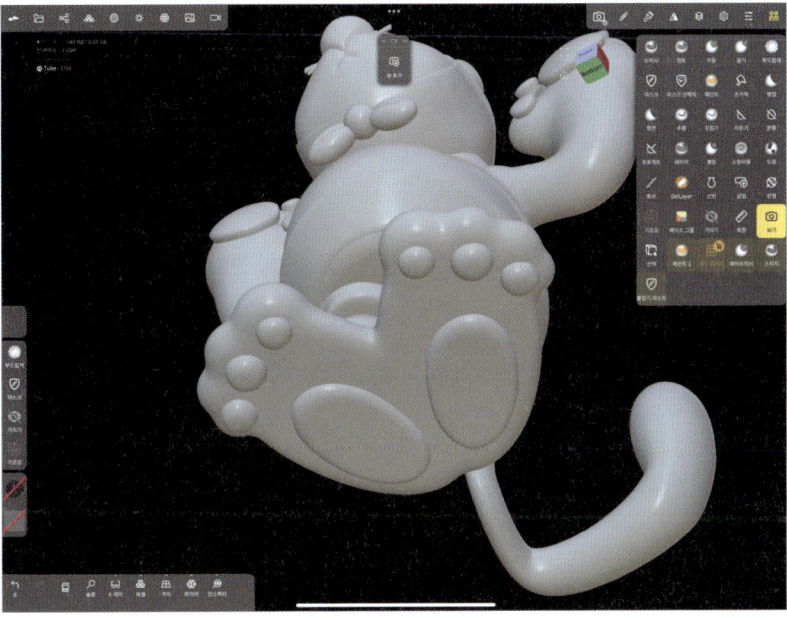

발바닥 원성본

흔히 발바닥 부근에 위치한 젤리 같은 부분을 귀엽게 묘사하는데 이 부분을 마스킹 추출 기능을 사용하여 작업해 볼 것이다. 추후 이 방법은 옷, 신발 같은 부분에도 사용 가능하니 참고하면 좋다.

01 발바닥을 이루게 될 구체를 중심축으로 세 개의 구체를 더해 발바닥의 기본 형태를 잡아 준다.

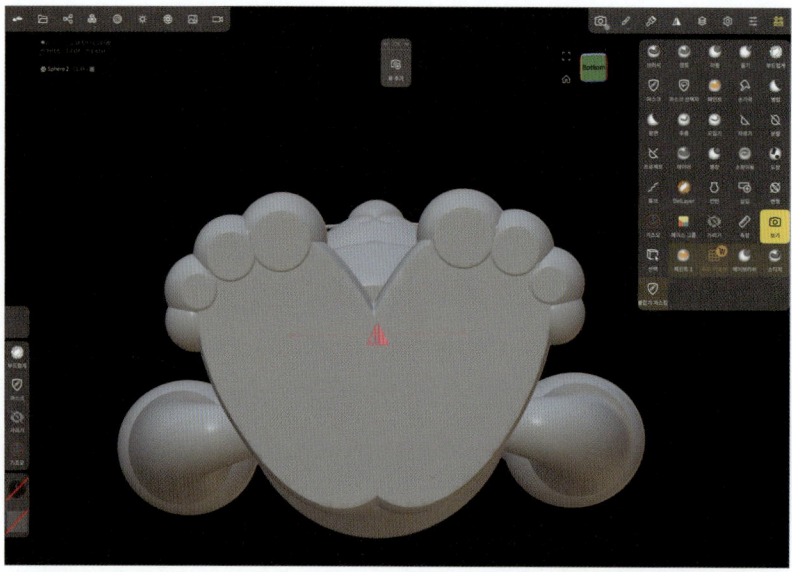

발바닥 만들기 1

02 모든 도형을 선택한 후 복셀 리메싱으로 결합해 주고 부드럽게를 이용하여 마무리한다.

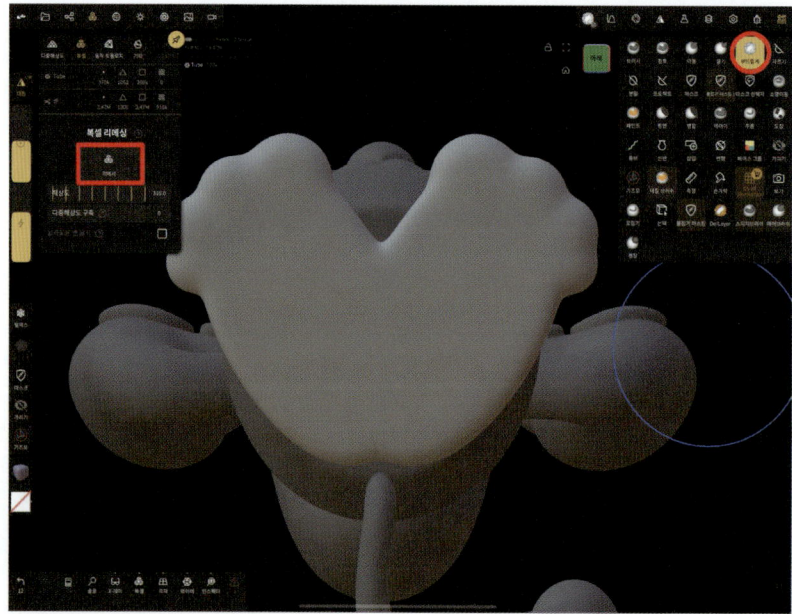

발바닥 만들기 2

03 마스킹 툴의 스트로크 설정을 붙잡기·동적 반지름으로 변경해 준다. 이 방법을 이용하면 정확한 원으로 마스킹을 해줄 수 있다. 다음과 같이 마스킹을 진행한 후 마스킹되지 않은 영역을 클릭하여 선명 효과를 적용한다.

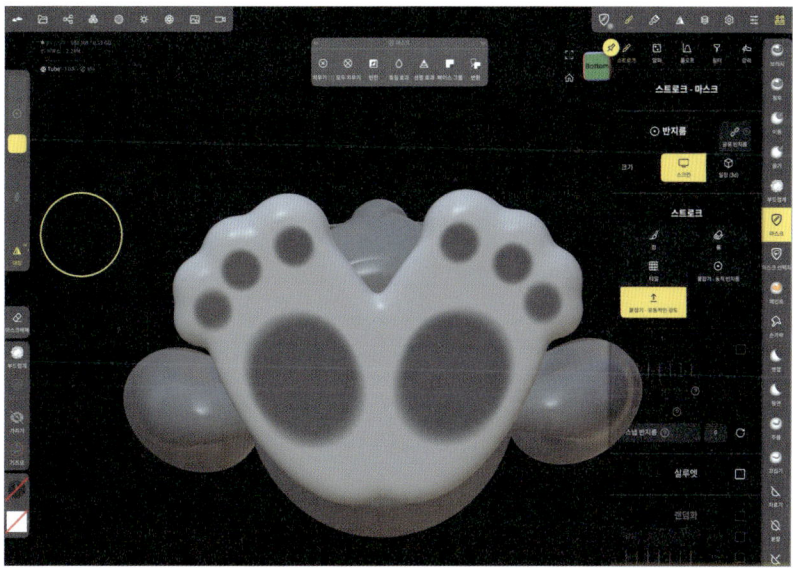

발바닥 만들기 3

04 우측 상단에 위치한 마스킹의 부가 기능 창에 들어가 적당한 두께를 설정해 주고 평활도를 30으로 설정한 후 추출해 준다. 이후 부드럽게 툴과 복셀 리메싱을 이용하여 면을 둥글게 정리하면 된다.

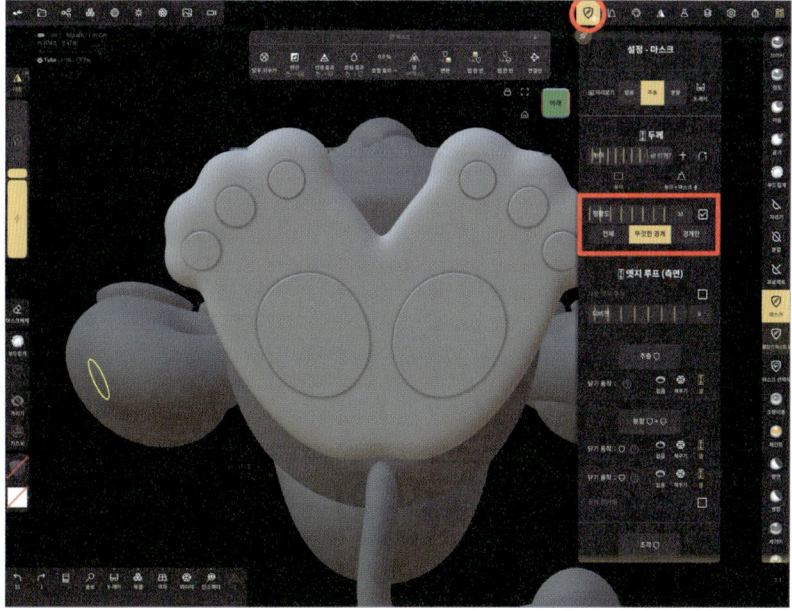

발바닥 만들기 4

07 귀여운 동물 캐릭터 만들기

05 완성된 발을 전체 선택해 준 뒤 발 위치에 맞춰 옮겨 주고 다리와 함께 복셀 리메싱을 사용해 합쳐 준다. 이 과정에 있어서 좌우 대칭이 안 맞거나 이동이 힘든 경우 발 전체를 연결하여 합쳐 준 뒤 이동하는 것 또한 방법이다. 이때 한쪽 발을 먼저 다리에 맞춘 후 대칭의 미러링 기능을 이용하여 대칭을 맞춰 주면 된다.

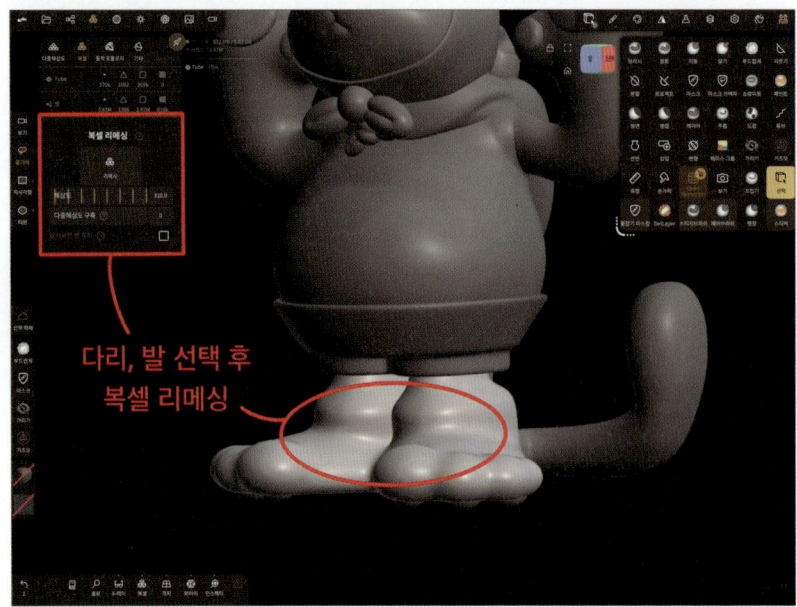

발바닥 만들기 5

Section 2 튜브 툴을 활용한 꼬리 만들기

튜브 툴을 자주 사용해 보고 적응했다면 꼬리와 같은 부분들은 금방 만들어낼 수 있다. 원하는 형태의 꼬리 모양을 생각하고 다양한 형태의 꼬리를 만들어 보자.

01 튜브 툴을 클릭하고 좌측 인터페이스에서 곡선을 클릭해 준 뒤 원하는 꼬리 형태에 맞게 선을 그려준다. 이때 정확한 좌측 혹은 우측을 바라보고 그려주면 추후 수정할 때 편하게 사용할 수 있다. 정면에서 봤을 때 정확한 좌우 대칭이 되기 때문이다.

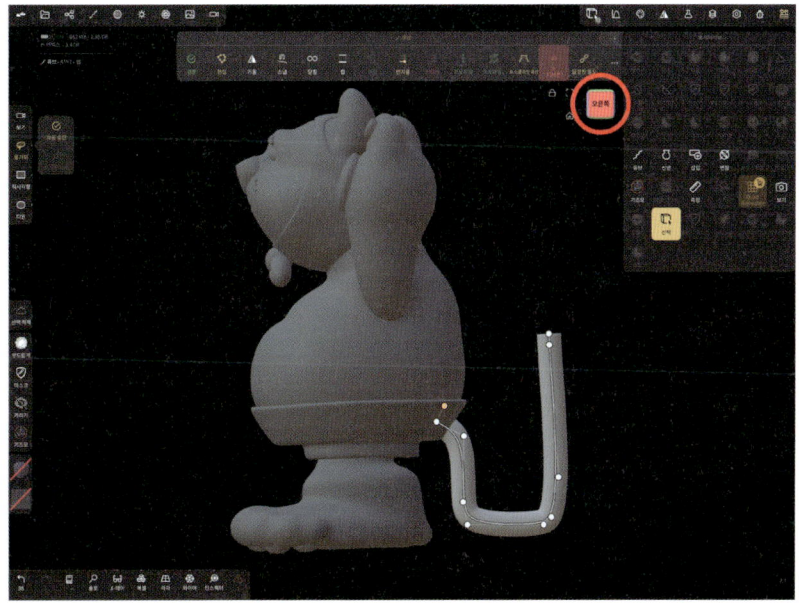

꼬리 만들기 1

02 중앙 상단에 위치한 반지름의 기준을 원하는 대로 변경하고 전체적인 사이즈를 조절해 준다. 프로파일을 이용하여 단면의 형태를 변경해 줄 수도 있다.

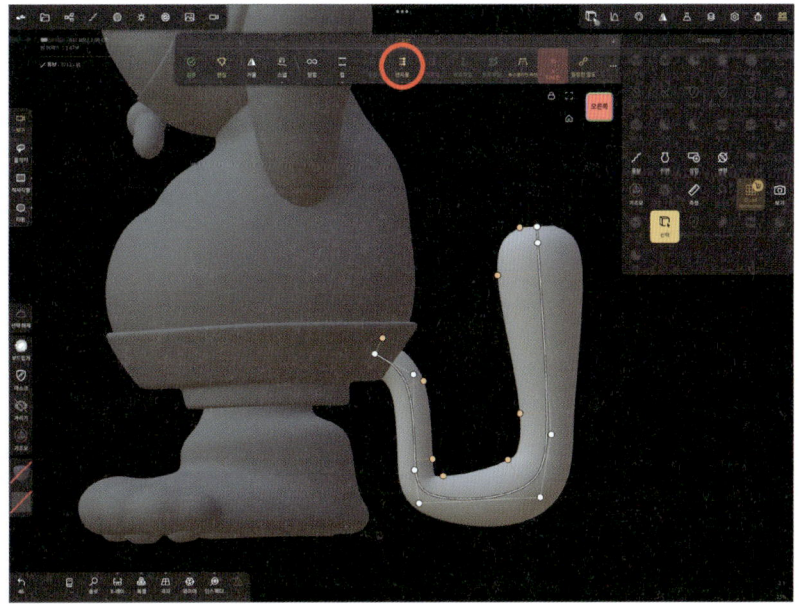

꼬리 만들기 2

03 변경된 형태를 기반으로 기즈모를 클릭하여 좌우로 눌러준다. 이 작업은 꼬리의 단면 형태를 원이 아닌 타원으로 잡아 주는 방법이다. 좌우 대칭이 맞춰진 채로 정확히 세계 중간에 있어야 가능하니 좌측 혹은 우측을 보고 튜브 툴을 정확하게 그려 줬는지 확인하고 작업을 진행하자.

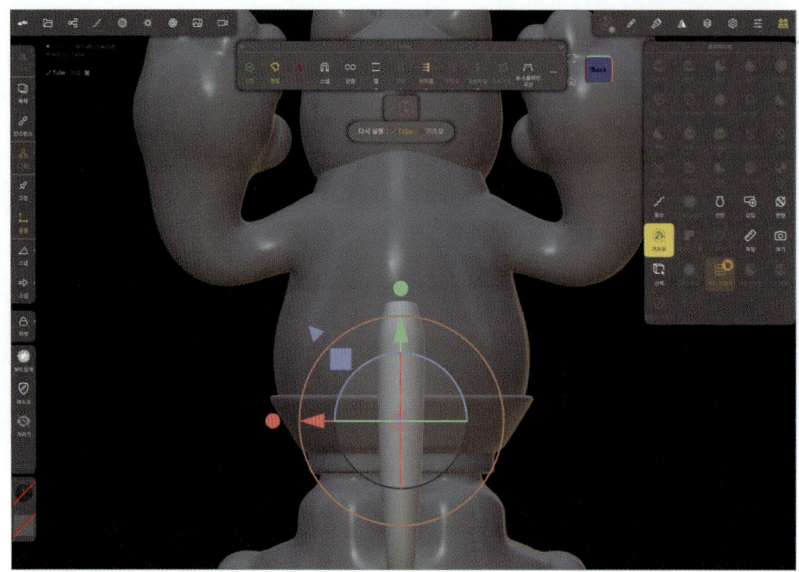

꼬리 만들기 3

04 형태를 갖춘 꼬리를 위치에 맞게 옮겨 준 뒤 점을 잡아 이동하며 디테일한 형태를 잡아 준다.

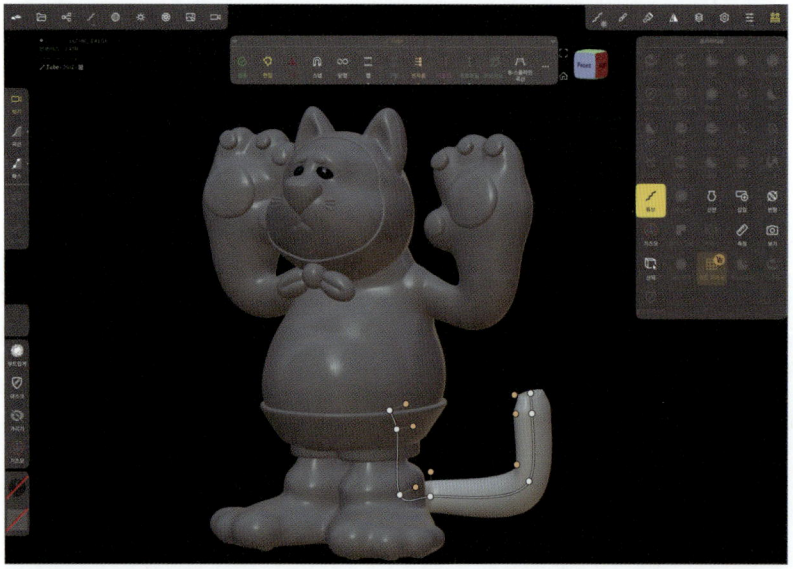

꼬리 만들기 4

05 검증을 누르고 세분화 단계를 올려준 뒤 디테일들을 추가하면 된다. 혹시라도 꼬리의 형태를 과도하게 잡아 뒤집힌 면(갈색 면)이 보이는 경우에는 부드럽게 툴을 이용하여 정리하면 된다. 팽창 툴을 이용하여 끝부분에 볼륨감을 주는 것도 좋은 방법이다.

꼬리 만들기 5

Chapter 03 질감과 빛 효과

Section 1 컬러 및 머티리얼 설정

이제 질감과 빛 효과를 설정해 보겠다. 혹시 기억이 잘 나지 않는 부분이 있다면 페인팅에 관해 복습한 후 진행하기 바란다.

1. 컬러링

일차적으로 컬러링을 전부 넣어줄 예정이다. 컬러를 넣어주는 과정을 순서대로 나열하면 다음과 같다.

- 모두 칠하기를 활용하여 기본 베이스 컬러 입히기(+ 재질 설정)
- 에어 브러시(이동 툴 활용하여 칠하기)를 활용하여 컬러 베리에이션 주기
- 페인트 툴을 활용하여 세세하게 칠해 주기
- 데칼 브러시를 이용하여 로고 혹은 이미지 심기

- **모두 칠하기**: 컬러와 재질(거칠기, 메탈릭) 설정을 해준 후 모두 칠하기를 눌러 기본적인 색상을 입힌다.

모두 칠하기

- **에어 브러시**: 기존에 모두 칠하기로 입힌 컬러를 스포이트 기능으로 불러온 후에 약간의 컬러 조정을 하여 입혀준다. 그러면 더욱 다채로운 컬러감을 줄 수 있다.

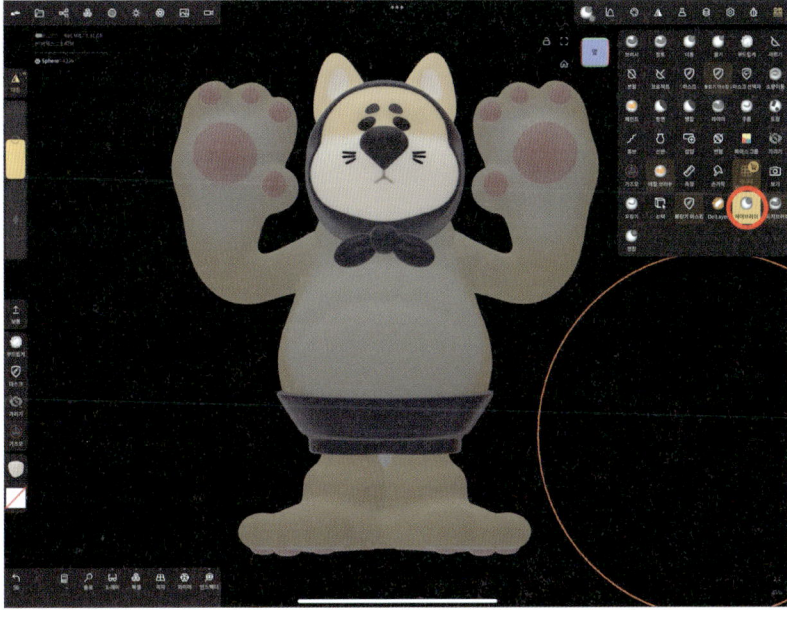

에어 브러시

- **페인트**: 직접 칠해 주는 방식을 이용하여 표정이나 무늬와 같은 부분을 페인팅해 준다. 알파 브러시의 모양에 따라 페인트 툴의 단면이 명확하거나 불명확할 수 있으니 이에 따른 이해도를 충분히 기르고 활용하면 좋다.

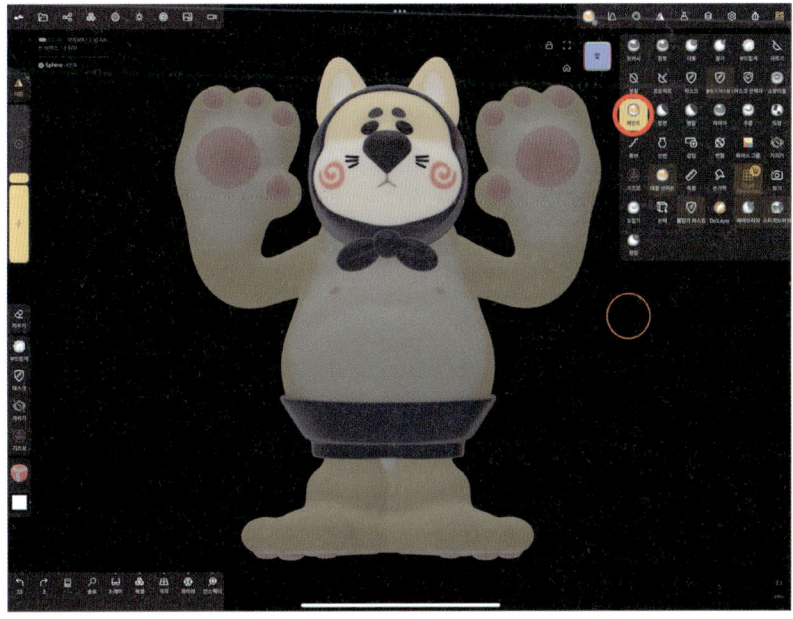

페인트

- **데칼 브러시**: 걸맞은 이미지를 불러와 그대로 입혀주는 기능이다. 이를 이용하여 반다나 모양과 같은 이미지를 그대로 넣어줄 수 있다. 이때 알파 브러시를 이용할 것인지 컬러링 자체의 이미지를 변경할 것인지를 잘 판단해야 한다. 대체로 알파 브러시만을 이용한다면 한 컬러의 특정 모양을 표현하고자 할 때 사용되고, 컬러가 이미 있으며 특히나 다양한 컬러가 들어간 이미지를 심는 경우에는 페인트에서 이미지 자체를 변경해 주는 것이 좋다.

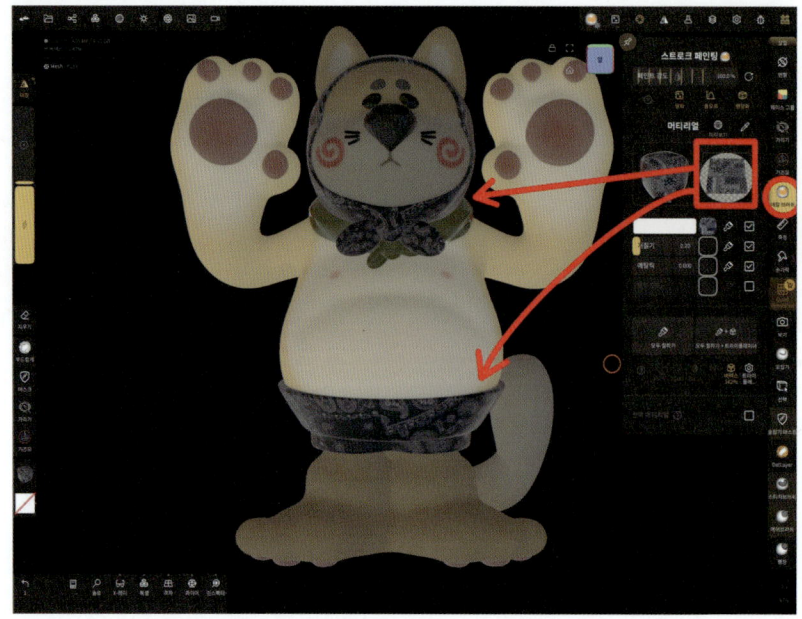

데칼 브러시

2. 머티리얼

머티리얼로 현재 사용할 만한 것은 첫째로 페인팅에서 가볍게 설정할 수 있는 거칠기와 메탈릭의 정도이다. 무광 혹은 유광, 메탈릭의 기준을 선택하고 페인팅을 하는 게 첫 번째라고 할 수 있다. 이후 현재의 모델링에 적용해 볼 둘째 머티리얼은 바로 서브서피스이다. 서브서피스는 인체의 반투명한 느낌을 표현하기 위한 머티리얼이기도 하지만 약간의 블러 효과를 적용해 줌으로써 귀엽고 복슬복슬한 표현을 하기에도 좋은 머티리얼이다. 이를 이용하여 다음 그림과 같이 서브서피스를 캐릭터의 피부에만 적용해 보면 분위기의 차이가 확연한 것을 알 수 있다. 이 점은 포스트 프로세싱과 조명을 더했을 때 더욱 뚜렷하게 보인다.

머티리얼 설정

혹시라도 추가한 물체에 투명한 부분이 있으면 머티리얼 중 굴절을 선택하여 유리와 비슷한 질감을 내주는 것이 좋다. 굴절 머티리얼을 사용할 때 한 가지 주의할 점은 페인팅 당시 설정한 재질도 영향을 받는다는 것이다. 예를 들어 유리 표면에 메탈릭 도금을 입혔다고 생각을 해 보자. 유리는 빛이 투과되는 것인데 메탈릭 도금에 의해 빛이 반사되어 불투명 물체로 보이게 될 것이다. 이 말인즉슨, 투명한 유리를 표현하기 위해선 거칠기와 메탈릭이 0에 수렴하는 유광 물체로 해야 가장 유리다워 보인다는 것이다. 이 점을 참고하여 활용한다면 더욱더 유리와도 같은 표현을 해줄 수 있다.

Section 2 라이팅과 셰이딩 및 포스트 프로세싱 설정

1. 라이팅

조명에는 여러 가지가 있다. 대체로 많이 사용되는 것은 태양과 스폿(스포트 라이트)이다. 태양 조명을 두세 개 정도 배치해 주고 스폿을 활용하여 반사광을 표현해 주는 것이 일반적이다. 아무래도 조명의 개수 자체가 네 개로 한정되어 있다 보니 한계가 두드러진다. 하지만 조명의 표현 방식에 따라서 모델링의 분위기가 완전히 달라지므로 잘 배치해 주는 것이 중요하다. 가장 추천하는 방법은 구글링이다. 특히 포토그래퍼들이 사물을 촬영할 때 어떠한 각도로 어느 정도의 광량을 활용하여 촬영함으로써 분위기를 만들어내는지를 공부해 보는 것을 추천한다. 그런 방식으로 자주 만져 보면 본인만의 무드를 자아낼 수 있는 라이팅을 찾을 수 있을 것이다.

- 셰이딩난의 광원 부분에 위치한 광원 추가를 클릭하여 광원을 불러온다.

광원 추가

- 조명의 방향이 겹치지 않게 골고루 배치한다. 이유는 조명의 개수가 한정되어 있기 때문이다. 혹시라도 겹쳐 있을 때의 이미지가 마음에 든다면 조명 하나의 강도를 올려 주고 남은 한 개의 조명은 다른 곳을 비추도록 하는 것이 좋다.

조명의 방향

- 반사광은 필수적이다. 반사광이란 물체가 빛을 반사함으로써 윤곽선을 따라 빛의 경계선이 생기는 것을 의미한다. 반사광이 있는지 없는지에 따라 입체감에서 큰 차이를 보이므로 웬만하면 스폿을 활용하여 반사광을 연출해 주는 것이 좋다.

반사광

2. 셰이딩

라이팅 설정이 끝나면 주변환경을 변경해 줘야 한다. 주변환경이란 말 그대로 모델링이 놓이는 공간 그 자체를 의미하기 때문에 추후 렌더링 시에 큰 영향을 미친다. 예를 들어 유광인 물체가 있을 때는 배경을 반사하게 되는데 이때 반사하며 맺히는 환경 요소를 변경할 수 있는 것이다.

- **주변환경 불러오기**: 주변환경에 위치한 이미지를 클릭해 보자. 그럼 다양한 이미지가 기본적으로 주어져 있을 것이다. 이것들도 물론 좋지만 다양한 배경 요소를 담고 있는 이미지들을 임포트하여 가장 잘 어울리는 것을 골라보는 것을 추천한다. 이렇게 불러온 이미지들은 추후에도 사용 가능하다.

주변환경 변경하기

- **주변환경 노출, 회전도 조절하기**: 주변환경의 노출도는 말 그대로 얼마나 강한 광량으로 모델링을 비춰 줄 것인가를 얘기하는 것이다. 어떻게 보면 모델링을 두르는 하나의 광원이라고도 볼 수 있다. 2.5를 넘 어가는 순간 빛이 과해지는 편이니 2.5 내에서 조절하는 것이 좋다. 다음으로는 회전이 있는데 회전에 따 라 모델링에 비치는 상이 달라지게 되며 컬러가 다채로운 배경일수록 그 영향은 배가 된다. 적절하게 배 치하여 원하는 분위기를 만들어 보도록 하자.

주변환경 노출, 회전도 조절하기

3. 포스트 프로세싱

렌더링을 위한 최종 단계인 포스트 프로세싱은 이렇다 저렇다 할 부분이 없다. 직접 만져 보며 설정 간 상호작용을 이해하고 모델링에 걸맞은 효과를 부여해 주는 것이 전부이기 때문이다. 앞에 설명되어 있는 포스트 프로세싱 설정들을 확인해 가며 하나하나 직접 설정해 보도록 하자.

다음과 같이 포스트 프로세싱을 설정함에 따라 컬러와 조명값이 많이 변하기도 한다. 본인이 생각한 것에 비해 컬러나 조명이 진해질 가능성이 있는데 이 점을 잘 조절해 주는 것이 중요하다. 그렇기에 이 작업 이후에는 포스트 프로세싱을 먼저 설정해 준 뒤 컬러를 입히고 조명을 설치하는 것도 한 가지 방법이 될 수 있다.

포스트 프로세싱 적용 전후

모델링에서 컬러와 조명의 차이가 너무 심하다면 톤 매핑과 컬러 그레이딩을 활용하여 중화해 줄 수 있으니 참고하면 좋다. 마지막으로 포스트 프로세싱에 있어 모든 설정들은 과하면 안 좋다.

마무리 및 렌더링

Section 1 데시메이션 적용 후 배치하기

모델링과 컬러링, 다양한 렌더링 설정을 마무리하게 되면 용량이 커질 대로 커진 상태일 것이다. 이제 우리가 해줄 것은 용량을 최적화해 이후 작업을 조금이나마 용이하게 해주는 것이다. 복셀 리메싱, 다중해상도 등 용량을 관리하는 난에서 가장 우측에 위치한 기타를 클릭하면 데시메이션이 나온다. 데시메이션은 선택한 모델링의 용량을 원하는 퍼센티지만큼 남길 수 있다. 다만 폴리곤의 형태가 네모에서 세모로 변하며 더 이상 모델링의 수정이 어려워지게 된다. 그렇기 때문에 가능한 한 작업의 말단에 진행을 해야 한다.

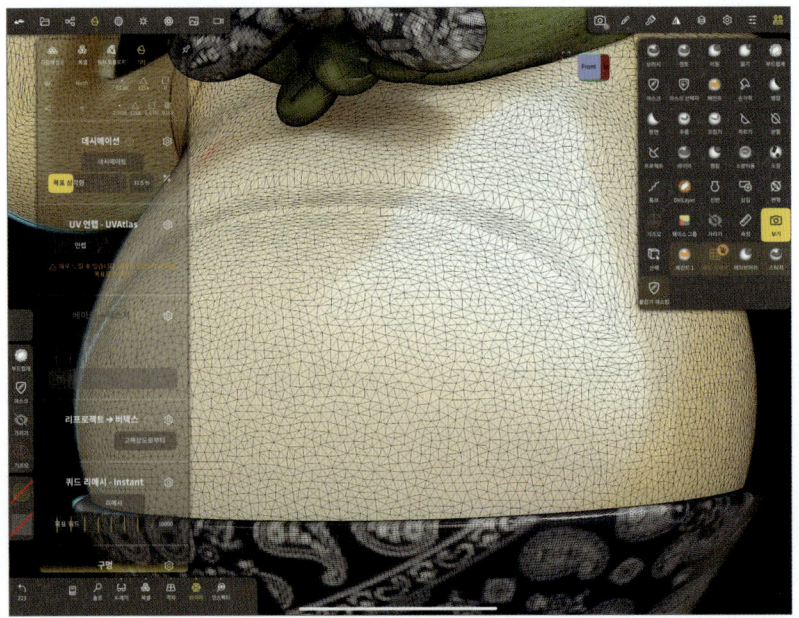

데시메이션 후 폴리곤 상태

01 데시메이션에서 주의할 점은 페인트가 정밀하게 되어 있을수록 데시메이션의 영향을 많이 받아 깨지게 된다는 점이다. 이유는 페인트 또한 폴리곤을 따라서 페인팅이 되는 방식으로 진행되기 때문이다.

데시메이션 주의 사항(페인트)

02 마지막으로 주의할 점은 과다하게 데시메이션을 돌리는 경우이다. 과다하게 데시메이션을 적용할 경우 폴리곤이 직접적으로 보이게 된다. 물론 이를 표현 방식 중 하나로 사용할 수도 있겠지만 의도한 게 아닌 이상 폴리곤의 형태가 보이는 것은 적절하지 않다. 그렇기 때문에 적어도 폴리곤이 보이지 않을 정도의 데시메이션을 적용해야 한다. 추가로 용량의 측면에서 봤을 때 모델링별로 20~100K 정도에서 유지해 주는 것이 좋다.

과다한 데시메이션

Section 2 프로크리에이트에서의 후편집 및 응용법

다음과 같이 크기와 규격을 설정하고 이미지를 렌더링하여 추출한다. 여기서 프로크리에이트 툴과 병행하면 다양한 편집 기법을 활용하여 이미지의 디테일을 올릴 수 있다.

렌더링 방법

프로크리에이트는 드로잉에 특화되어 있는 앱이지만 이미지 편집에 있어서도 활용도가 굉장히 높은 편이기에 노마드 스컬프와 함께 사용하기 좋다. 다만, 유료이며 아이패드에서만 사용이 가능하다.

01 배경이 없는 이미지로 렌더링한다.

배경 없는 렌더링

02 프로크리에이트 앱에서 사진 삽입하기를 활용하여 렌더링 이미지를 불러 온다.

프로크리에이트 앱에서 사진 삽입하기

03 마우스 커서와 같은 아이콘을 클릭하여 이미지를 배치한다.

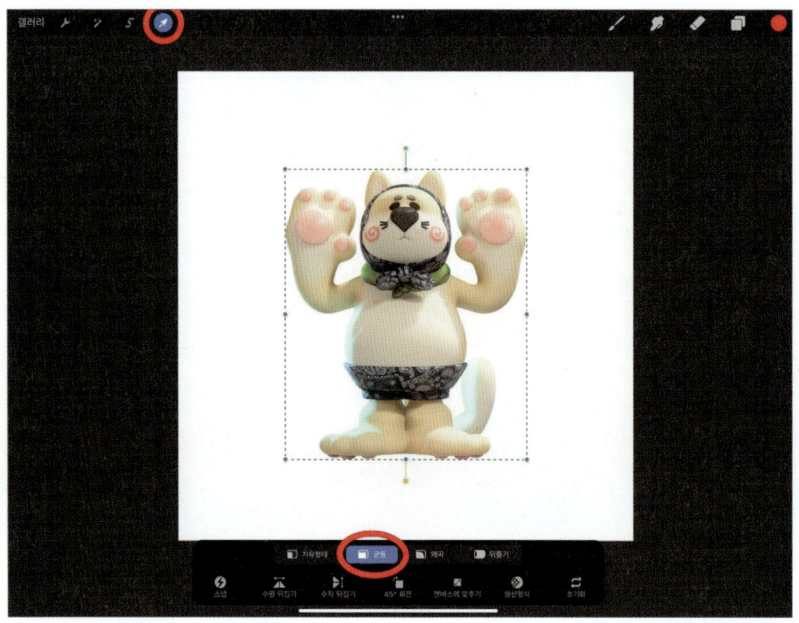

이미지 배치

04 우측 상단 레이어 아이콘을 클릭한 후, + 버튼을 클릭하여 레이어를 추가해 준다. 이후 레이어를 가장 아래에 가져다 놓고 컬러를 끌어넣어 배경색을 깔아 준다.

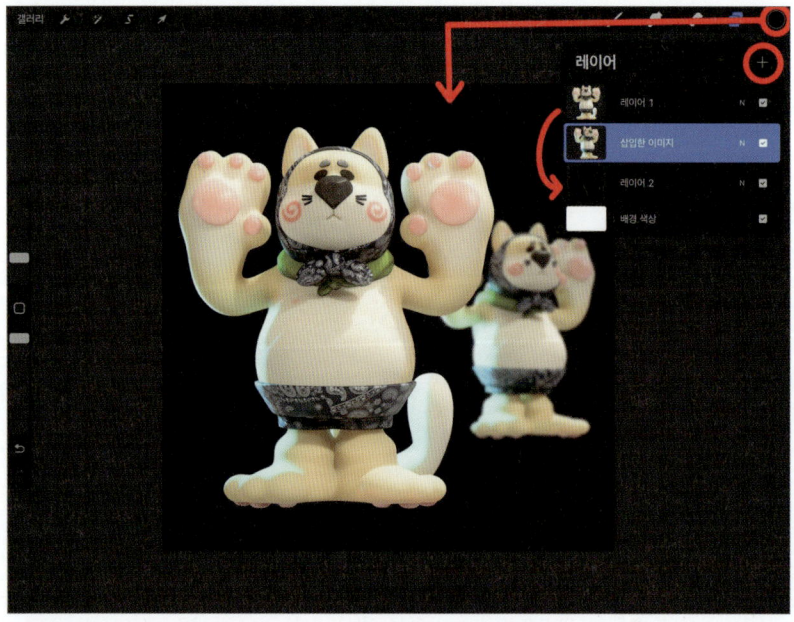

배경 깔아 주기

05 가우시안 흐림 효과를 활용하여 뒤에 있는 이미지를 흐리게 만들어 준다. 이 방식을 사용하면 멀리 있는 것이 흐려지므로 원근감을 줄 수 있다.

원근감 주기

06 공유에서 원하는 방식의 이미지 파일로 내보내어 저장한다.

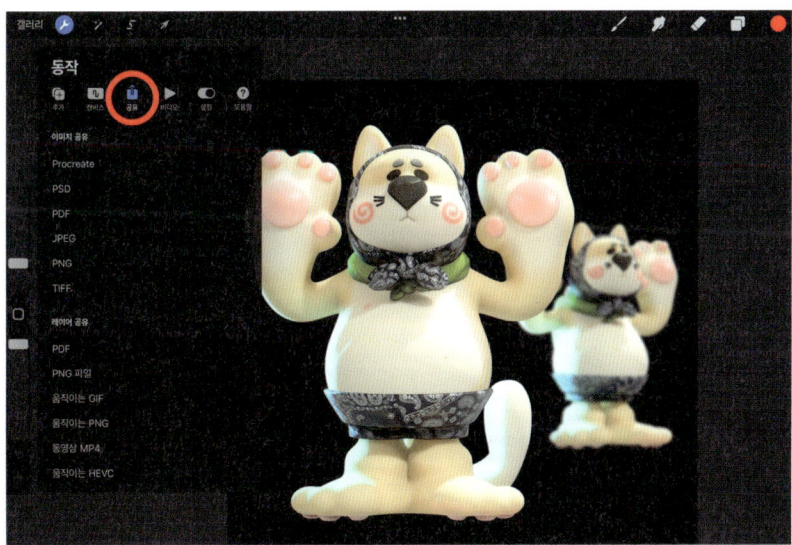

내보내기

지금까지 모델링부터 컬러링, 렌더링 및 배치까지 진행해 보았다. 가장 기본적인 캐릭터를 만들기 위한 노마드 스컬프 워크 플로우의 완성이라고 보면 된다. 여기서 몇 가지 부분들을 수정하여 본인만의 워크 플로우를 단단하게 다진다면 수많은 캐릭터를 만드는 수 있는 능력을 기를 수 있다. 무엇보다 많이 그리고 자주 사용하는 것이 빠르게 실력이 늘어나는 길이라고 생각한다.

Part

인체의 이해, 중급 인물 캐릭터 만들기

01 얼굴과 헤어 모델링
02 몸체 모델링 및 포징 조정
03 각종 소품 모델링
04 마무리 및 렌더링

Chapter 01 얼굴과 헤어 모델링

Section 1 레이어 기능을 활용한 표정 연출하기

얼굴을 만들기 위해선 생각보다 많은 도형이 필요하다. 예를 들어 코를 만들기 위해선 콧대를 만들 도형을 배치해 준 후 콧볼이 되는 부분을 새로운 도형으로 채워 줘야 한다. 그만큼 작업의 강도가 높지만 재미있는 인체의 일부 중 하나인 것은 확실하다. 도형이 다양하게 들어가고 도형의 형태를 자유자재로 변형할 수 있는 만큼 새로운 얼굴들을 매일같이 만들어낼 수 있기 때문이다. 그렇다면 인체 중 가장 처음 눈에 들어오며 매력을 가장 많이 보여줄 수 있는 얼굴을 만들어 보자.

얼굴 기본

01 구체 도형을 불러와 이동 툴을 활용하여 다음과 같이 얼굴, 머리의 기본 형태를 잡아 준다. 형태를 잡아 준다는 것은 어떤 면에서 봐도 어색하지 않게 모델링을 한다는 것을 의미한다. 이때 주의할 점은 이동 툴의 브러시를 크게 잡아 주는 것이다. 초기 형태를 잡아 가는 과정에서 이동 툴을 작게 잡고 작업을 하면 모델링의 면이 더러워지게 된다. 혹시라도 면이 울퉁불퉁하다면 부드럽게 툴을 활용하여 면을 깔끔하게 정리하도록 하자.

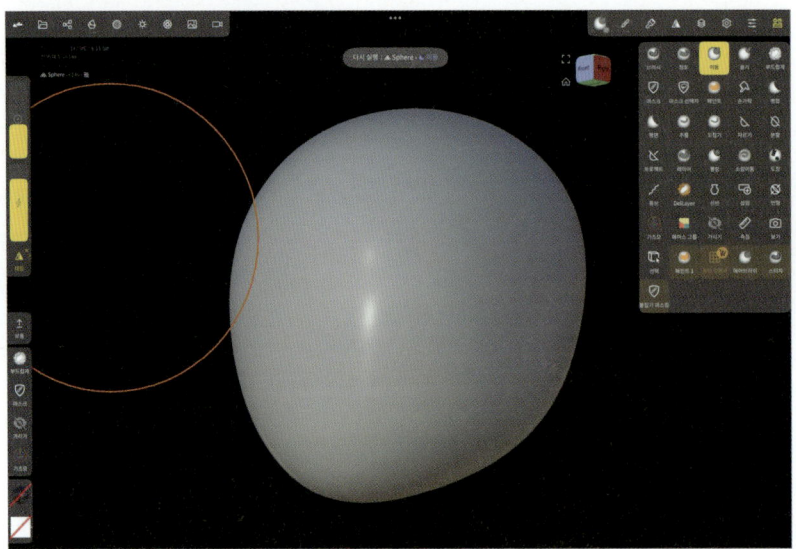

얼굴 모델링 1

02 브러시의 빼기 기능을 활용하여 눈 부분의 살을 파내고 안와골 부분에 일반 브러시를 활용하여 살을 붙여 준다. 이후 눈이 될 부분에 구체를 추가하고 대칭의 미러링 기능을 활용하여 양쪽에 눈을 붙여 준다.

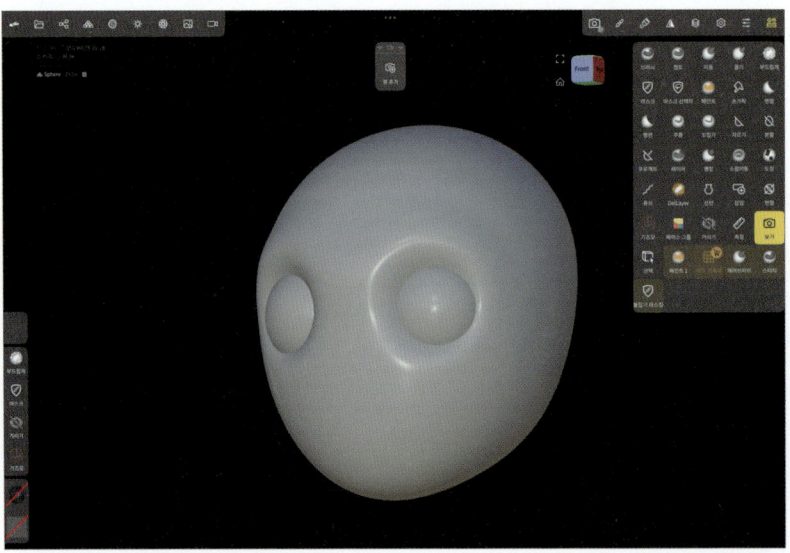

얼굴 모델링 2

03 눈이 될 구체 상단과 하단에 마스킹을 하고 추출을 하여 눈꺼풀이 될 도형을 추출한다. 이후 귀와 코가 될 도형도 추가해 준다.

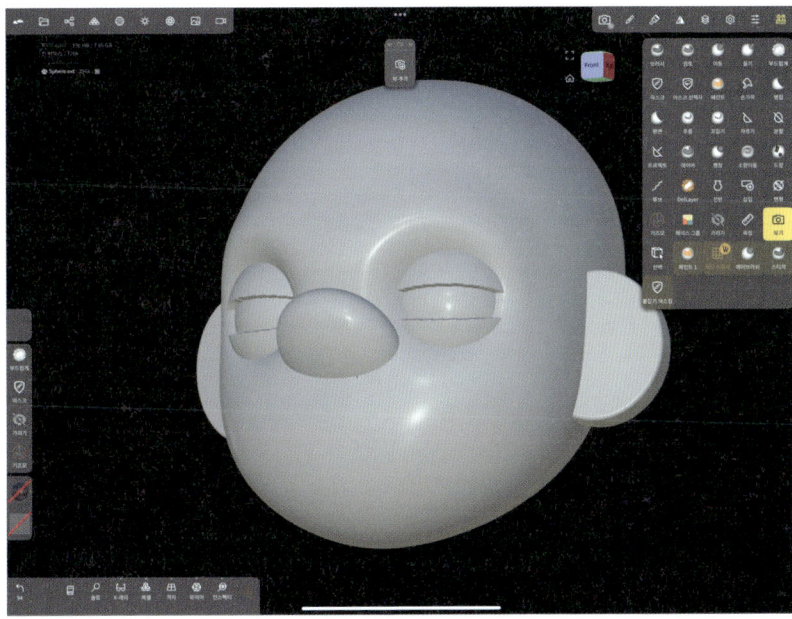

얼굴 모델링 3

04 이동, 병합, 브러시, 팽창 등 다양한 툴을 활용하여 귀와 코, 눈꺼풀의 형태를 잡아 준다. 추후 결합하고 면을 정리할 것을 생각하여 예상보다는 조금 더 진하게 작업해도 된다.

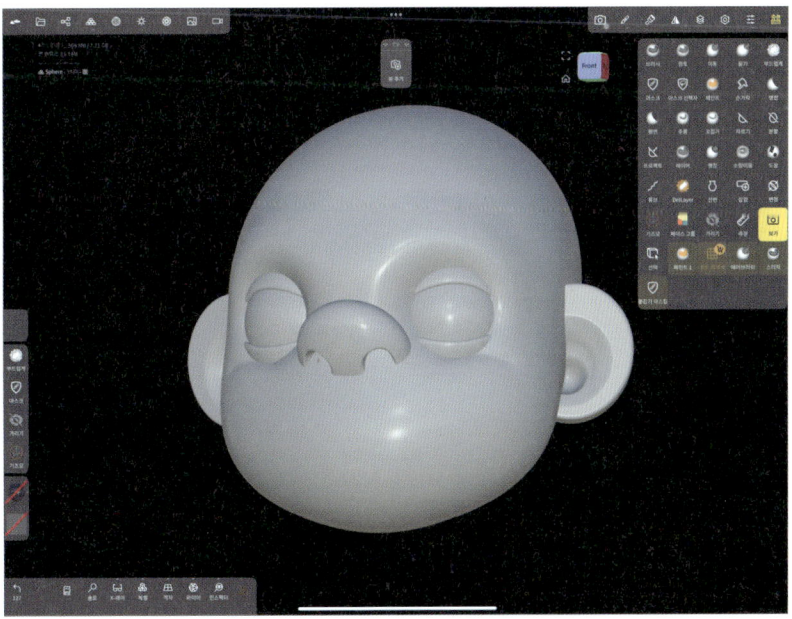

얼굴 모델링 4

05 안구가 되는 구체를 제외한 나머지 도형들을 선택하고 복셀 리메시를 이용하여 합친다. 연결부가 되는 곳들을 부드럽게 툴을 활용하여 정리해 주고 뭉개진 부분들의 디테일을 다시 잡아 준다.

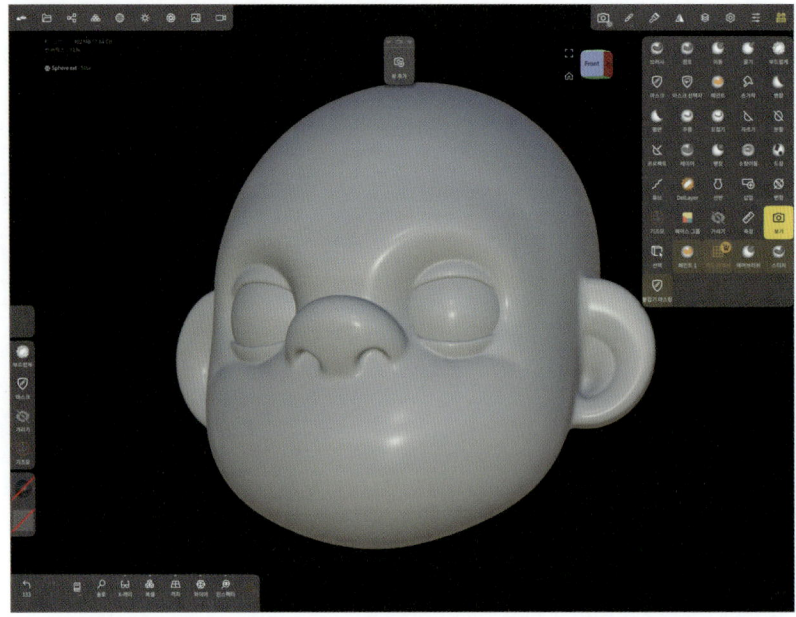

얼굴 모델링 5

06 브러시를 활용하여 입술이 될 부분에 살을 붙여준 뒤 부드럽게 툴로 정리해 준다. 살을 붙인 부분에 주름 툴의 두 가지 기능(잡아서 들여놓기, 잡아서 빼기)을 활용하여 입술 라인을 잡아 준다. 이후 라인이 너무 부각되지 않게 팽창 툴과 부드럽게 툴을 활용하여 정리해 주면 된다.

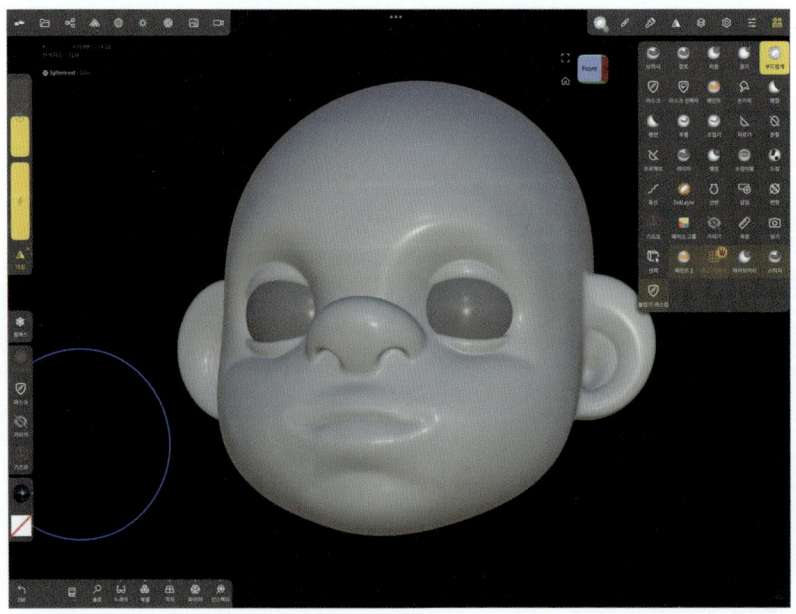

얼굴 모델링 6

07 컬러링과 포스트 프로세싱 설정 및 머티리얼(서브서피스) 설정을 마무리한다. 컬러링을 할 때 기본 살색을 기준으로 모두 칠한 뒤 이동 툴의 칠하기를 활용하여 귀, 볼과 같은 부위에 붉은 톤을 넣어주면 훨씬 자연스러운 피부색을 내줄 수 있다.

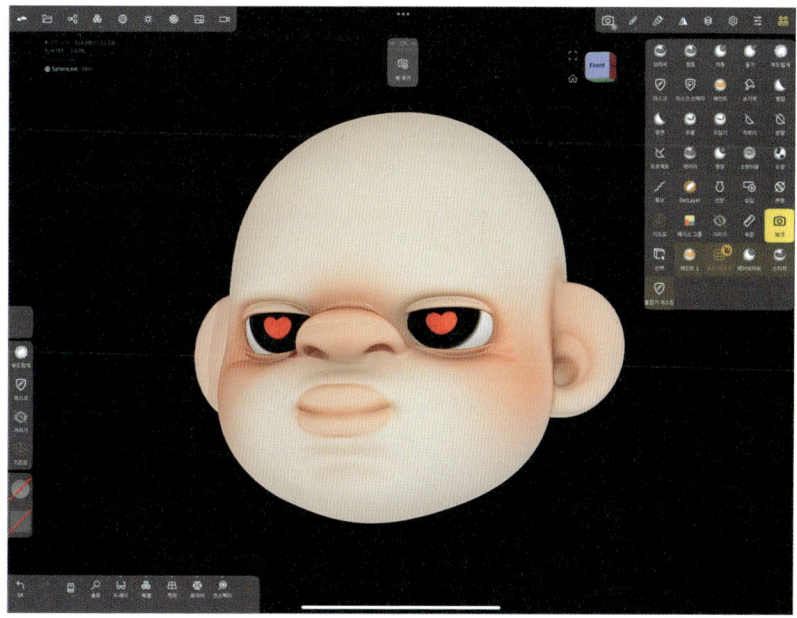

얼굴 모델링 7

08 우측 상단을 보면 레이어 기능이 있다. 레이어 기능을 추가하면 만약 모델링을 함으로써 변화가 1~100까지 있다고 할 때 1~100 사이를 자유자재로 오고갈 수 있다. 레이어 추가를 누르고 모델링 혹은 컬러링을 해 보자. 이후 추가한 레이어의 게이지 바를 조절하면 작업을 하기 전후 그 중간 정도까지 조절하여 표현해 줄 수 있다. 이를 활용하여 완성된 얼굴 모델링에 레이어를 추가하고 입꼬리를 올려 주면 그 중간 지점의 가장 자연스러운 표정을 찾을 수가 있는 것이다. 물론 이 기능을 활용하여 다양한 표징 변화도 일으킬 수 있다. 눈, 입, 눈썹과 같은 감정과 연결된 부위에 각각 레이어를 추가하는 것이다.

얼굴 모델링 8(레이어 기능 활용)

Section 2 튜브 툴과 마스킹 추출을 활용한 헤어 만들기

튜브 툴과 마스킹 추출 기능을 활용하여 머리카락을 제작해 보자. 일반적으로 머리카락은 튜브 툴만으로 제작한다. 하지만 입문 과정이니 조금 더 쉽게 마스킹 추출을 함께 사용할 것이다. 튜브 툴로는 디테일만 잡아 볼 예정이다.

01 마스킹 추출 기능을 활용하여 눈썹과 삭발 머리를 만들 수 있다. 눈썹 같은 경우에는 마스크 펜을 활용하여 직접 그려 주는 것이 좋다. 반면에 삭발 머리를 하기 위해선 다음과 같이 마스크 선택자를 활용하는 것이 더 쉬운 방법이다.

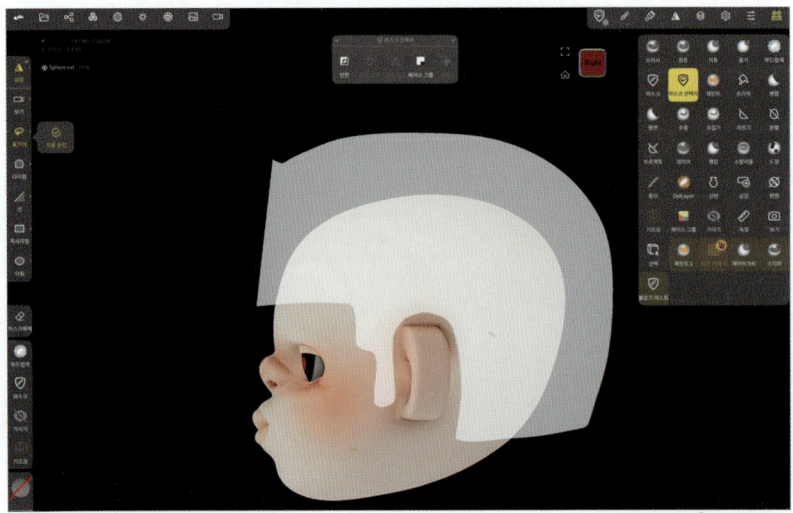

헤어, 눈썹 만들기 1

02 마스킹을 완료했다면 우측 상단에 위치한 마스크 부가 기능을 활용하여 추출한다. 추출할 때 당연히 두께가 가장 중요하다. 추가로 평활도를 지나치게 올리면 라인 정리를 넘어선 단순화가 될 수 있으므로 50을 넘기지 않도록 하자.

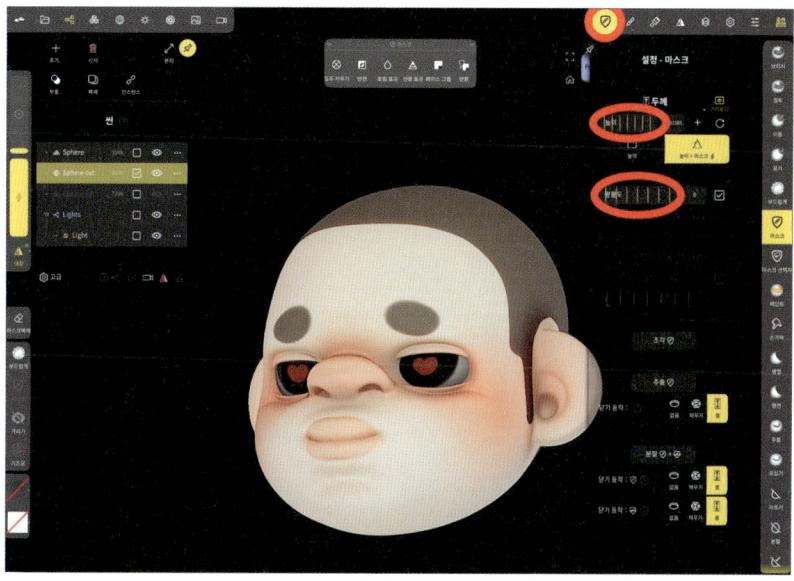

헤어, 눈썹 만들기 2

03 추출된 도형들에 복셀 리메시를 돌리고 부드럽게를 활용하여 정리해 준다. 추출된 면들은 대체로 끝 면이 각져 있기 때문에 부가적으로 이러한 작업을 진행하는 것이다. 이후 간단하게 컬러를 넣어 준다.

헤어, 눈썹 만들기 3

04 튜브 툴을 활용하여 부가적인 헤어 피스를 만들어 머리카락에 디테일을 추가한다. 물론 정말 리얼한 머리카락을 만들기 위해선 수많은 얇은 두께의 튜브 툴을 활용해야 하므로 큰 인내심이 필요하다. 이후 컬러를 넣어 주고 마무리한다.

헤어, 눈썹 만들기 4

TIP

머리카락의 형태는 다음과 같은 튜브를 기본으로 시작하는 것이 좋다.

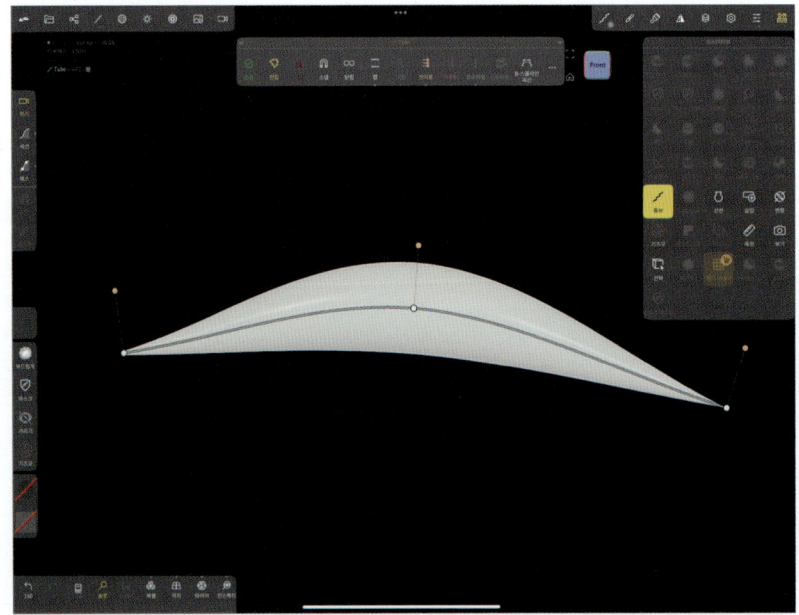

헤어의 기본 형태(튜브)

몸체 모델링 및 포징 조정

Section 1 5등신 이상의 캐릭터 근육에 대한 이해

인체 같은 경우엔 추후의 자세 변경을 위해서라도 관절에 따라 도형들을 분해하여 배치하는 것이 좋다. 팔만 해도 다음과 같이 관절을 기준으로 나눌 수 있다.

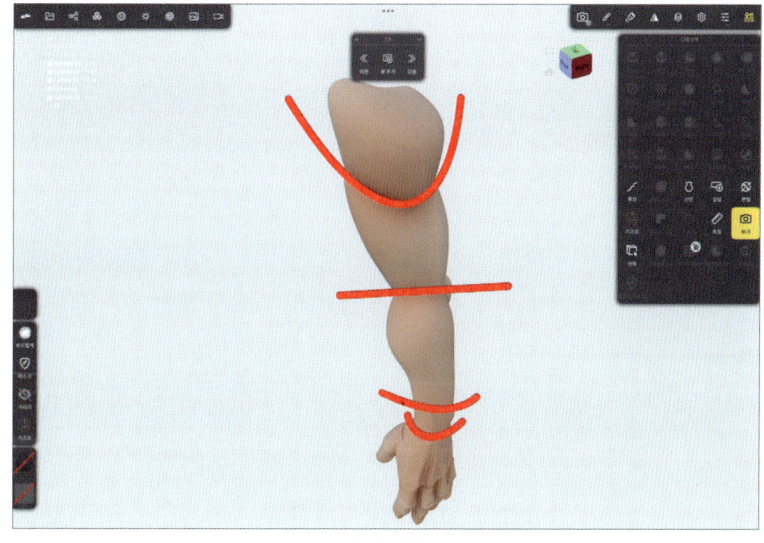

팔의 분할

이와 같이 근육들이 구부러지는 부분인 관절을 따라 인체를 분할해 준다고 생각하면 조금 더 쉽게 모델링을 진행할 수 있다. 시중에 판매하는 구체 관절 인형이나 피규어를 참고하는 것도 좋은 방법이다.

스케치의 도움이 필요하다면 다음과 같이 간단하게 스케치를 진행할 수 있다. 그림을 간단하게 그리고 어떤 부분에서 나눠줄 것인지를 생각하는 것이다. 물론 이러한 과정을 머릿속에서 진행할 수 있는 것이 가장 좋다.

스케치

01 어느 정도 근육이 구분되는 기준을 잡았다면 형태를 알맞은 도형을 활용하여 배치해야 한다. 튜브 툴을 사용했다면 추후 형태 변형을 위해 검증을 미리 누르지 않는 것이 좋다.

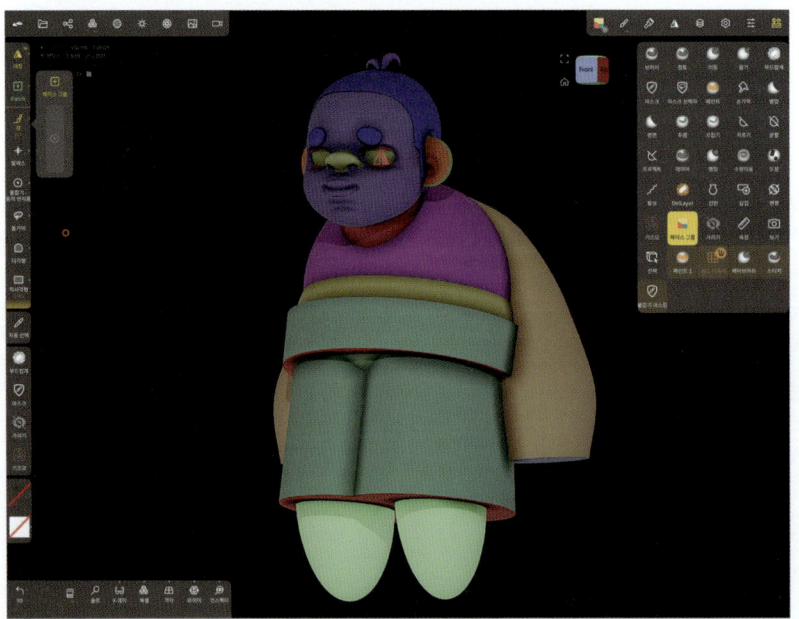

인체의 기본 형태 잡기 1

02 간단한 도형 배치가 완료되면 디테일 브러시들을 활용하여 개별적인 형태를 잡아준다. 5등신 캐릭터의 귀여운 형태를 만들기 위해선 지나친 디테일보단 기본적인 예쁜 형태감을 찾기 위한 모델링을 진행해야 한다.

인체의 기본 형태 잡기 2

Section 2 변형 가능한 손과 발 모델링(나만의 에셋 만들기)

에셋이란 3D 모델링 결과물을 언제든 다시 사용할 수 있도록 파일로 저장한 것을 가리킨다. 예를 들어 기본형이 될 수 있는 손을 만들고 관절을 분리해 놓은 채로 저장을 하면 나중에 관절을 변형해 가며 다시 사용할 수 있는 것이다. 굳이 처음부터 모델링할 필요 없이 저장된 파일을 이용해서 간난한 비율과 형태, 구도민 변형하여 모델링을 할 수 있는 것이다.

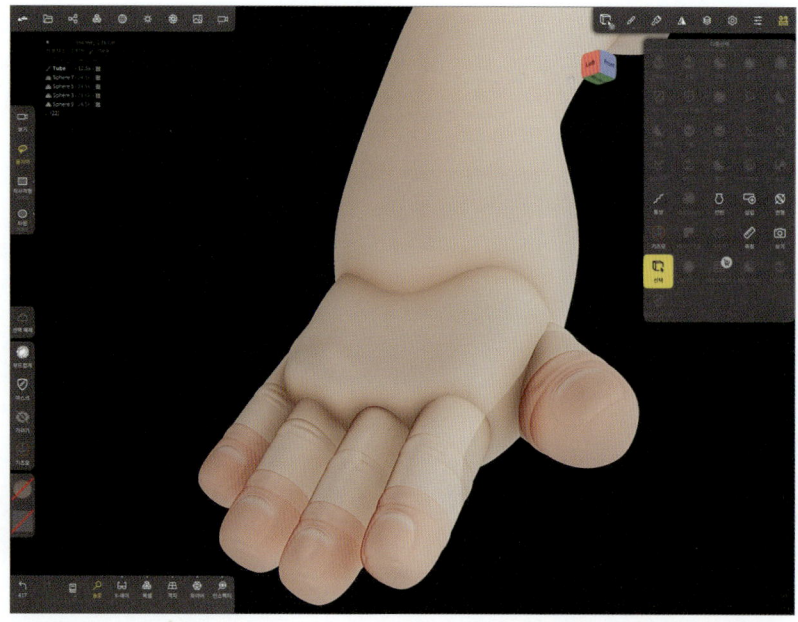

손 모델링

손 만들기

01 원하는 형태의 도형(구체, 상자)을 가져와서 그림과 같은 손바닥을 만들어 준다. 손바닥의 크기에 따라 손의 크기가 결정되므로 만드는 캐릭터에 부합하는 손의 형태를 만들어 주는 것이 좋다.

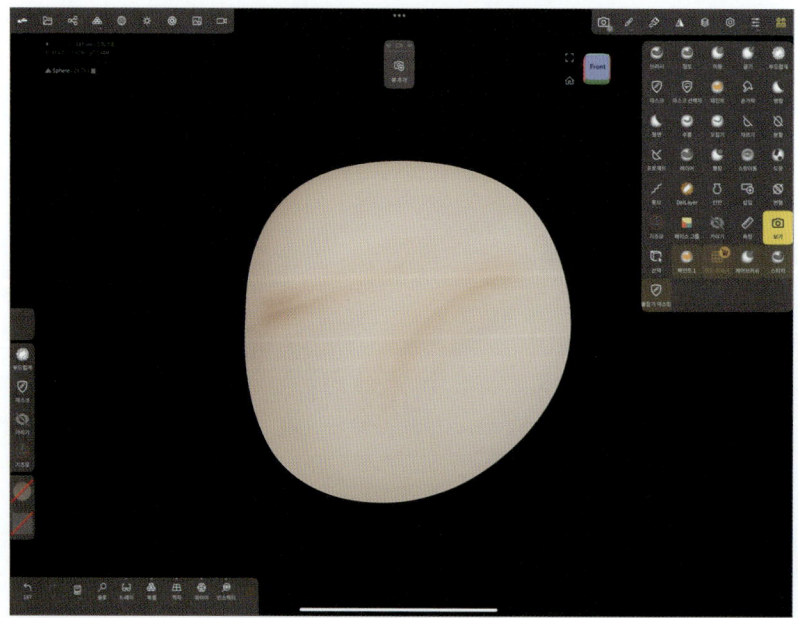

손 만들기 1

02 원통을 가져와 관절에 따라 손가락을 배치한다. 이후 부드럽게 툴을 사용하여 문지르면 각진 구체 같은 모양이 된다. 이후 관절을 따라 구체를 배치해 준다.

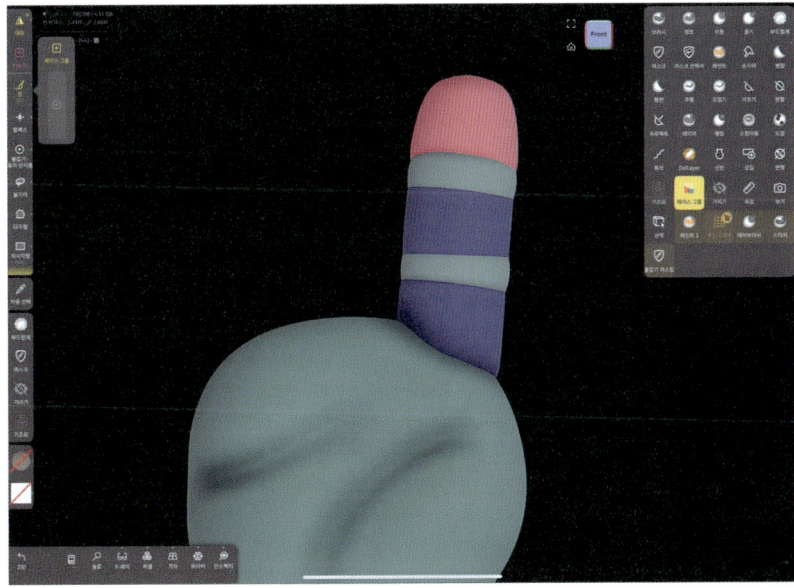

손 만들기 2

03 배치해 둔 도형을 기반으로 모델링을 진행한다. 한 손가락을 기준으로 모델링을 진행하는 이유는 추후 복제를 하여 그대로 사용할 예정이기 때문이다. 모델링을 할 땐 팽창 툴과 부드럽게 툴, 브러시 툴을 사용하여 제작하면 된다.

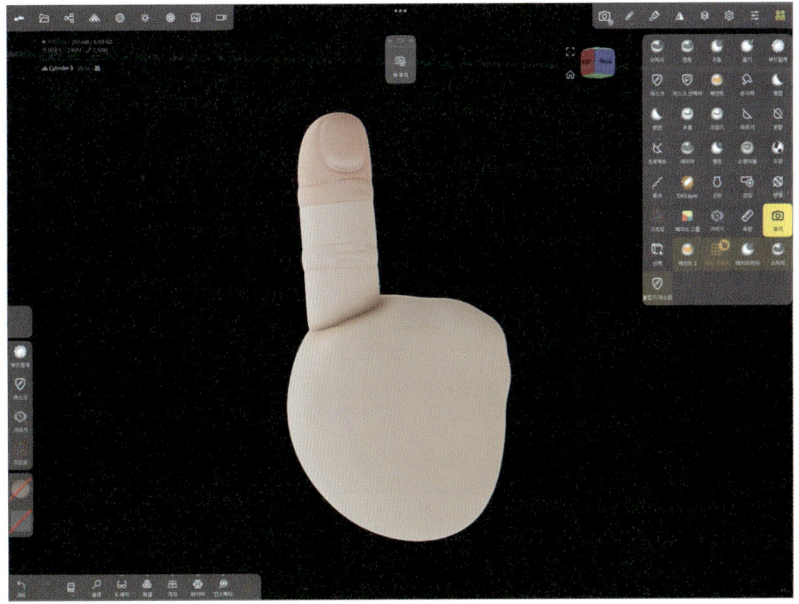

손 만들기 3

04 제작한 손가락을 복제하여 엄지를 제외한 다른 손가락을 만든다. 이때 복제한 후 손가락의 길이 및 비율만 조절해 주면 된다.

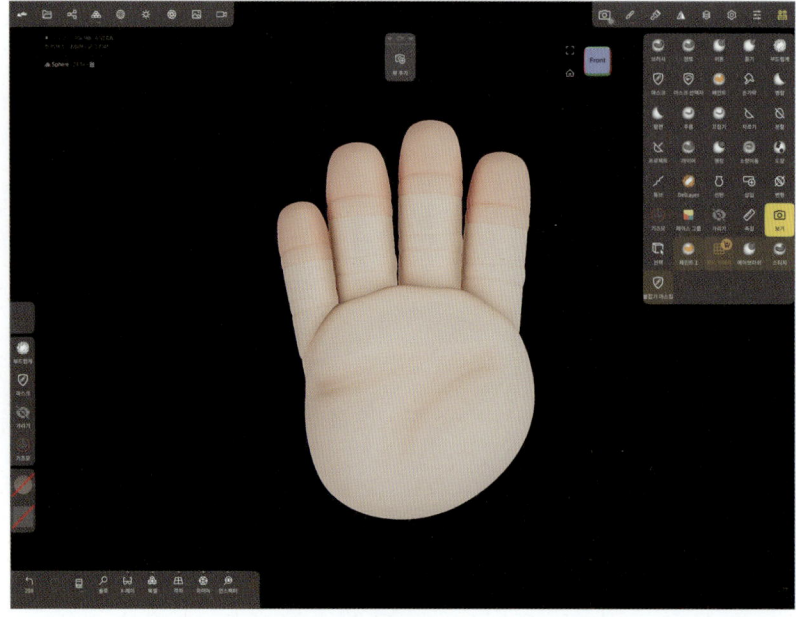

손 만들기 4

05 엄지를 같은 방식으로 만들어 주되 다른 손가락들에 비해 짧고 가로 폭이 넓게 제작한다.

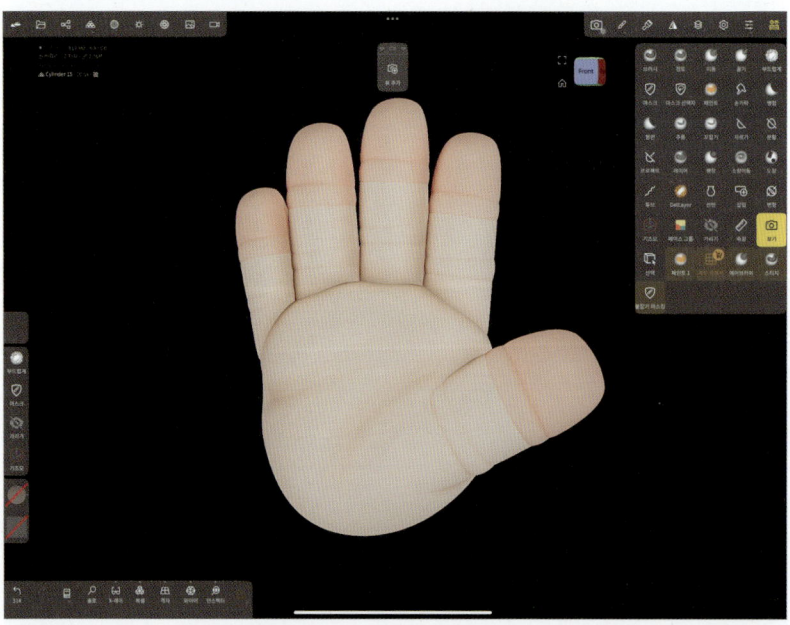

손 만들기 5

06 선택 툴을 활용하여 제작한 손과 손가락을 선택한다.

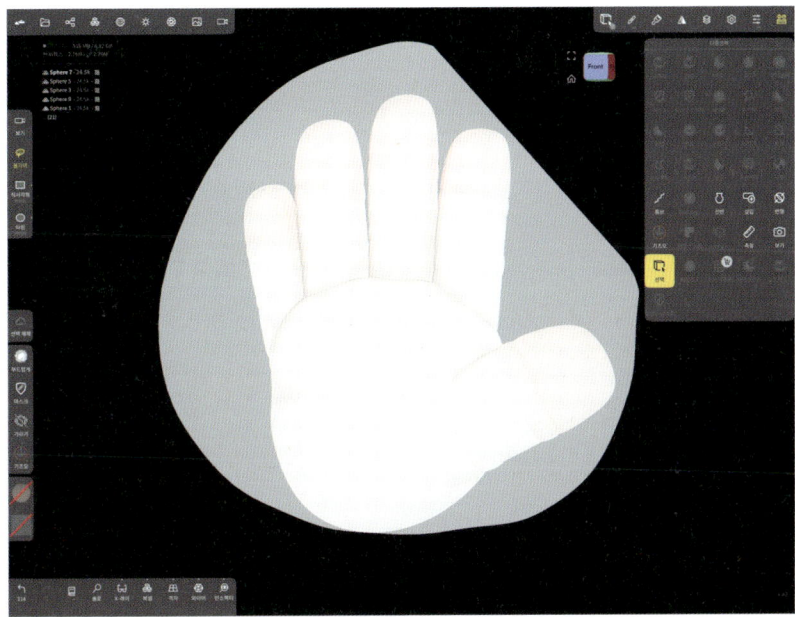

손 저장하기 1

07 좌측 상단에 위치한 파일을 클릭하고 익스포트의 Nomad 파일 중 '선택된'을 클릭하여 선택된 파일만 내보내기를 한다. 이후 파일에 저장을 하면 사용하고 싶을 때마다 임포트를 활용하여 사용할 수 있다.

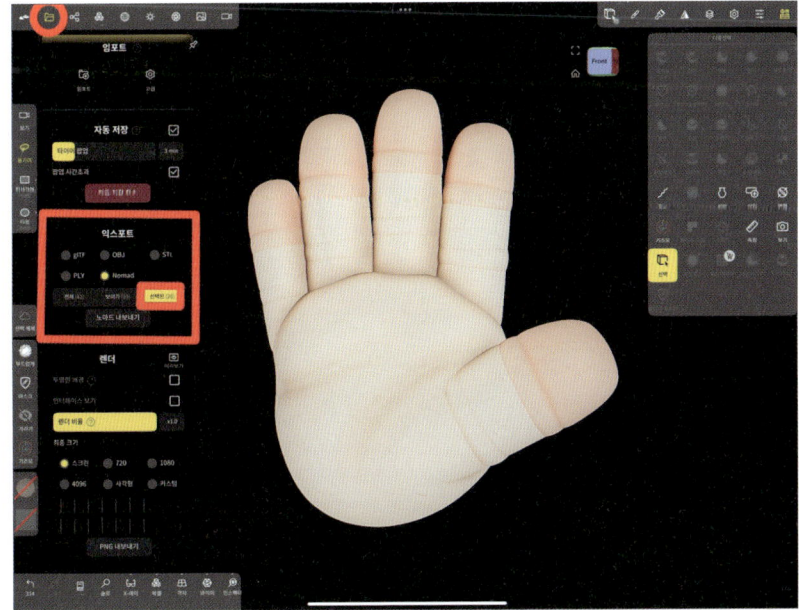

손 저장하기 2

발 만들기

01 원을 불러온 뒤 이동 툴을 활용하여 발의 기본이 되는 형태를 만들어 준다. 발 같은 경우엔 대칭을 풀고 다각도를 생각하며 만들어 주는 것이 좋다. 한쪽 면만 보고 모델링을 했다가는 원하는 형태를 잡는 데 문제가 생길 수도 있다.

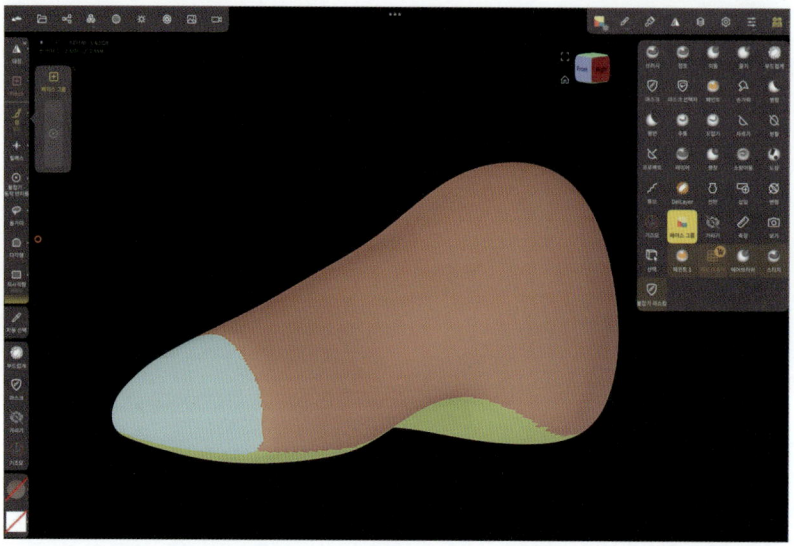

발 만들기 1

02 발가락을 이뤄 줄 상자 도형을 가져오고 부드럽게를 활용하여 둥글게 만들어 준다. 이후 기즈모를 활용하여 폭을 조절하고 팽창 툴을 활용해 볼륨감을 조절한다.

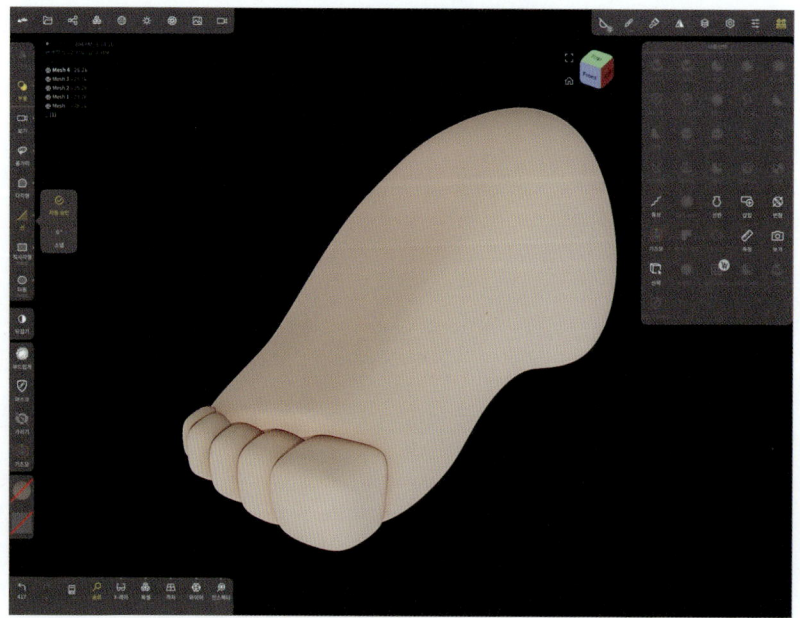

발 만들기 2

03 마찬가지의 방법으로 발 파일도 따로 저장해 준다.

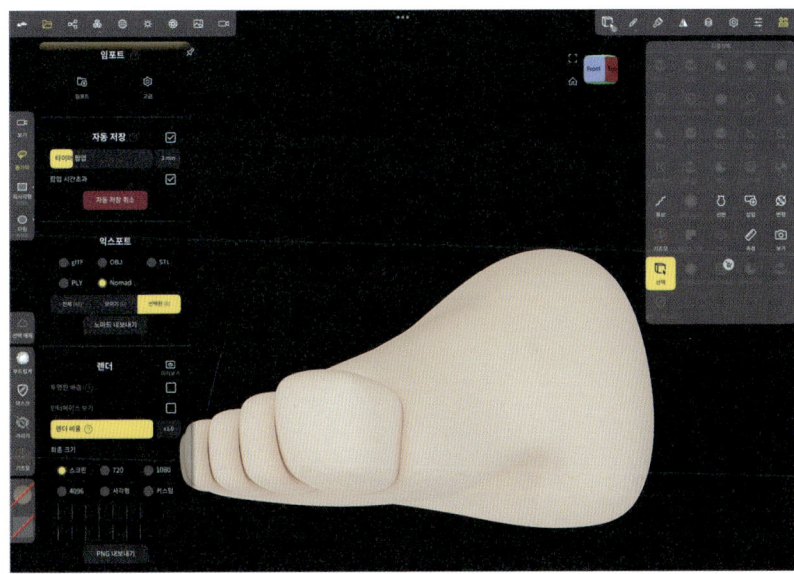

발 저장하기

위와 같은 방식으로 관절을 분리한 채 저장하는 것이 중요하다. 복셀 리메시를 사용하여 합친 후에는 파일을 저장하더라도 지금과 같이 활용할 수 없기 때문이다. 그렇기에 무엇이든 기본이 될 수 있는 파일들은 미리 저장해 두고 본인만의 '에셋'을 쌓는 것이 중요하다.

Section 3 기즈모의 이동과 튜브를 통한 포징 잡기

다음과 같이 아직 무엇도 결합하지 않은 상태일 때 포징을 변형해 줄 수 있다. 물론 바지처럼 이미 붙어 버린 도형은 더 이상 변형이 불가능하다. 대칭을 켜고 기즈모로 좌우로 옮겨 보면 이해가 될 것이다. 이 외의 도형들은 기본적으로 기즈모를 사용한 이동과 회전을 이용하여 배치를 할 수 있고 팔과 같은 부분은 튜브 툴의 축 변경을 활용하여 변형해 줄 수 있다. 이러한 변형 과정을 거친 후 복셀 리메시를 활용하여 합쳐주고 부드럽게로 면을 정리한 뒤 브러시를 사용하여 디테일을 올리면 온전한 모델링 한 개가 완성되는 것이다.

합쳐지지 않은 캐릭터

01 팔을 원하는 자세로 표현하기 위해 튜브 툴을 활용하여 움직여 준다.

포징 잡기 1

02 팔에 맞춰 손을 이동시킨 후 손가락 모양을 원하는 형태로 변형한다.

포징 잡기 2

03 팔과 손을 정확한 위치에 배치했으면 선택 툴을 활용하여 같이 선택한다. 그다음 복셀 리메시를 450 정도로 돌려준다. 조금 높게 돌려 주는 이유는 손가락의 디테일이 망가질 수 있기 때문이다. 이후 부드럽게 툴을 활용하여 정리해 준다. 이때 주의할 점은 손가락 마디마디에 주의해야 한다는 것이다. 그렇지 않으면 손가락 사이가 무뎌져 손가락이 연결돼 버릴 수 있다. 완성되면 팽창 툴을 활용하여 볼륨감을 넣어주고 머티리얼을 서브서피스로 변경해 준다.

포징 잡기 3

04 몸통을 선택한 뒤 복셀 리메시를 돌려 합쳐 준다. 이후 바지 또한 같은 방식으로 진행한다. 바지는 다리와 다리가 연결되는 부분에 조심하며 부드럽게를 적용한다.

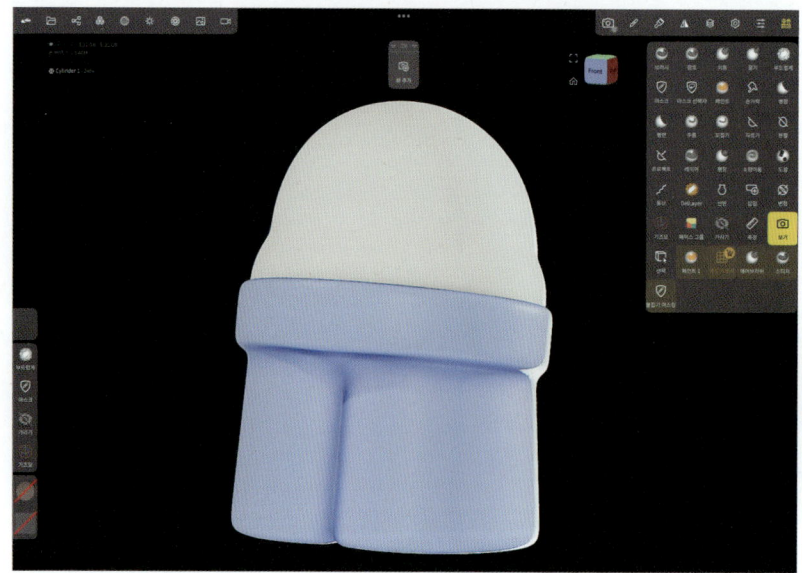

포징 잡기 4

05 얼굴의 방향을 잡고 목과 연결해 준다.

포징 잡기 5

06 다리 또한 발과 함께 선택하여 복셀 리메시를 진행해 연결한다. 한 가지 팁을 주면 인체의 말단에 에어브러시 컬러링을 활용하여 붉은 톤을 얹으면 생기 있는 연출이 가능하다.

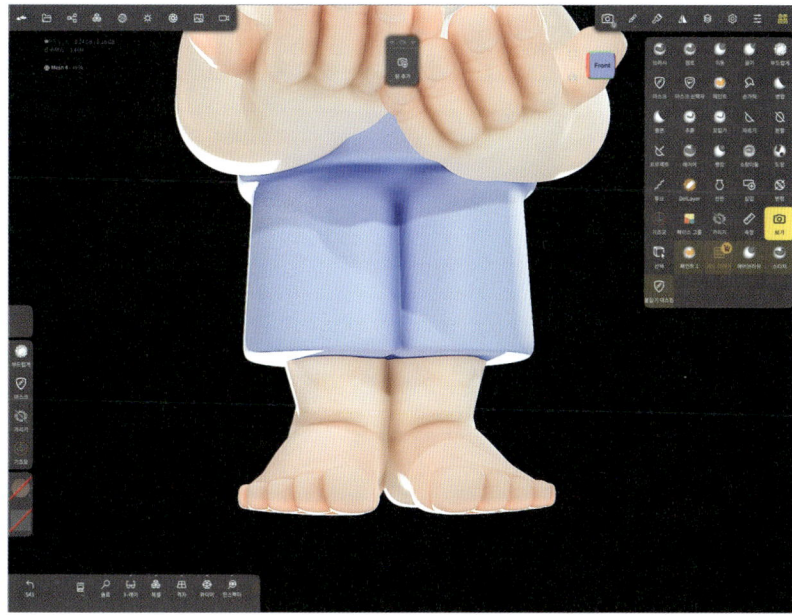

포징 잡기 6

Chapter 03 각종 소품 모델링

Section 1 옷 모델링 및 옷 주름 넣기

옷에 주름을 넣을 땐 주름 툴을 사용하게 된다. 주름 툴의 기본 특성은 천 등을 꼬집어서 안으로 집어넣어 접혀 들어가는 부분을 만들어주는 것이다. 여기서 좌측에 위치한 반전을 클릭하면 평소와는 반대로 접혀 튀어나오는 부분을 묘사할 수 있다. 주름은 이들의 반복이라고 생각하면 된다. 들어가고 튀어나오는 것의 반복, 그 자체로 주름이 될 수 있다.

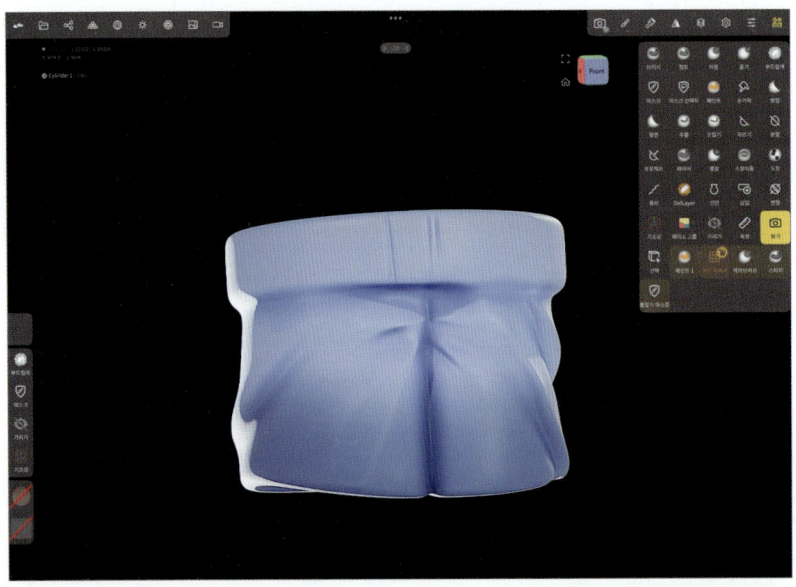

옷 주름 완성

01 주름은 앞서 설명한 것처럼 같은 형태의 반복이라고 할 수 있다. 접혀 들어가는 라인이 생기면 그 옆에는 접혀 튀어나오는 부분이 생기는 것이다. 우리가 신경 써야 할 것은 이를 얼마나 '좋은 위치에 자연스럽게 배치해 주는가'이다. 그렇기에 주름 같은 경우엔 레퍼런스를 적극적으로 찾아보는 것이 좋다. 옷의 성질에 따라 또 입은 사람에 따라 주름의 형태가 바뀌기 때문에 이에 맞는 레퍼런스를 수집하고 최대한 위치에 맞게 주름을 배치해야 한다. 추가로 주름 같은 경우 좌우 상관없이 자유롭게 배치되다 보니 대칭을 꺼주고 작업을 진행하는 것이 좋다. 주름이 대칭으로 적용된 것만큼 부자연스러운 것은 없다.

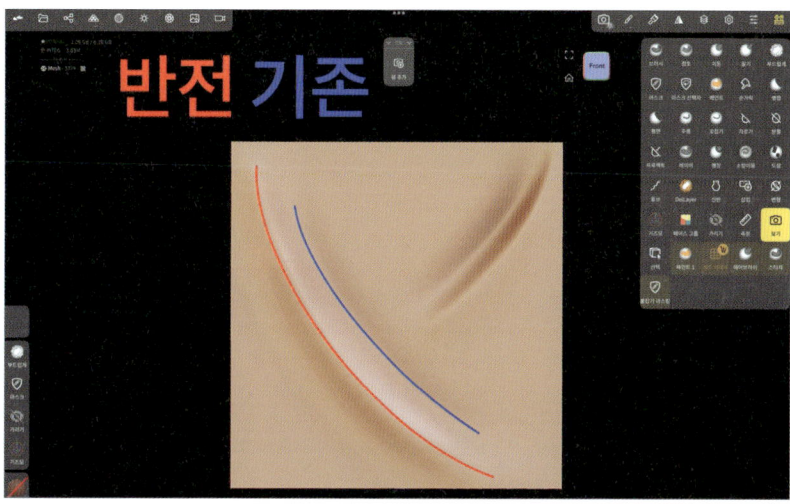

주름의 기본 형태

02 주름의 배치가 완료됐으면 부가적인 컬러링과 디테일 모델링을 적용해 모델링을 마무리한다.

디테일 살린 후 마무리

Section 2 마스킹 기능을 활용한 신발 모델링

마스킹 기능을 활용하여 두 가지 종류의 신발을 만들어 볼 것이다. 마스킹 추출 기능을 위주로 사용하여 슬리퍼를 먼저 제작하고 운동화를 추가로 제작할 것이다. 이 두 가지 요소를 순조롭게 제작하기 위해선 마스킹의 추출 기능에 숙달해야 한다.

슬리퍼 만들기

01 슬리퍼의 밑창을 제작하기 위해 다음과 같이 원통을 불러온 뒤 발의 형태에 맞게 마스킹을 그려준다.

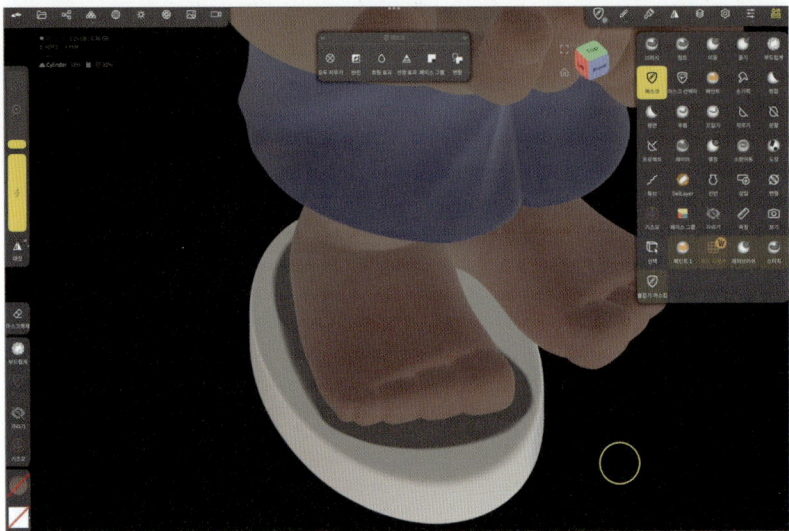

슬리퍼 제작 1

02 마스킹을 추출한다. 마스킹을 추출할 때 설정하는 높이에 따라 슬리퍼 밑창의 두께가 달라지므로 높이 설정을 확실하게 한다.

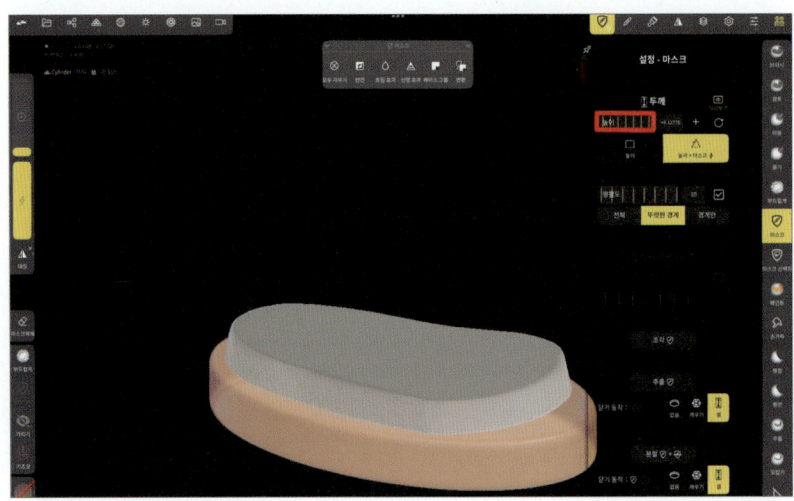

슬리퍼 제작 2

03 면 정리를 위해 복셀 리메시를 돌려 주고 부드럽게로 마무리한다.

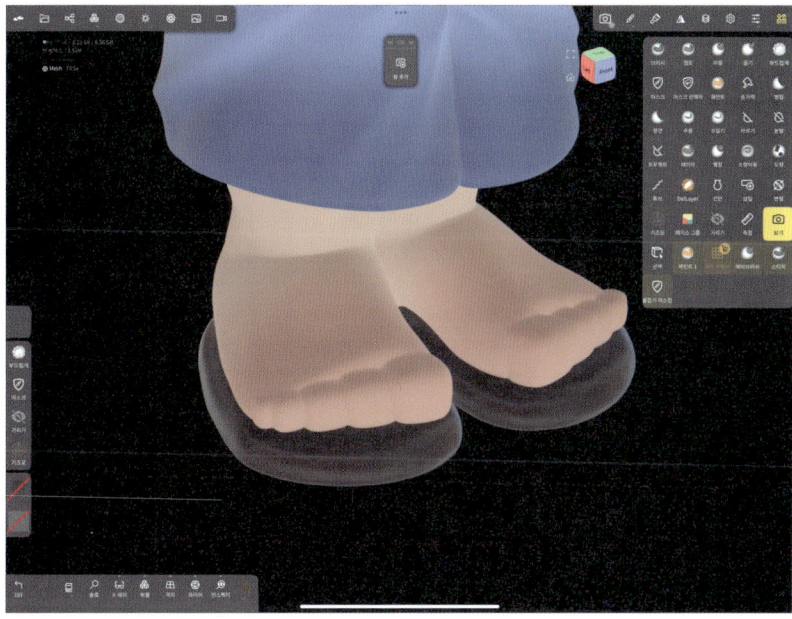

슬리퍼 제작 3

04 발등에 슬리퍼가 걸쳐지는 라인에 따라 마스킹을 칠해 준다.

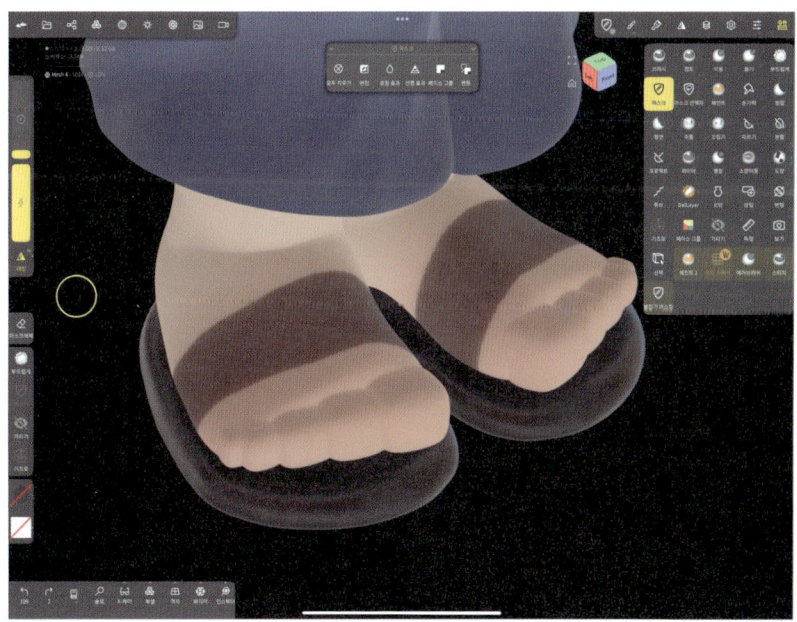

슬리퍼 제작 4

05 추출 후 마찬가지로 면 정리를 진행한다.

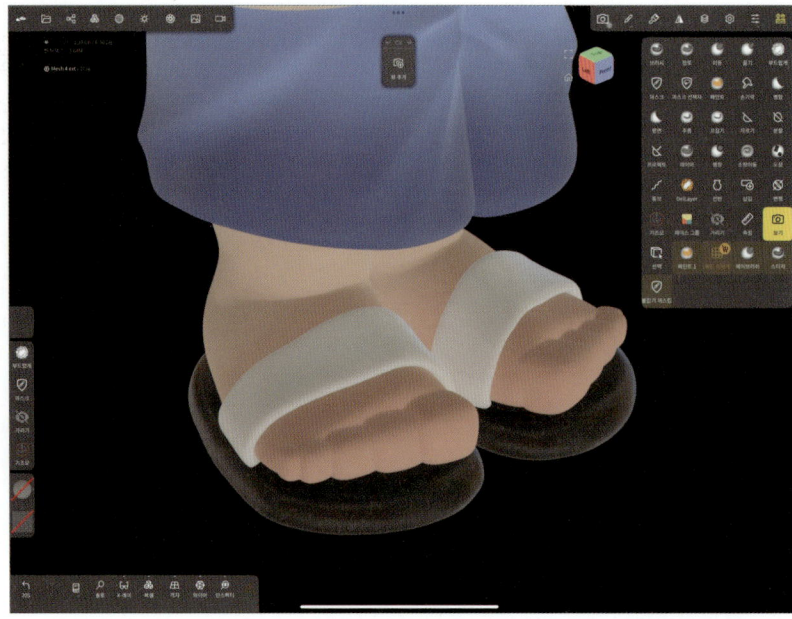

슬리퍼 제작 5

06 밑창과의 연결점을 위주로 모델링을 해준 뒤 컬러링을 넣고 마무리한다.

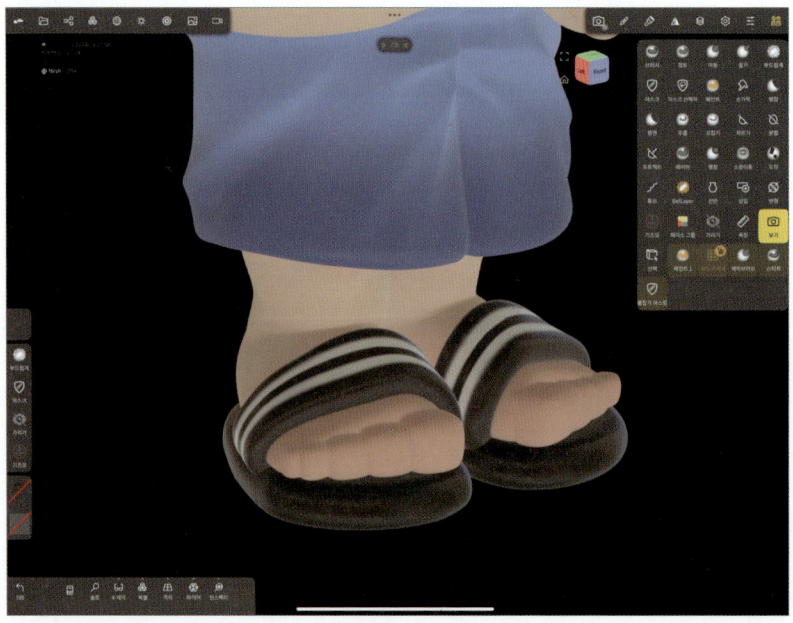

모델링 및 컬러링

운동화 만들기

01 운동화 형태도 비슷한 방식으로 만들 수 있다. 신발의 본체를 모델링하고 마스킹 추출을 사용해 살을 붙여 가는 방식이다. 여기서 무엇보다 중요한 점은 신발 패턴 간에 높이 차이를 주는 것이다. 예를 들어 신발 옆면의 높이가 신발의 코 부분보다 낮으면 어색한 형태가 될 것이다.

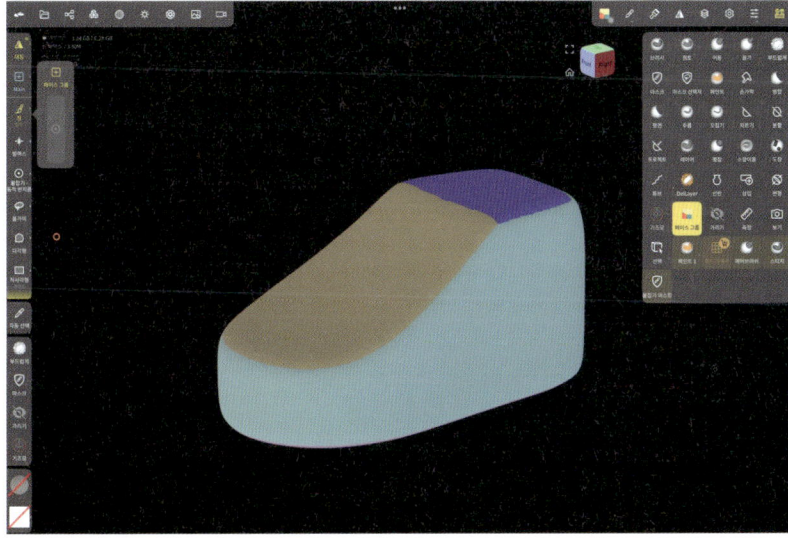

신발 제작 1

02 원통을 불러와 다음과 같이 신발의 기본 형태를 잡아 준다. 자르기의 올가미를 활용하면 조금 더 쉽게 형태를 잡을 수 있다. 그림에 보이는 색이 다른 면은 전부 자르기로 잘린 면들이다.

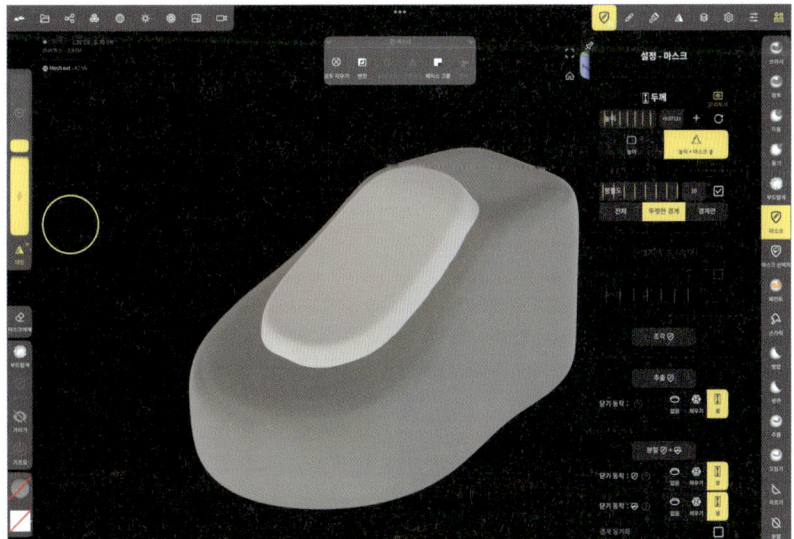

신발 제작 2

03 신발의 코 부분을 따라 마스킹을 한 뒤 추출해 준다.

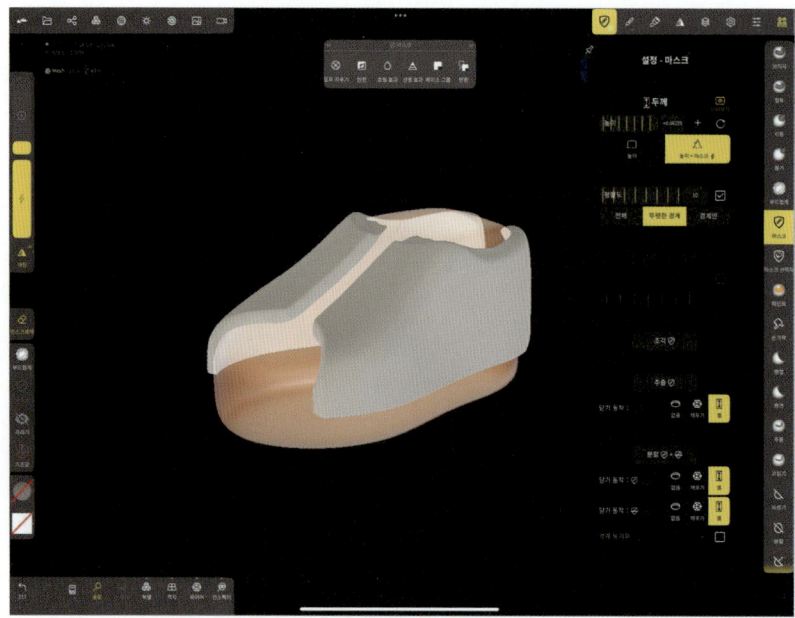

신발 제작 3

04 사용이 끝난 마스킹은 지워 주고 신발의 옆면을 따라 마스킹을 한 뒤 신발의 코 부분보다 높게 해서 추출한다.

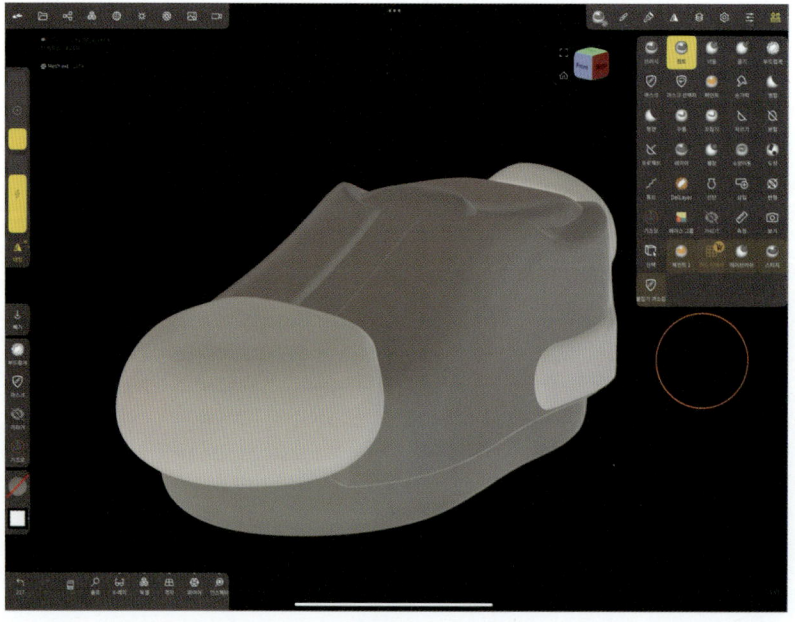

신발 제작 4

05 마찬가지로 마스킹을 지워준 뒤 앞코와 뒤꿈치 부분에 마스킹을 하고 추출해 준다.

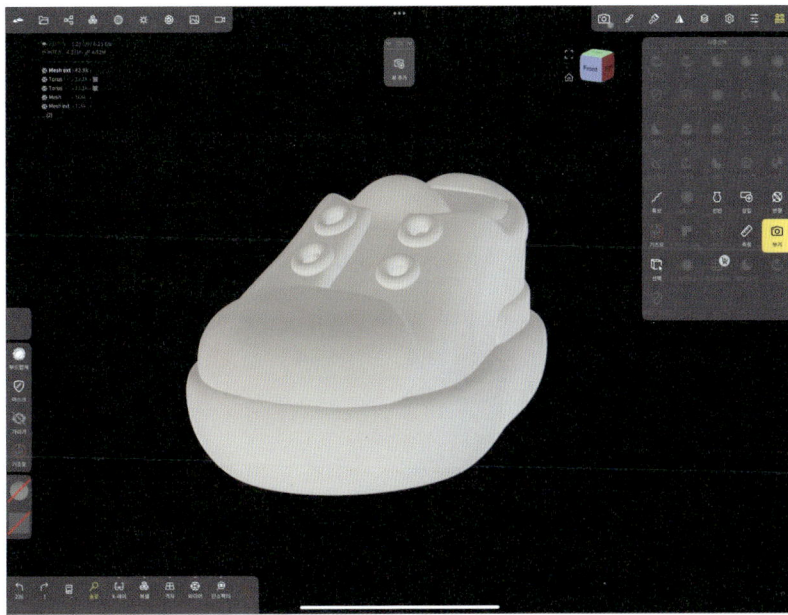

신발 제작 5

06 밑창을 추출하고 옆면 신발 끈이 들어가는 부분을 따라 원환체를 심어준 뒤 자르기를 활용하여 구멍을 내 준다.

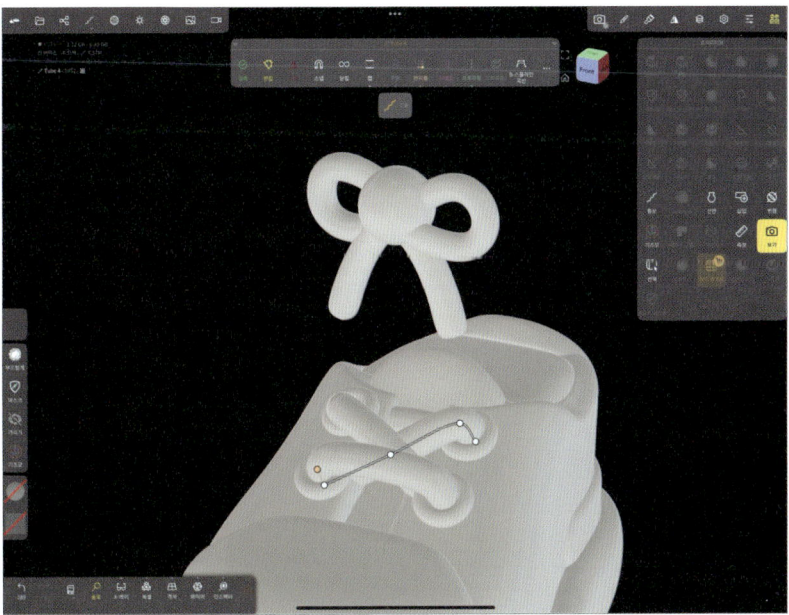

신발 제작 6

07 튜브 툴을 활용하여 신발 끈을 제작하고 묶인 부분도 같이 표현한다. 컬러를 설정한 후 알맞은 위치에 배치하여 마무리한다.

신발 제작 7

Section 3 액세서리 만들기

모델링에 생기를 넣어주는 부가적인 액세서리들은 지금까지 만들어 왔던 방식들을 토대로 자유롭게 제작하면 된다. 시골에서 자연을 좋아하는 소년을 만드는 중이기에 나뭇잎을 먹는 애벌레와 주변을 날아다니는 나비를 만들어 볼 것이다.

01 상자를 불러와 나뭇잎 모양대로 마스킹을 해 준다.

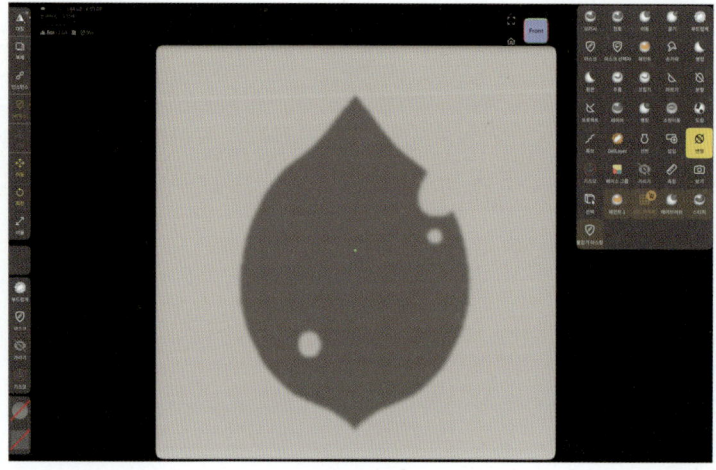

나뭇잎 모델링 1

02 얇게 추출한 뒤 이동 툴을 활용하여 구부려 준다. 이후 주름 툴로 라인을 넣어 준다.

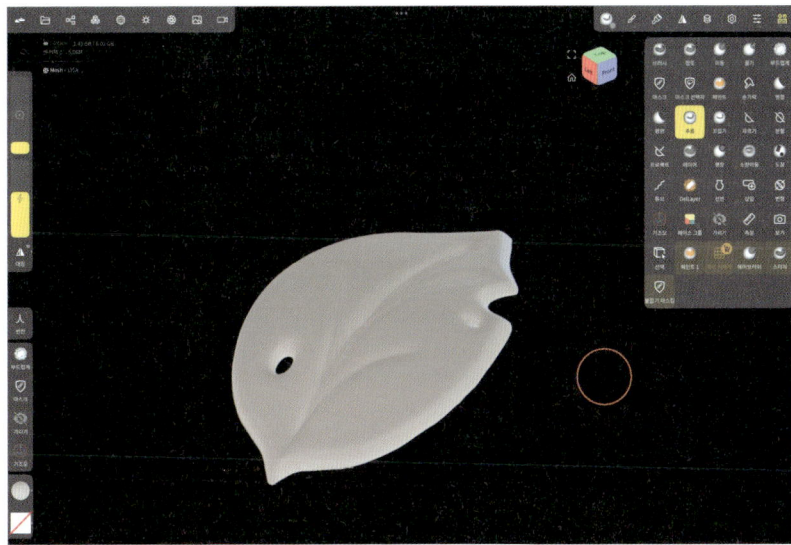

나뭇잎 모델링 2

03 튜브 툴을 활용하여 잎줄기를 만들어준 뒤 컬러를 넣고 마무리한다.

나뭇잎 모델링 3

04 튜브 툴을 활용하여 애벌레와 같은 라인을 그려주고 시작과 끝부분에 구체를 추가 한다.

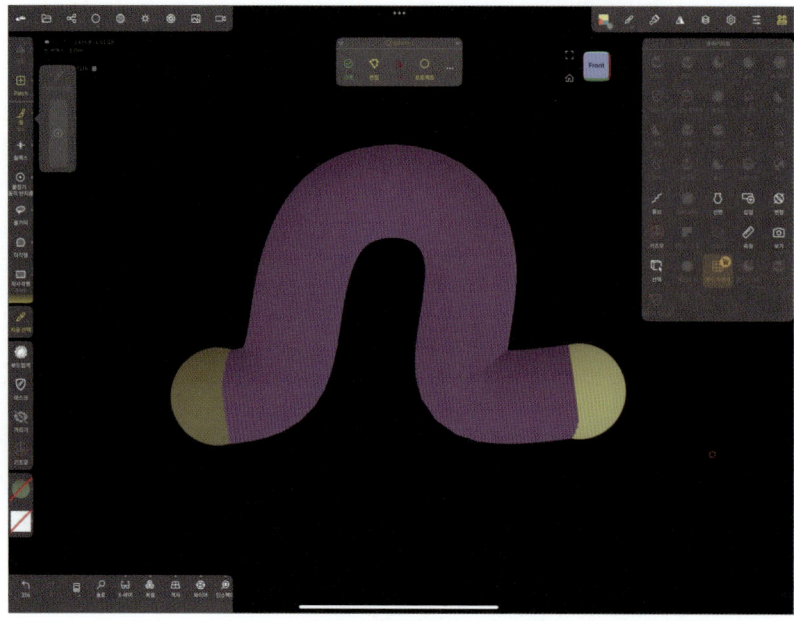

애벌레 모델링 1

05 복셀 리메시를 돌려 합친 뒤 대칭 중 로컬의 Z축을 켜고 브러시를 활용하여 귀여운 발을 만들어 준다. 참고로, X축 대칭은 꺼줘야 한다.

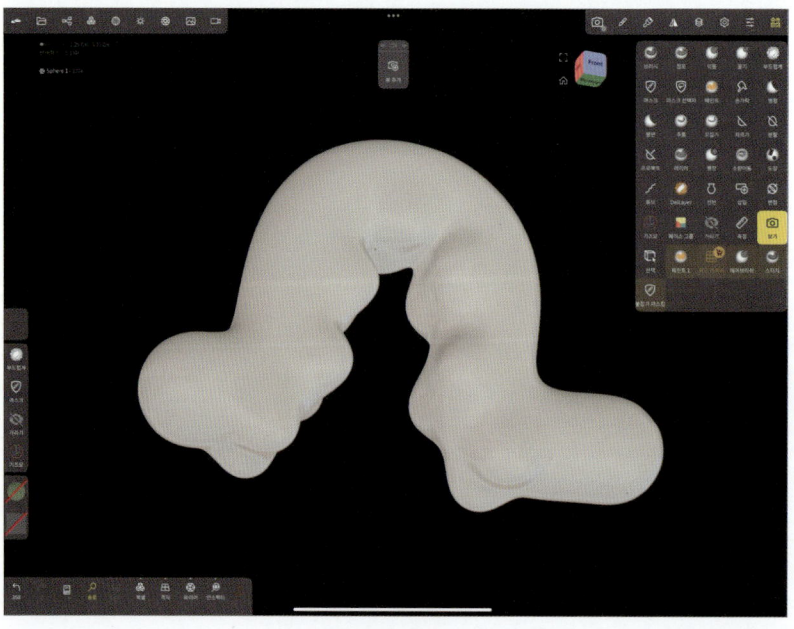

애벌레 모델링 2

06 컬러를 넣고 배치를 하여 마무리한다.

애벌레 모델링 3

07 원통을 얇게 두고 복제하여 그림과 같이 배치한다.

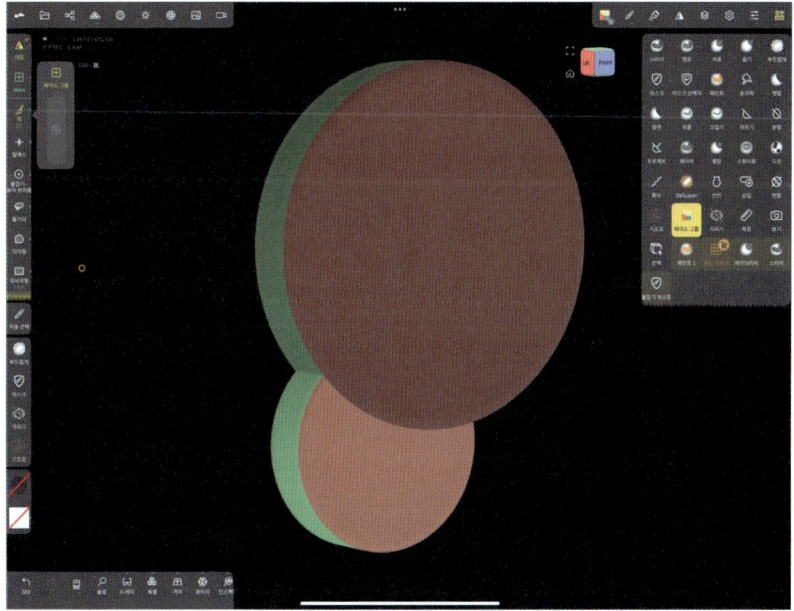

나비 모델링 1

08 기즈모를 활용하여 각도를 틀어 대칭점에 맞춘 뒤 미러링을 활용하여 양쪽 날개를 만든다.

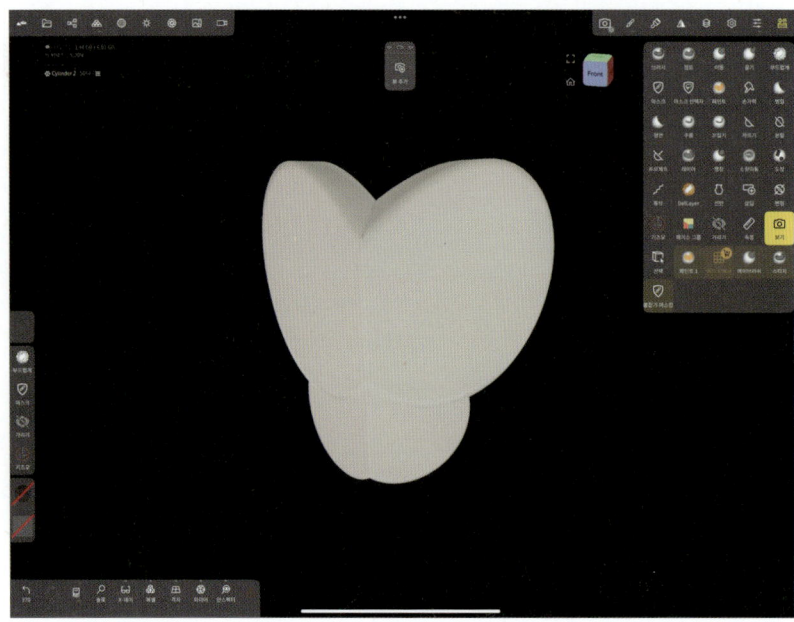

나비 모델링 2

09 구체를 활용하여 몸통과 머리를 제작해 준다. 튜브와 구체를 활용하여 더듬이 또한 제작해 준다.

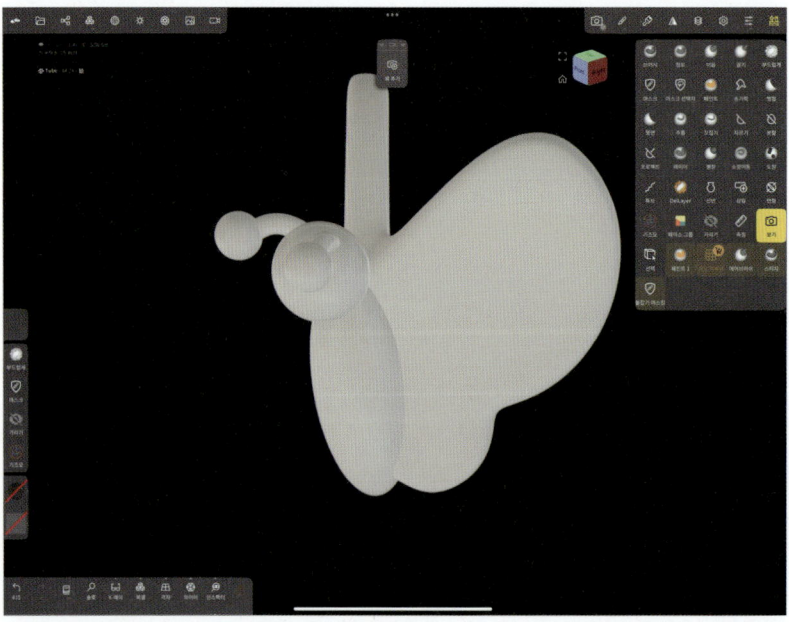

나비 모델링 3

⑩ 전체 선택 후 복제를 하여 주변에 배치해 준다.

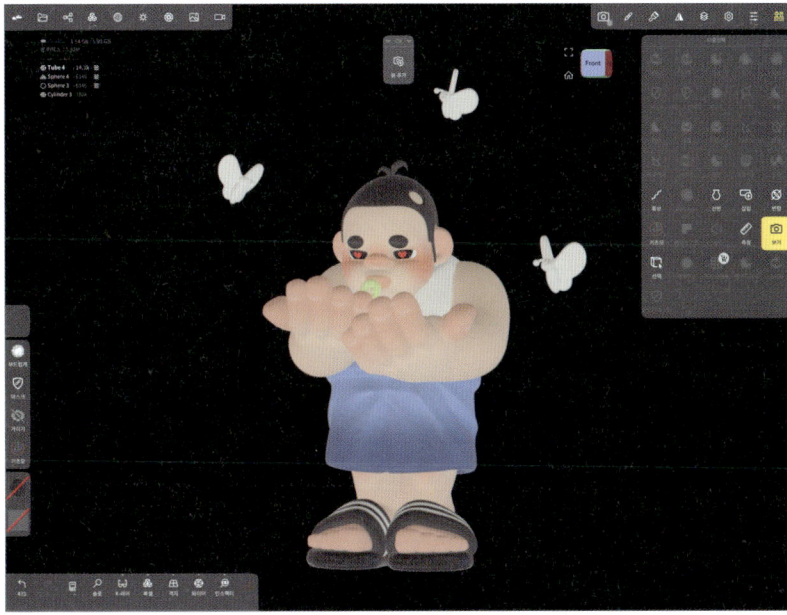

나비 모델링 4

⑪ 컬러링을 자유롭게 해 주고 튜브 툴을 활용하여 날아가는 효과를 심어준 뒤 마무리한다.

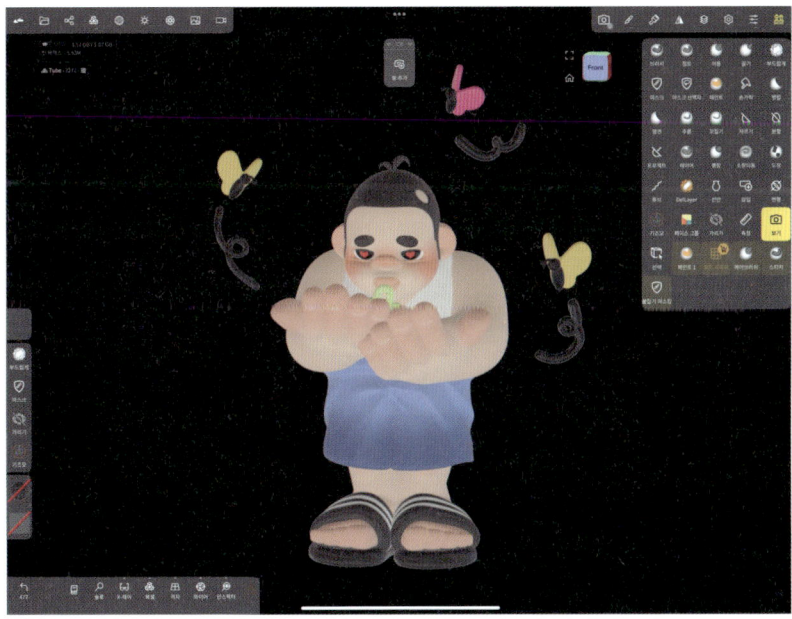

나비 모델링 5

Chapter 04 마무리 및 렌더링

Section 1 라이팅 및 포스트 프로세싱 설정

일차적으로 설정해 주어야 할 부분은 주변환경이다. 주변환경 같은 경우엔 본인 캐릭터에 맞는 배경을 직접 골라 가며 찾아 주는 것이 가장 좋은 방법이다. 여러 가지 이미지를 불러오고 직접 입혀 보며 찾는 방식을 추천한다. 이후 라이팅을 마무리하고 포스트 프로세싱까지 마무리하면 렌더링을 위한 준비는 끝난다.

01 원하는 캐릭터의 이미지를 끌어내 주는 주변환경을 찾아 설정한다.

주변환경 설정

02 라이팅 같은 경우엔 초입에 설명한 대로 모델링을 비춰 주는 메인 조명과 반사광을 이루는 조명을 잘 구분하여 사용한다. 반사광을 표현하는 조명 같은 경우엔 강도가 강한 편에 속해야 한다.

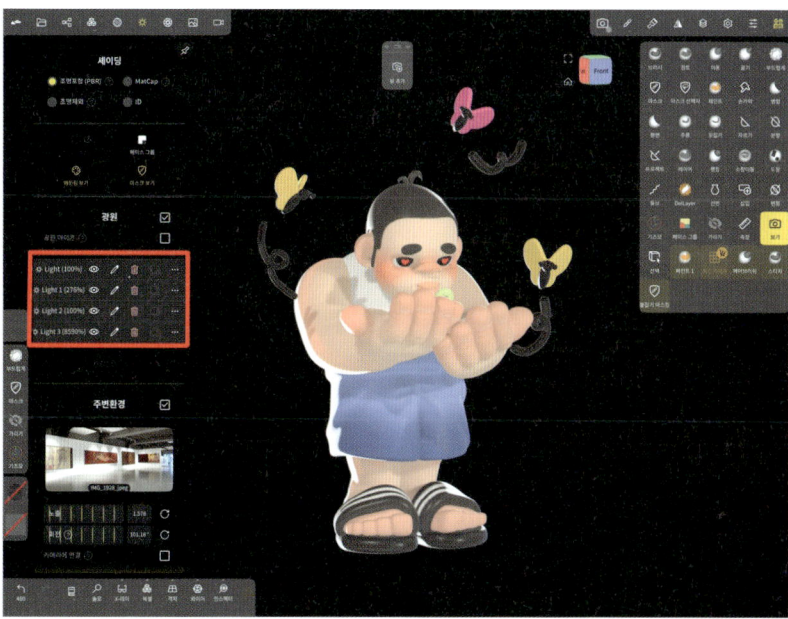

라이팅 설정

03 포스트 프로세싱은 직접 조절해 가면서 찾아 가야 하는 부분이니 부차적인 설명은 따로 하지 않는다. 다만 설정한 포스트 프로세싱 이미지를 참고하여 작업하도록 하자.

포스트 프로세싱 설정 1

포스트 프로세싱 설정 2

Section 2 데시메이션 적용 후 배치하기

이러한 방식으로 모델링 및 컬러링, 심지어는 렌더링까지 마무리하면 데시메이트를 적용해줘야 한다. 이유는 단순하다. 파일 용량의 최적화를 통해 다음 작업의 쾌적성과 렌더링 작업에서의 순조로움을 얻기 위함이다.

01 데시메이트 설명에서도 얘기가 나왔지만 주의 사항은 총 두 가지가 있다. 첫째는 페인팅이 디테일하게 되어 있는 물체는 아예 건들지 말거나 조금만 돌려주는 것, 둘째는 과도하게 돌리지 않는 것이다. 이 두 가지만 주의한다면 큰 문제 없이 파일을 저장할 수 있을 것이다.

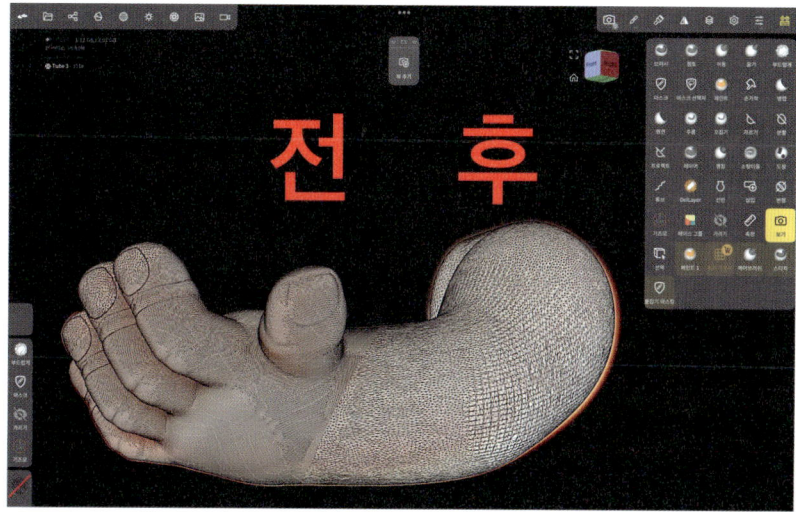

데시메이트 후

02 데시메이트가 완료된 도형을 재수정해야 할 경우가 생길 수 있다. 그럴 땐 디테일이 높았던 물체일수록 높은 단계의 복셀 리메시를 돌려 주면 된다. 그러면 면이 다시 재배치되면서 모델링이 가능한 면으로 바뀐다.

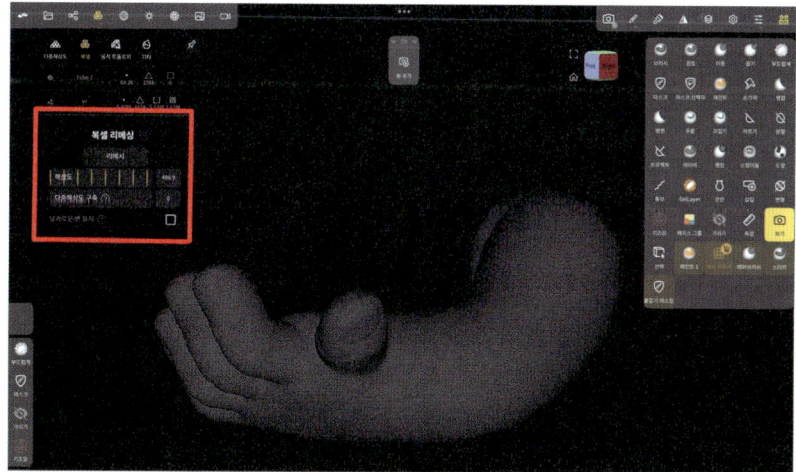

데시메이트된 물체 되살리기

데시메이트는 웬만하면 작업이 전부 끝나고 나서 꼭 돌려 주는 것이 좋다. 작업물이 덜 쌓여 있을 때는 알아채기 힘들지만 작업물이 쌓이기 시작하면 용량 문제로 곤란해질 수 있기 때문이다. 미리미리 해 두는 습관을 기르자.

Section 3 프로크리에이트에서의 후편집 및 응용법

렌더링을 활용하여 이미지를 불러왔다면 또 다른 프로그램인 프로크리에이트도 같이 활용할 수 있다.

배경이 없는 이미지로 렌더링을 돌려 다양한 이미지를 가져왔다면 다음과 같이 더 화려한 이미지를 만들어낼 수 있다. 블러 기능을 활용하여 원근감을 표현하거나 폰트를 넣어줄 수도 있다.

프로크리에이트 편집 전

프로크리에이트 편집 후

01 렌더링한 이미지들을 불러온다. 이 이미지들은 우측 상단에 위치한 레이어 창에서 따로 확인할 수 있다. 레이어 창에서 이미지를 길게 눌러 옮김으로써 앞뒤 순서를 정 해줄 수도 있다. 레이어를 추가하고 가장 밑에 깐 뒤 색을 끌어다 넣어 배경으로 활용해 주자.

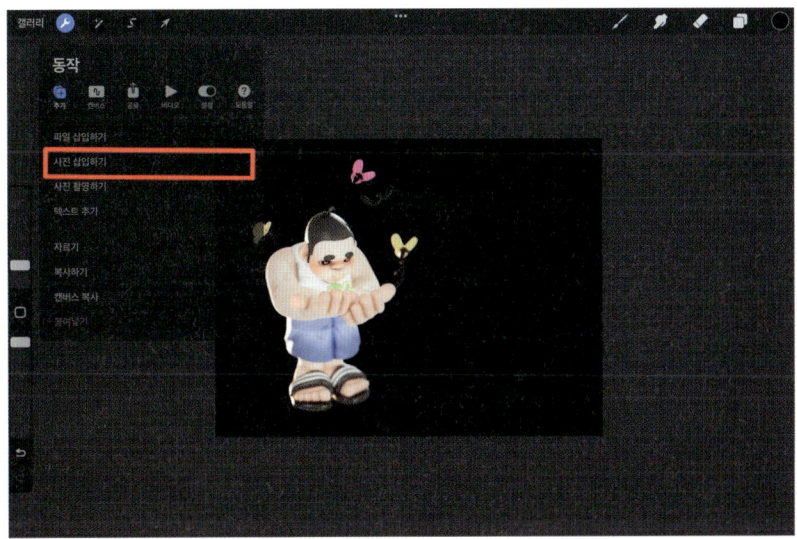

렌더링 이미지 삽입하기

02 상단에 위치한 마우스 커서 아이콘을 클릭하여 사이즈 및 회전, 위치를 조정해 준다. 1번에서도 얘기했지만 다른 이미지를 선택하고 싶다면 우측 상단에 위치한 레이어 칸에서 선택할 수 있다.

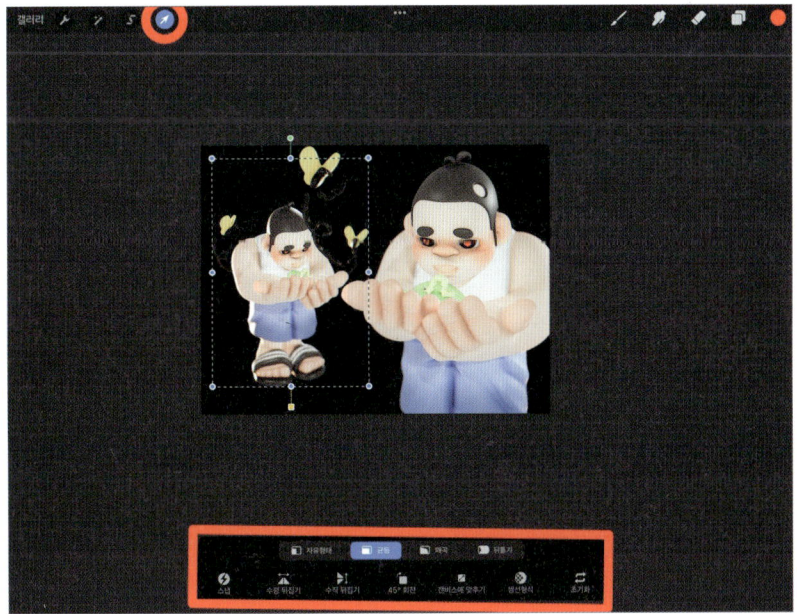

배치하기

03 왼쪽 상단에 위치한 추가 기능에서 텍스트 추가를 클릭하면 글자를 넣어줄 수 있다. 여기서 글자를 더블클릭하면 폰트, 자간 등 다양한 설정을 할 수 있는 창이 나온다. 컬러 같은 경우엔 글자를 세 번 클릭하여 전체 선택을 해준 뒤 우측 상단에 위치한 컬러를 활용하여 조정하면 된다.

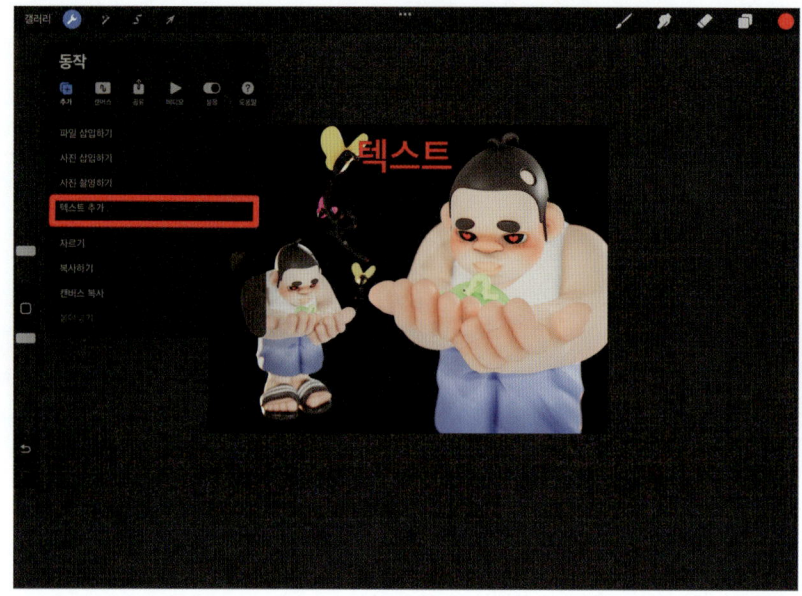

폰트 넣기

04 뒤에 위치할 이미지를 클릭하고 가우시안 흐림 효과를 적용하여 원근감을 준다.

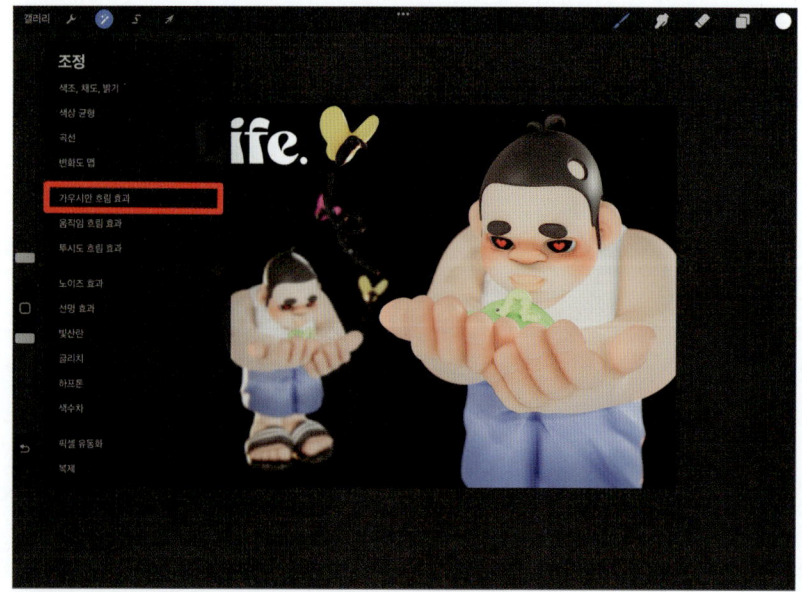

가우시안 흐림 효과

05 첫 번째 레이어와 마지막 레이어를 합치듯 끌어 레이어를 전부 결합한다.

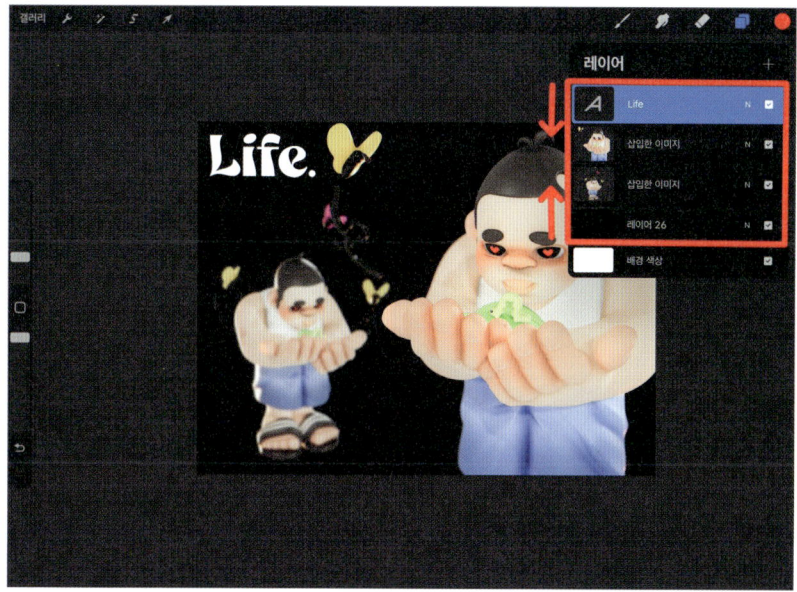

레이어 결합

06 노이즈 효과를 넣어 약간의 빈티지한 느낌을 내 준다.

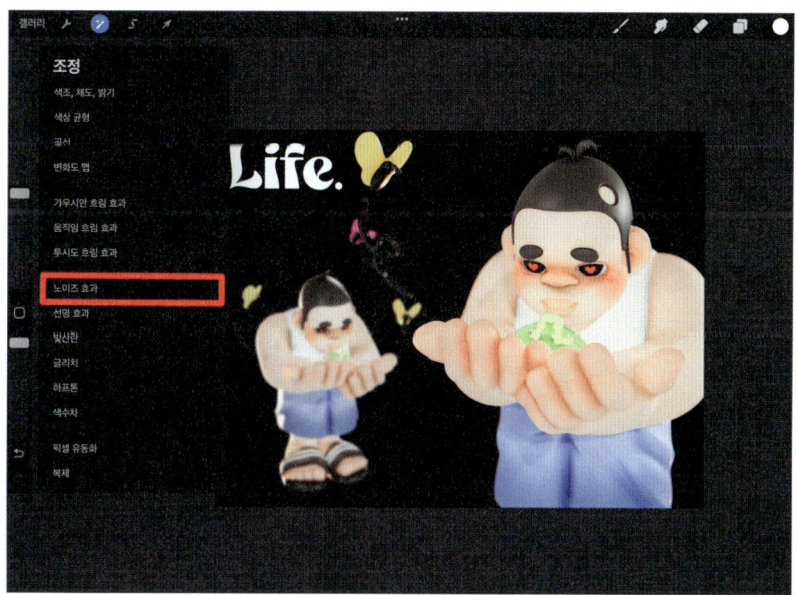

노이즈

프로크리에이트의 기본적인 기능들만 활용해도 원본 이미지에서 충분히 발전시킬 수 있다. 그렇기에 기재된 기능들을 제외한 나머지 기능들도 적용해 가며 알아가는 것을 추천한다. 유튜브 같은 곳에도 다양한 기능 활용법이 나와 있으므로 참고하면 좋다.

아트토이 만들기

01 아트토이 파팅하기
02 아트토이 완성하기

Chapter 01 아트토이 파팅하기

Section 1 빼기 모델링을 사용하여 조인트 만들기

이제 화면 속 3D 모델링을 세상에 꺼내 볼 차례이다. 태블릿 화면을 사이에 두고 직접 만질 수 없었던 3D 모델링을 직접 만져 볼 수 있는 방법이다. 바로 내가 만든 3D 모델링을 아트토이로 제작하는 것이다. 우선 파팅을 진행하게 되는데, 파팅이란 제작한 모델링을 파일별로 분리하는 것을 의미한다. 캐릭터의 머리, 팔, 몸통 등을 분리하여 3D 프린팅할 수 있게 해주는 기능이라고 보면 된다. 파팅을 하면 도색과 후가공 과정이 훨씬 쉬워진다. 빼기 모델링을 활용해 파팅을 하는 방법은 다음과 같다.

01 빼주는 역할과 빠지는 역할을 구분한다. 이후 빼주는 역할의 도형을 복제한다.

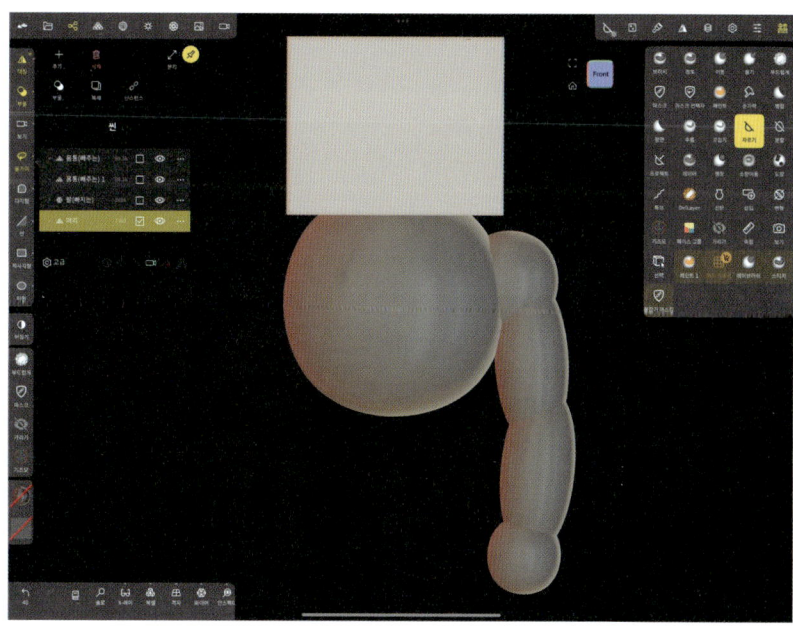

파팅하기 1

02 복제된 면에 팽창 툴(강도 5%)을 살포시 적용해 준다. 팽창을 적용하는 이유는 추후 도색까지 마무리했을 때의 두께까지 생각해 약간의 단차를 만들어 여유를 주는 것이다. 이후 씬에서 눈을 꺼준다.

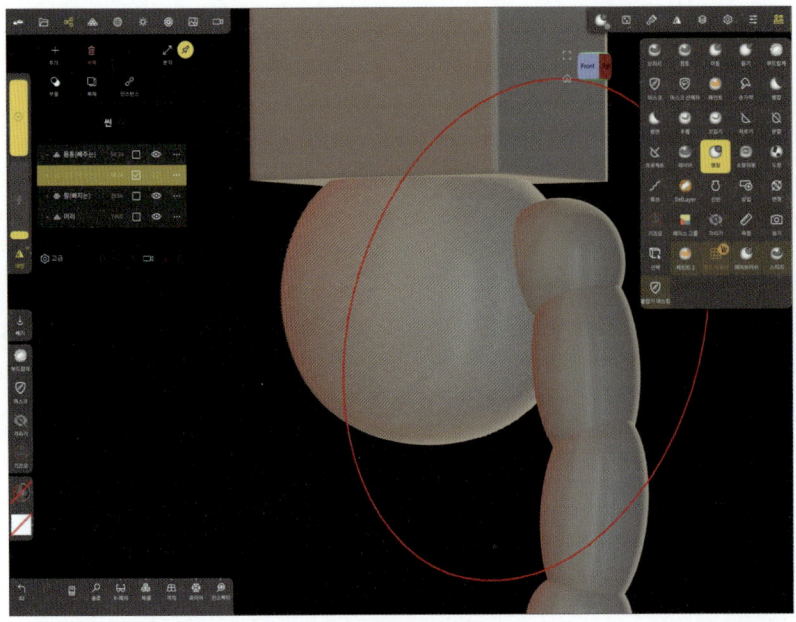

파팅하기 2

03 눈을 꺼준 도형(빼주는 역할)과 빠지는 역할의 도형을 같이 클릭한다.

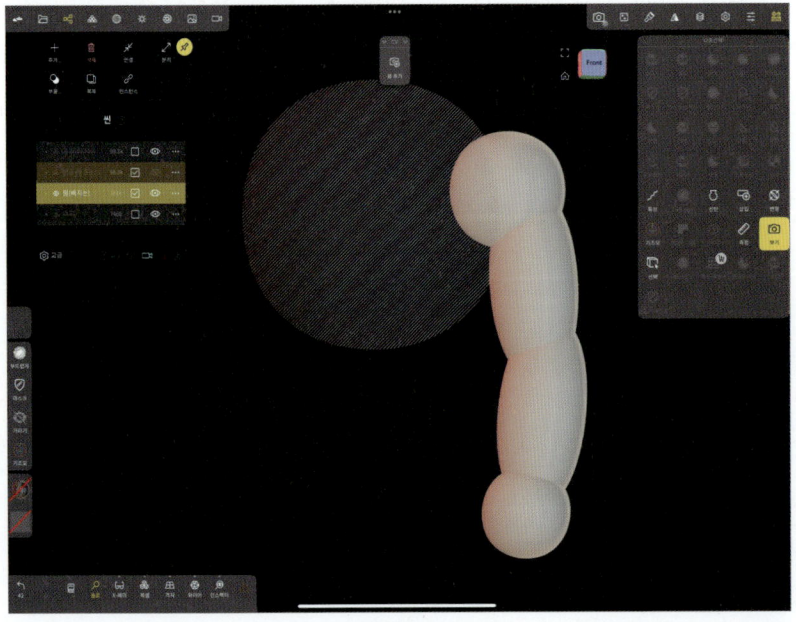

파팅하기 3

04 복셀 리메시가 아닌 부울을 활용하여 빼기 모델링을 진행한다.

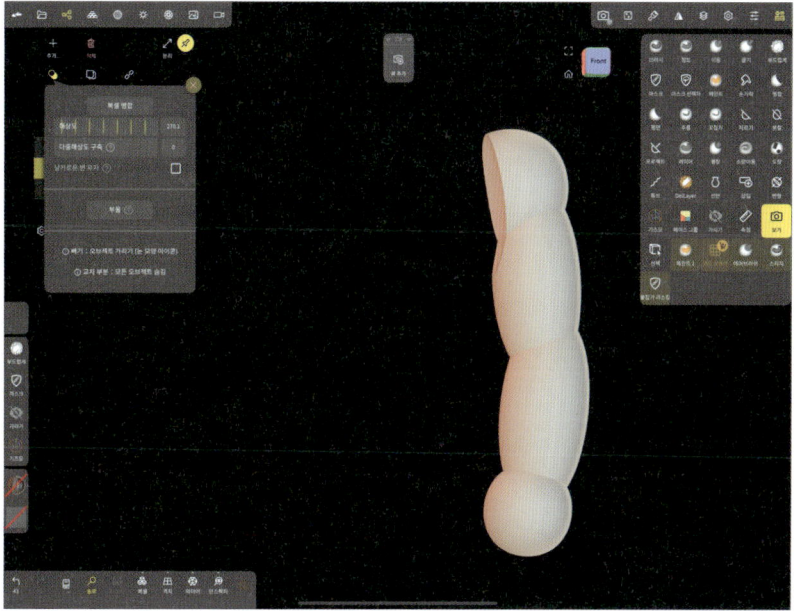

파팅하기 4

05 볼륨적으로 여유 있는 도형을 선택한다. 그 도형에 삽입 툴을 활용하여 다음과 같이 도형을 배치해 준다. 삽입 툴로 넣은 도형은 조인트라고 불린다.

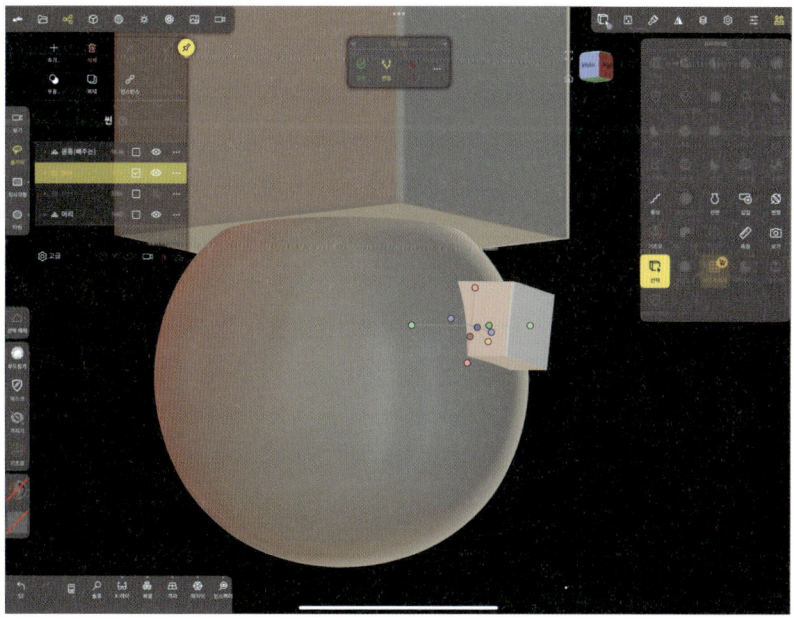

파팅하기 5

06 삽입 툴을 활용하여 붙여 넣은 도형을 복제하고 기즈모를 활용하여 사이즈를 약간 키워 준다.

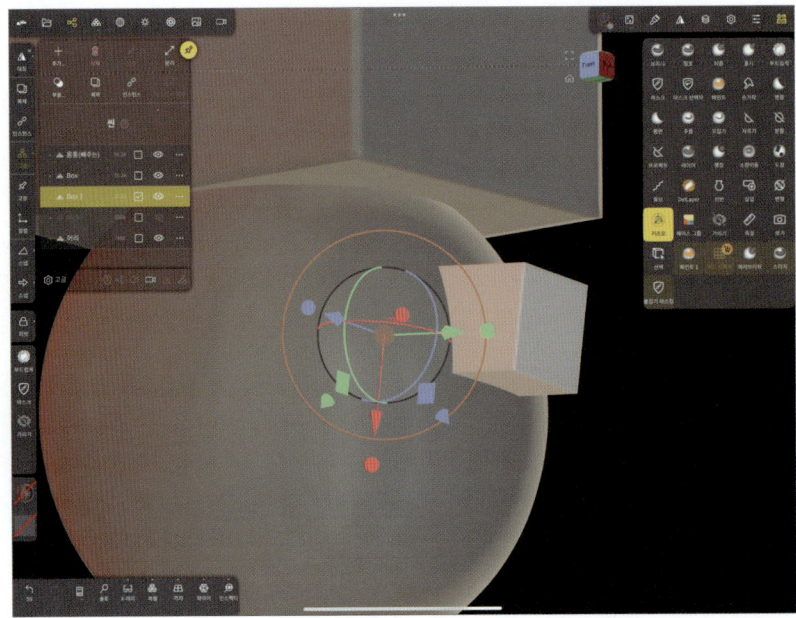

파팅하기 6

07 사이즈를 키운 도형의 눈을 꺼주고 조인트가 들어갈 도형을 같이 클릭하여 부울을 해 준다.

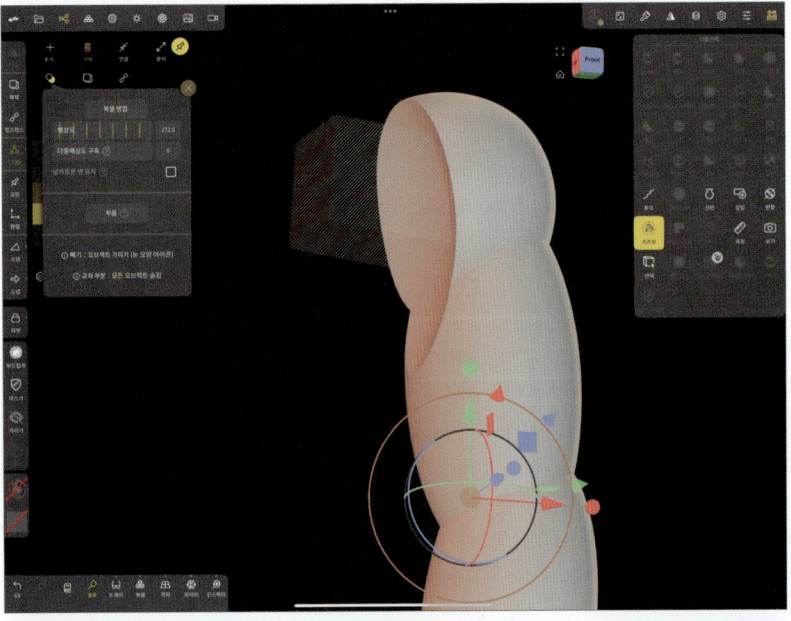

파팅하기 7

08 파팅 완료

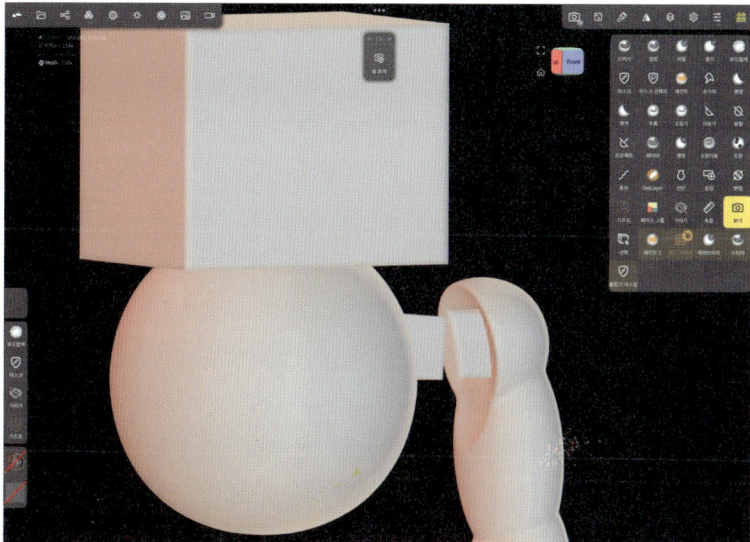

파팅 완료

위와 같은 방법을 활용하여 모델링과 모델링이 연결되는 조인트를 제작해 줄 수 있다. 이러한 방식으로 모델링을 마치면 완성된 도형별로 복셀 리메시를 한 번씩 돌려주는 것을 추천한다. 이유는 모델링의 메시에 보이지 않는 문제가 생겼을 가능성이 존재하기 때문이다. 이후 다시 데시메이트를 돌려 용량을 축소하면 된다.

Section 2 완성된 도형별로 파일 정리하기

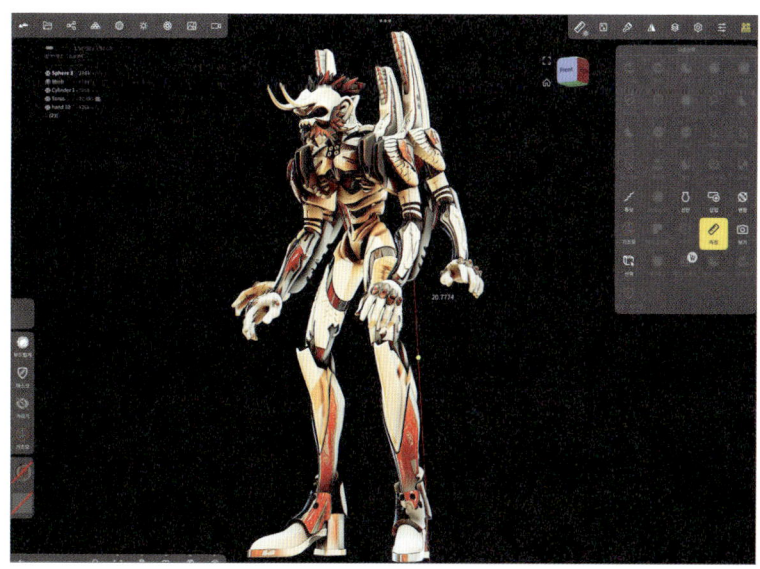

사이즈 조절

파일을 내보내기 이전에 사이즈 조절을 먼저 해 줘야 한다. 우측에 위치한 툴 박스의 측정 툴을 활용할 것이다. 측정 툴을 사용하여 머리 끝부터 발 끝까지 치수를 측정한다. 여기서 치수가 의미하는 것은 mm 단위인 점을 참고하자. 선택 툴을 활용하여 모든 도형을 선택하고 기즈모를 활용하여 사이즈를 조절하면 된다.

3D 프린팅을 위해선 .stl 파일 확장자를 활용하여 내보내면 된다. 여기서 중요한 부분이 있다. 각 파일들을 한 번에 묶어서 내보내면 안 된다는 것이다. 같이 내보내면 파일을 구분하기가 어려워지고 3D 프린터 위에 나열하기도 힘들어질 가능성이 높다.

STL 형태로 파일 내보내기

그렇기에 우리는 그림과 같이 선택된 파일을 내보내는 것으로 하고 파일을 한 개씩 내보내야 한다. 폴더에 새 폴더를 하나 생성하고 완성된 도형별로 STL 파일을 저장한다.

Chapter 02 아트토이 완성하기

Section 1 3D 프린트 출력하기

프린팅을 위한 파일의 준비가 완료되면 출력을 언제든 진행할 수 있는 상태가 된다. 프린팅을 하는 방법은 두 가지 정도로 추려볼 수 있다.

프린팅 기계 사용하기

1. 프린팅 기계 사용하기(수조식)

장점: 프린팅 비용이 매우 적게 들어간다. 소모품으로는 레진, 필름, 부속 부품 등이 있다. 대체로 레진을 제외하고는 정기적인 지출이 나가지 않는 편이며 레진은 1리터당 3~4만 원대의 가격을 형성하고 있다. 업체에 맡기는 것에 비해 1/4 정도의 금액이다.

단점: 초기 기계 구매 비용이 많이 들어가며 프린팅을 위한 추가적인 프로그램을 배워야 한다. 난도는 어렵지 않은 편들이다. 잔고장이 잦은 편이라 관리를 철저히 해주어야 한다. 마지막으로 프린팅 기기의 금액대에 따라 출력물의 퀄리티가 많이 좌우된다.

2. 업체를 통해 프린팅하기

장점: 간편하다. 모델링 파일을 넘겨주면 서포터를 달아주는 작업 및 간단한 후가공 작업들을 전부 해서 보내 준다. 심지어 배송까지 진행해 주므로 파일만 넘기고 출력물을 어디서든 받을 수 있다. 출력물의 퀄리티는 대부분 좋은 편이다.

단점: 비싸다. 여러 3D프린팅 회사에 맡겨봤지만 대체로 비싼 편이다. 물론 그만큼의 퀄리티와 편의성을 보장하지만 셀프로 출력하는 것과 금액 차이가 크게 나는 것은 사실이다.

어떤 게 분명히 좋다고 단정할 수는 없다. 하지만 명확한 것은 주기적인 프린팅을 목적으로 두고 있다면 프린터기를 구매하는 것을 추천한다는 것이다. 물론 수많은 우여곡절이 있을 것은 참고해야 한다. 프린팅 기기는 수조식을 추천한다. 애니큐빅사의 포톤 M3, M3 max 정도가 가장 적당한 것 같다. 물론 레진 청소와 경화를 위한 다양한 기타 제품들도 구비해야 하기에 부담이 될 수 있다. 본인의 상황을 명확히 하고 선택하도록 하자.

Section 2 토이를 만들기 위한 준비물

이제 3D 프린팅된 완성품을 사포 등의 재료를 활용하여 후가공한다. 이는 표면을 깨끗하게 정리하여 아트토이의 퀄리티를 올려주는 작업이다. 그다음으로는 도색을 진행해야 한다. 락카, 아크릴, 에나멜 등 다양한 재료를 사용할 수 있지만 가장 접하기 쉬운 아크릴을 활용하여 마무리하면 된다.

샌딩

샌딩을 위한 준비물은 다음과 같다.

샌딩을 위한 준비물

1. **사포**: 표면을 갈아내고 정리할 때 사용한다. 대체로 거칠게는 200~300방, 부드럽게는 400~600방까지 다양한 사포들이 존재한다. 스펀지 사포는 곡면에 좋고 종이 사포는 평평한 면에 쓰기 좋다.

2. **스프레이 서페이서**: 표면을 확인하기 쉽게 해주며 얇게 파인 표면을 메꿔주는 용도로 사용된다. 500방과 1000방을 가장 많이 사용한다(그레이 색상).

3. **퍼티**: 대체로 편리한 타미야 베이직 퍼티를 사용한다. 서페이서로는 메꿀 수 없는 큰 구멍 같은 부분을 메꿔 주는 데 사용된다.

4. **스패츌러**: 표면에 요철을 긁어내는 데 사용된다.

5. **핸드드릴**: 토이 표면에 집게로 잡을 곳이 없을 때 구멍을 뚫어 꽂을 곳을 만들 수 있다.

6. **집게**: 물체 표면에 스프레이를 뿌릴 때 잡아 주는 역할을 한다.

샌딩 방법

01 눈에 잘 보이는 요철들을 거친 사포와 스패츌러로 갈아 준다.

샌딩 1

02 집게로 집어 서페이서 500방을 표면에 덮어 준다.

샌딩 2

03 퍼티를 활용하여 큰 구멍들을 메꿔준 후 충분히 마르도록 시간을 갖고 기다린다.

샌딩 3

04 300~400방 정도 되는 사포로 전체적으로 갈아 준다.

샌딩 4

05 위 과정을 반복하여 면을 깔끔하게 만들어 준다.

샌딩 5

Section 3 다양한 재료를 활용해 컬러링하기

컬러링의 방식은 다양하다. 그에 따라 보이는 스타일과 성향들은 천차만별이다. 본인에게 맞는 방법을 찾아보자.

페인팅을 위한 준비물과 종류는 다음과 같다.

페인팅을 위한 준비물

1. **화이트 서페이서**: 표면을 흰색으로 먼저 덮어 줘 컬러를 더 선명하게 올릴 수 있다.

2. **컬러 스프레이**: 분사식으로 컬러를 올릴 수 있다. 그만큼 가장 많은 면을 차지하거나 기본이 되는 색상을 칠해 주기에 좋다.

3. **아크릴 물감**: 개인적으로 입문자들에게 가장 추천할 수 있는 재료이다. 어디서든 구하기 쉽다는 장점이 있고 특별한 장소나 필요하지도 않기 때문이다. 아쉬운 점은 물을 베이스로 작업을 진행하다 보니 면을 한 번에 깔끔하게 올리기 어렵다는 점이다. 충분히 시간을 가지고 말려 가며 컬러를 쌓아가도록 하자.

4. **마스킹 테이프**: 컬러를 칠할 때 특히 스프레이를 사용할 때 사용하기 좋다. 예를 들어 하나의 물체로 이루어진 도형을 다양한 색상으로 칠해야 하거나 원래 칠해 두었던 색상을 가려 줘야 할 때 사용된다.

5. **마감제**: 마감제는 대체로 클리어라고 부른다. 유광, 무광, 반광으로 나뉘며 원하는 방식의 재질감을 선택하면 된다. 말리는 시간은 유광에 가까울수록 길게 갖는 것이 좋다.

간략하게 자주 사용하는 재료들을 나열해 보았다. 컬러링의 방식은 정말 수도 없이 많기 때문에 본인에게 가장 어울리는 방식을 직접 찾아가는 것을 추천한다. 순서만 기억하면 된다. 샌딩을 완료하고 화이트로 마감하여 컬러를 올릴 준비를 하고 컬러를 올리는 것이다.

맺음말

툴을 배우는 것에는 늘 모호함이 따른다. 사용 방법만 배운 것을 배웠다고 할 수 있는지, 완벽하게 다룰 수 있어야 배운 것인지 고민을 많이 했다. 이 목표를 잡기 위해 수많은 고민을 했지만 결론은 '만들고 싶은 것을 만들 수 있어야 한다'였다. 그렇기에 아는 범위 내의 모든 내용들을 책에 담으려 노력했고 그것이 잘 전달되길 바란다. 자주 언급했듯이 결국 많이 만져 보고 다뤄 보는 사람이 툴을 자유자재로 사용할 수 있게 된다. 그렇기에 어느 정도의 내용이 숙지되었다면 본인의 것을 많이 만들어 봤으면 좋겠다. 완벽하지 못한 사람이라 완벽하지 못한 책이 될 수 있겠지만 큰 도움이 되길 바라며 이 책을 마무리한다. 관심 가져줌에 진심으로 감사드린다.

질문 사항이 생길 경우 하단 SNS 혹은 메일로 연락을 주시면 답변드리도록 하겠습니다.

- 이메일   ms9912079@gmail.com
- 인스타그램 @imkimnoya

노야의 어디서든 3D 모델링 with 노마드 스컬프
아이패드 하나로 브러시 제작부터 캐릭터 모델링, 아트토이 출력까지

발행일	2025년 6월 10일
지은이	김민석(노야)
펴낸이	김범준
기획·책임편집	유명한, 최규리, 박지현
교정교열	양은하
편집디자인	나은경
표지디자인	푸군
발행처	(주)비제이퍼블릭
출판신고	2009년 05월 01일 제300-2009-38호
주　소	서울시 중구 청계천로 100 시그니처타워 서관 9층 945, 946호
주문/문의	02 739 0739　　팩스　02-6442-0739
홈페이지	http://bjpublic.co.kr　　이메일　bjpublic@bjpublic.co.kr

가　격　25,000원
ISBN　979-11-6592-324-2 (93000)
한국어판 © 2025 (주)비제이퍼블릭

이 책은 저작권법에 따라 보호받는 저작물이므로 무단 전재와 무단 복제를 금지하며,
내용의 전부 또는 일부를 이용하려면 반드시 저작권자와 (주)비제이퍼블릭의 서면 동의를 받아야 합니다.

 이 책을 저작권자의 허락 없이 **무단 복제 및 전재(복사, 스캔, PDF 파일 공유)하는 행위**는 모두 저작권법 위반입니다. 저작권법 제136조에 따라 **5년** 이하의 징역 또는 **5천만 원** 이하의 벌금을 부과할 수 있습니다. 무단 게재나 불법 스캔본 등을 발견하면 출판사나 한국저작권보호원에 신고해 주십시오(불법 복제 신고 https://copy112.kcopa.or.kr).

잘못된 책은 구입하신 서점에서 교환해드립니다.